우리 언어 예절

저자 최태연

1937년 경북 예천생
경북대학교 사범대학 국어교육과 졸업
계명대학교 대학원 한문교육 전공 졸업
대구 계성중학교 국어·한문 교사
경북대학교 사범대학 한문 강사
계명대학교 사범대학 한문 강사
대구교육연수원 교사승급연수 강사로 12회 출강
언어예절 강사

주요 저서

중학교 한문교과서 연구
국어교사와 한문 소양
국어 장음·단음 연구
우리 언어 예절

우리 언어 예절

초판 발행 2013년 12월 5일 | **2쇄 발행** 2014년 2월 25일
저 자 최태연
펴낸이 이대현 | **편집** 박선주 | **디자인** 이홍주
펴낸곳 도서출판 역락 | **등록** 제303-2002-000014호(등록일 1999년 4월 19일)
주소 서울시 서초구 동광로 46길 6-6(반포동 문창빌딩 2F)
전화 02-3409-2058, 2060 | **팩시밀리** 02-3409-2059 | **전자우편** youkrack@hanmail.net
ISBN 978-89-5556-677-2   03380

정가 18,000원

* 잘못된 책은 구입처에서 교환해 드립니다

■ 이 도서의 국립중앙도서관 출판시도서목록(CIP)은 e-CIP홈페이지(http://www.nl.go.kr/ecip)와 국가
  자료공동목록시스템(http://www.ml.go.kr/kolisnet)에서 이용하실 수 있습니다.
  (CIP제어번호 : CIP2013023937)

우리 언어 예절

최 태 연 저

역락

머리말

  '범은 죽어서 가죽을 남기고 사람은 죽어서 이름을 남긴다.'는 말이 있습니다. 어느새 노령인(老齡人)이 되었습니다. 살아온 지난날을 되돌아보니 한줄기 바람이었고, 꿈결이었고, 추억입니다. 세상에 무엇을 남기고 떠나려고 하니 마음이 바쁩니다.

  말과 글을 가르치며 살았으니, 글을 써서 남기려는 생각은 진작부터 가지고 있었으나 천학비재(淺學菲才)로서 글을 써서 한 권의 책을 꾸미는 일이 쉽지 않았습니다.

  한국 한문학의 일인자(一人者)며, 문하생들로부터 '문장(文長)'이라는 사시(私諡)를 받은 방은 성낙훈(放隱 成樂熏, 1910~1976) 선생의 말씀이 생각납니다. "글이나 책을 쓰는 일을 쉽게 생각하면 안 된다. 글은 썩지 않으므로 잘못 쓴 글은 두고두고 남에게 피해를 준다."라고 말씀하셨습니다.

  책을 써도 잘못된 내용이 남에게 피해를 주지 않고, 서가(書架)에 꽂혀서 남에게 사랑을 받고, 도움을 주는 책을 써야 되는데, 안고수비(眼高手卑)라, 눈은 높고 팔은 짧아서 좀처럼 책이 이루어지지 않았습니다.

  '구슬이 서 말이라도 꿰어야 보배라.'라는 속담이 있습니다. 국어·한문 교사로서 갖춘 우리말과 글에 대한 지식과 10여 년간 '언어 예절'을 강의한 경험을 바탕으로 한 권의 책을 엮어 보았습니다.

언어 예절을 강의하면서 가끔 국어사전을 보았는데, 국어사전에 호칭어 뜻풀이가 잘못된 것이 많다는 것을 알았습니다. 언어 예절의 주요(主要) 내용이 호칭어입니다. ‘외사촌 : 내종(內從)’, ‘고종사촌 : 외종(外從)’인데 『표준국어대사전』에는 ‘외사촌 : 외종(外從)’, ‘고종사촌 : 내종(內從)’으로 되어 있습니다. 내종·외종의 잘못된 뜻풀이 때문에 관련된 12개의 호칭어 뜻풀이가 잘못되어 있습니다.

국립국어원에서 편찬한 『표준국어대사전』에 호칭어 뜻풀이가 잘못된 것이 20여 단어나 됩니다. 국어사전은 국민의 경전(經典)입니다. 국민들은 국어사전의 뜻풀이를 진리로 믿고 국어사전대로 어문생활(語文生活)을 합니다. 호칭어는 윤리와 관계되는 중요한 말입니다.

한글학회에서 편찬한 『우리말큰사전』의 호칭어 오류도 『표준국어대사전』의 호칭어 오류와 오십보백보(五十步百步)입니다. 다른 국어사전은 보나마나 뻔입니다.

여러 과정을 거쳐서 국립국어원에서 2011년 12월에 『표준 언어 예절』을 발간했습니다. ‘표준’이란 말은 국민에게 본보기가 된다는 뜻입니다. 『표준 언어 예절』은 국민에게 본보기가 될 수 없는 내용이 있고, 국민을 오도(誤導)하는 내용도 있습니다. 개인이든 기관이든 글이란 어려운 것 같습니다.

『우리 언어 예절』은 필자가 국어·한문 교사로서 우리의 말과 글에 대한 소양(素養)과 10여 년간 축적한 언어 예절 강의 경험을 바탕으로 오류가 없는 언어(言語) 예서(禮書)가 되도록 공(功)을 들였습니다.

필자가 컴퓨터 실력이 보잘것없는 노령인(老齡人)이어서 도표를 그려서 일목요연하게 기술(記述)하지 못했습니다. 그러나 다른 언어 예절 책에서 볼 수 없는 내용이 독자들의 마음을 기쁘게 할 것으로 믿습니다.

우리는 경제는 발전했으나 예문(禮文)과 윤리도덕은 퇴보했습니다.

항간(巷間)에 오가는 혼례 청첩을 보면 제대로 된 청첩이 없습니다. 무엇이 옳고, 무엇이 잘못인 줄도 모르고 되는대로 청첩을 쓰고 있습니다. 신문에 광고하는 부고(訃告)를 보면 망인(亡人)의 부인(夫人)을 미망인(未亡人)이라고 한 부고가 대부분입니다. 미망인이란 말이 망인의 부인를 존대하는 말로 아는 사람들이 많은 것 같습니다. 미망인이란 본인만이 쓸 수 있는 겸양어(謙讓語) 내지 자괴어(自愧語)입니다. 남이 쓸 수 없는 말입니다. 부고는 호상이 작성하는데, 호상이 남의 부인을 미망인(남편 따라서 죽지 아니한 사람)이라고 하면 망발(妄發)입니다.

부좃돈만 봉투에 넣고 단자 쓸 줄은 모릅니다. 가르치고 배우지 않았으니 예문(禮文)을 모를 수밖에 없습니다. 교육 과정(敎育課程)에 문제가 있는 것 같습니다.

'언어 예절'은 전통문화 중에서도 살아 있는 지식, 활용되는 상식(常

識)입니다. 말과 글로 문화생활을 하는 한(限), 언어 예절은 가르치고 배워야 할 내용입니다.

『우리 언어 예절』이 모든 선생님들에게는 학생들의 인성 교육의 자료가 될 것입니다. 그리고 부모님들에게는 가정교육의 길잡이가 될 수 있을 것입니다.

『우리 언어 예절』이 우리 사회를 바른 언어 예절 생활(生活)로 인도(引導)하는 데에 이바지하기를 바라마지 않습니다. 감사합니다.

2013년 11월
저자 최 태 연 근지(謹識)

차례

제10장 관계칭(關係稱) • 137

제11장 잘못 말하는 호칭어 • 143

제12장 국어사전에 없는 칭호어(稱號語) • 149

제13장 경어법(敬語法) • 163

● 일러두기

① 호칭어
이 책에 나오는 '내종(內從), 외종(外從), 내외종(內外從), 내종매(內從妹), 내종매부(內從妹夫), 내종제(內從弟), 내종형(內從兄), 내종형제(內從兄弟), 외종씨(外從氏), 내종씨(內從氏), 표종(表從), 표종형(表從兄), 진외조부(陳外祖父), 진외조모(陳外祖母), 삼촌댁(三寸宅), 외삼촌댁(外三寸宅), 미망인(未亡人), 교객(嬌客), 내질(內姪), 사부인(査夫人), 매부(妹夫), 이질(姨姪)' 등 일부 호칭어는『표준국어대사전』및『우리말큰사전』의 뜻풀이와 다르게 되어 있다. 이 책의 호칭어 뜻풀이가 옳다는 것을 밝힌다.

② 본문에 사용된 기호
○○○은 성명, ○○은 택호·이름·지명, ○은 성(姓)을 표시한 것이다.
☆ 표에는 참고가 되도록 설명을 덧붙여 놓았다.
【 】 속에는 참고 사항 설명을 첨가하였다.
× 호칭어 앞에 표시하여 그 호칭어가 옳지 않음을 나타낸다.
＝ 앞에 있는 호칭어와 같은 뜻을 가진 호칭어라는 표시다.
↔ 앞에 있는 호칭어와 상대어 관계의 말임을 표시한다.
' '(작은따옴표)는 강조하는 말, " "(큰따옴표)는 대화에 사용하였다.

③ 부록
언어 예절과 직접 관계는 없는 내용이지만 독자들의 관심이 매우 높은 기제사(忌祭祀) 지내는 법, 설·추석 차례(茶禮) 지내는 법을 실어서 독자들에게 도움을 주고자 했다. 과거에는 수많은 제사가 있었지만 지금은 기제사(忌祭祀)가 제사의 대명사처럼 되었고, 설과 추석에 차례(茶禮)를 지금도 지내고 있기 때문이다.

총론(總論)

1. 우리는 예의지국(禮儀之國)

조선 초기(朝鮮初期) 우리나라에 사신으로 왔던 명(明) 나라 진감(陳鑑)
은 본국으로 돌아가 황제(皇帝)에게 우리나라를 동방예의지국(東方禮儀之
國)이라고 칭찬했다고 한다.

위지(魏志) 동이전(東夷傳)에도 우리나라를 동방예의지국(東方禮義之國)이
라고 했다고 한다.

여기서 말하는 예의는 주로 행동으로 나타나는 예의를 말했을 것으
로 생각되지만, 언어(言語)에 관한 예의도 포함되어 있다고 보아야 할
것이다.

2. 예(禮)의 정의

1. '禮(예)'는 '示+豊'으로 구성된 글자이다. 示는 보인다는 뜻이고,

豊은 제기(祭器)에 제수(음식)를 담은 형상이다. 예(禮)는 신에게 제사지내는 뜻을 담고 있다. 신에게 제사지내는 것이 사람이 행하여야 할 도리이므로 예(禮)는 사람이 행하여야 할 도리로 해석된다.

2. 위에서 '禮(예)'자(字)가 보여 주듯이 예(禮)의 기원은 고대 중국에 있으며, 당시의 사회제도나 윤리적 규범의 총칭이다. 주례(周禮), 의례(儀禮), 예기(禮記)의 삼례(三禮)가 예(禮)의 바탕이다.

3. 예기(禮記)에서는 "사람이 예가 있으면 편안하고 예가 없으면 위태롭다. 그렇기 때문에 예는 배우지 않을 수 없는 것이다. 대저 예라는 것은 남을 높이고, 자기를 낮추는 것이다."라고 했다.

人有禮則安　無禮則危　故曰　禮　不可不學也　夫禮者　自卑而尊人

4. 공자(孔子)가 그의 제자 안회(顔回)에게 경계한 말에 "예가 아니면 보지 말고, 예가 아니면 듣지 말며, 예가 아니면 말하지 말며, 예가 아니면 행하지 말라."라고 예를 강조한 말이 있다. 이것이 이른바 사물(四勿)이다.

非禮勿視　非禮勿聽　非禮勿言　非禮勿動

5. 맹자(孟子)는 "사양하는 마음이 예(禮)의 발단이다."라고 했다.

辭讓之心　禮之端也

6. 필자가 예를 정의하면 '예(禮)는 시간과 장소와 어떤 일, 어떤 상황에 따라 의복과 언어와 행동을 합당하게 하는 것'이라고 정의해 본다.

3. 우리의 언어 예절

1) 역사적 개관(槪觀)

일제(日帝) 강점기(强占期) 때, 일제(日帝)는 일본어를 국어(國語)라고 하고 우리말을 조선어(朝鮮語)라고 하며, 강압적으로 일어를 상용(常用)하도록 했다. 학교에서 한국어를 사용하면 벌을 주면서 일본어만 쓰게 했다. 우리의 말을 자유롭게 사용하지 못하게 되니 전통 언어 예절에 대하여 많이 잊어버리게 되었다.

1945년 광복(光復) 이후는 서양 문물이 대세(大勢)로 유입되면서 우리 문화가 많이 변모되었다. 광복 후 좌우(左右) 갈등으로 사회가 혼란하고 무질서하여 교육이 제대로 되지 않았다. 이런 사회 혼란에서 예절 교육을 찾을 겨를이 없었다. 따라서 언어 예절도 가르칠 정신적 여유가 없었다.

1950년 6·25 동란(動亂)으로 수많은 동족(同族)이 죽고 국토는 잿더미가 되었다. 경제는 피폐(疲弊)하여 호구지책(糊口之策)도 어려운데 예절 교육을 찾을 형편이 못 되었다.

1970년대에 와서 한글 전용 정책으로 국어 교육에서 한문 교육이 이탈되어 칭호(稱號)에 관한 전통 언어 예절 교육에 큰 타격이 되었다. 칭호는 고유어로 된 말도 있지만 한자(漢字)로 된 말이 대부분이기 때문이다.

1990년대 말부터 초등학교에서 영어 교육은 강화되고, 칭호를 비롯한 전통 언어 예절 교육은 교육 과정에서 찾아볼 수 없게 되었다. 중등학교도 마찬가지다. 세계화 시대에 영어 학습이 중요한 것은 사실이다. 그러나 전통문화 계승을 위하여 한문 교육과 아울러 친인척(親姻戚)

의 칭호도 가르쳐야 한다. 언어 예절 교육은 인성 교육의 핵심인데도 말로만 인성 교육의 중요성을 강조하면서 학교와 가정에서 언어 예절 교육이 거의 없는 상태이다.

대학교의 국어국문과도 국어학과 국문학에 대한 교육과 연구는 했지만 전통문화인 관혼상제(冠婚喪祭)의 내용은 가르치지도 배우지도 않았다. 따라서 친인척 간의 계촌(計寸)과 호칭어를 잘 모르게 되었다. 그래서 국어국문학자들이 편찬한 국어사전의 호칭어 뜻풀이에 오류(誤謬)가 많은 것이다.

2) 집성촌(集姓村)의 쇠퇴(衰退)

1960년대 중반 이후부터 우리나라가 농경 사회에서 산업 사회로 바뀌면서 농업을 주업으로 하고 동성동본(同姓同本)이 모여 살던 집성촌(集姓村)이 쇠퇴하게 되었다. 각 지방 사람들이 모여 사는 도시(都市) 산업 사회로 바뀌면서 전통적으로 써오던 호칭어도 잘 모르게 되었다.

과거 농경 사회의 집성촌에서는 명절이나 제사 때 또는 농한기(農閑期)에 어른들과 동석(同席)하면서 호칭어(呼稱語), 계촌법(計寸法) 등을 배우게 되었다. 그러나 지금은 가정에서 호칭어, 계촌법(計寸法) 등 언어 예절을 배울 수가 없게 되었다. 젊은 부모는 전통 언어 예절을 몰라서 자녀를 가르칠 수 없다. 조부모는 계촌(計寸)이나 호칭어를 손자들에게 바르게 가르칠 수 있지만 가정에서 인성 교육보다 학교 교육, 학원 교육을 더 중시하는 사회가 되니, 어른들의 말씀은 현실에 불필요한 잔소리로 여기고 귀담아듣지 않게 되었다. 핵가족이 되어 노부모를 모시지 않는 가정이 절대적으로 많게 되니 가정에서 자녀들에게 전통문화에 대한 교육은 사라진 상황이 되었다.

3) 언어 예절 교육의 부재(不在)

지금은 자라나는 아이들에게 언어 예절을 가정에서 가르치지 않고 있으며, 교육은 학교와 학원에 맡겨 놓고 있는데, 거기서는 인성 교육의 일환인 계촌(計寸)이나 칭호(稱號) 등 언어 예절 교육은 찾아볼 수가 없다.

가정에서 젊은 부모들은 계촌(計寸)에 따른 칭호를 자신들도 잘 모르기 때문에 자녀에게 가르칠 수 없다. 조부모가 계시면 손자손녀에게 계촌에 따른 칭호를 가르칠 수 있는데, 가정이 핵가족으로 살면서 조부모를 모시지 않는 가정이 많은데다가 대부분의 조부모들 역시 언어 예절에 대한 전문 지식이 부족한 형편이어서 가장에서도 언어 예절을 가르칠 수가 없게 되었다.

지금 우리가 가정과 학교에서 전통적 언어 예절을 가르지 않는 것은 인성 교육에 큰 문제가 되어 있다. 가정과 사회와 국가가 오로지 경제에 가치를 두고 예절 교육을 버려두고 무관심한 상태이다. 그래서 경제와 기술은 발전하였지만 예문(禮文)은 퇴보하였다. 어떻게 써야 옳은 글이 되는지, 어떤 글이 잘못 쓴 글인지조차 분간하지 못하고 되는대로 예문(禮文)을 쓰고 있는 실정이다.

4) 바람직하지 못한 호칭어 유행

요즈음에는 영남 지방에서도 조카며느리, 조카사위, 손주며느리, 손주사위, 올케란 말을 가끔 듣는다. '조카며느리'는 오음절(五音節)로 말이 길고 품격이 다소 낮은 호칭어이다. '조카며느리'보다 전통적으로 써 온 질부(姪婦)가 얼마나 간편하고 품위 있는 말인가. '조카며느리, 조카사위, 손주며느리, 손주사위'란 말보다 '질부(姪婦), 질서(姪壻), 손부(孫婦), 손서(孫壻)'가 품위 있고, 발음상 경제적인 말이다. 간편하고 품위 있는 호칭어를 가르쳐서 품위가 낮은 호칭어가 유포되는 것을 막아야 하는데 아무도 관심이 없다.

오라버니댁은 (새)언니 또는 (새)형님이라 부르고, 동생 댁은 '새댁'이라고 부른다. 경북 북부 지방에서는 올케란 호칭을 품격이 낮은 말로 여기고 기피하는 말이다.

고모부, 이모부에 있는 '부' 자는 '父 : 아비(부)' 자가 아니고 '夫 : 남편(부)' 자이다. 그러므로 고모아버지, 이모아버지는 국어사전에서 바른 호칭어가 아니란 것을 밝혀서 국민들을 계도해야 한다.

'고모아버지, 이모아버지, 고모사촌, 이모사촌'이란 말이 왜 국어사전에 올라와 있는지 모르겠다. 북한말인 모양인데 이 부당한 호칭어가 남쪽에 확산될까 걱정된다. '고모사촌'과 '이모사촌'이란 말은 '고종사촌(姑從四寸)'과 '이종사촌(姨從四寸)'을 그렇게 말하는 것 같은데, 바른 호칭어가 아니다. 이런 말이 통용되도록 해서는 안 된다. 고모사촌은 종고모(從姑母)로 오해할 수 있고, 이모사촌은 종이모(從姨母)로 오해할 수 있다. 그러면 아버지의 사촌자매의 자녀인 종고종(從姑從)은 어떻게 불러야 하는가?

흔히 삼촌, 사촌형, 오촌아저씨라고 말하는 사람들이 있는데, 친족이든 친척이든 촌수의 숫자가 겉으로 드러나지 않게 호칭·지칭하는 것이 옳다.

사촌형을 종형(從兄)으로, 삼촌을 숙부로, 오촌아저씨를 종숙(從叔) 또는 당숙(堂叔)으로 지칭해야 한다. 이렇게 지칭하는 것은 촌수의 숫자가 드러나지 않게 말하는 방법인데, 이것이 언어 예절에 맞는 호칭이다.

4. 예절의 대별(大別)

우리 생활 속에서 예절을 크게 나누어 보면 행동으로 나타나는 행동 예절과 말에 나타나는 언어 예절로 대별(大別)할 수 있다.

1) 행동 예절

예절 중에서 먼저 행동으로 나타나는 예절을 생각해 보자. 우리가 사람을 만나서 악수를 하거나, 어른에게 절을 하는 것은 행동으로 표현하는 예절이다. 남에게 자리를 양보하는 것도 행동의 예절이다. 제사를 지내는 것도 행위의 예절이다. 소위 사례(四禮)라고 하는 관혼상제(冠婚喪祭)가 모두 행동으로 실천하는 예절이다.

2) 언어 예절

사람은 말을 도구로 삼아 의식주(衣食住)의 기본 생활을 하고, 기본 생활이 발전하여 문화생활을 하게 된 것이다. 언어도 문화의 발전과 함께 발달되어 왔다. 문화와 함께 발달되어 가는 언어는 언어의 기본 영역인 의사소통 외에 아름답고, 품위 있고, 인격이 반영되는 도덕적인 언어로 발전된 것이다.

의사소통의 역할 외에 존대어와 평어(平語), 겸양어, 바른 호칭, 공손한 말, 표준어 등 지식과 인격이 반영된 교양 있는 언어를 사용할 때 거기에 언어예절이 존재하게 되는 것이다. 언어 예절은 행동 예절보다 더 직접적인 예절이라고 볼 수 있다.

　주고받는 말 속에도 예절이 있다. '먹다'와 '잡숫다'는 상대에 따라 쓰는 곳이 다르다. 말 자체도 높이는 말인 존대어(尊待語)와 보통 쓰는 말인 평어(平語)가 있다. 가령 '존함(尊銜)과 이름', '연세(年歲)와 나이' 등이 있다. 존함과 연세는 존대어이고, 이름과 나이는 평어(平語)이다. 얼핏 보면 한자어(漢字語)는 높임말(존함, 연세)이고, 우리의 고유어(이름, 나이)는 평어라고 생각할 수 있는데 꼭 그런 것은 아니다. 이를테면 '작업(作業)하다'와 '일하다', '취침(就寢)하다'와 '자다'에서 한자어인 '작업(作業)하다', '취침하다'라는 말은 한자어일뿐 존대어가 아니고 평어이다.

　말은 그 사회를 반영하고 있는데, 우리나라는 예(禮)가 발달한 나라이기 때문에 우리말에는 발달된 언어 예절이 반영되어 있다.

3) 언어 예절의 내용

　언어 예절은 두 부문으로 나누어 생각할 수 있다. 음성(音聲) 언어예절(言語禮節)과 문자(文字) 언어예절(言語禮節)로 구분된다.

　(1) 음성 언어 예절은 말로 표현되는 언어 예절이다. 호칭어(呼稱語), 지칭어(指稱語), 존대어(尊待語), 겸양어(謙讓語), 비어(卑語), 표준어(標準語), 바른말 등이 음성 언어 예절에 속한다. 음성 언어예절은 1차적 언어예절이다.

　(2) 문자 언어 예절은 글로 쓰는 데 나타나는 언어 예절이다. 2차적 언어 예절이다. 우리 생활과 밀접한 관계에 있는 편지(便紙), 청첩(請牒), 단자(單子), 지방(紙榜), 축문(祝文), 부고(訃告), 제문(祭文), 만사(輓詞), 비문(碑文)

등 실용문(實用文)이 문자 언어 예절에 속한다.

　이 책에서는 사람들이 가정에서 사용하고 있고 누구나 알아야 할 편지, 청첩, 단자, 지방, 축문, 부고에 대해서만 다루게 될 것이다.

칭호어(稱號語)

1. 칭호어(稱號語)의 내용

근래에는 칭호어(稱號語)란 말은 별로 쓰지 않고, 호칭어(呼稱語)란 말을 주로 쓰고 있다. 이 칭호어의 내용을 살펴보면 누구를 부르는 말, 누구를 가리키는 말, 어느 한쪽 사람만 가리키는 것이 아니고 양쪽을 함께 가리키는 말로 나눌 수 있다.

상대방을 직접 부르는 말을 호칭어(呼稱語)라고 하고, 어느 사람을 가리키는 말을 지칭어(指稱語)라고 한다. 어느 한쪽만 가리키는 것이 아니고 양쪽을 동시에 가리키는 말을 관계칭(關係稱)이라고 한다. 그래서 칭호어(稱號語)는 세 가지로 구분된다. 즉 호칭어, 지칭어, 관계칭으로 나누어진다.

지금까지는 호칭어와 지칭어는 구별하기도 하고, 호칭어와 지칭어를 묶어서 호칭어라고 하기도 하지만, 관계칭(關係稱)은 따로 설정하지 않았다.

칭호어(稱號語)는 호칭어(呼稱語), 지칭어(指稱語), 관계칭(關係稱)을 포괄(包括)해서 이르는 말이다.

사촌형을 '형님' 하고 부르면 호칭어다. '이분은 제 종형입니다.'라고 하면 종형(從兄)은 지칭어다. '우리 두 사람은 종반간(從班間)입니다.'라고 하면 종반간(從班間)은 관계칭(關係稱)이다. 종반간은 두 사람의 사촌끼리 상호 관계를 이르는 말이기 때문이다.

호칭어(呼稱語)는 부름말이고, 지칭어(指稱語)는 가리킴말이며, 관계칭(關係稱)은 걸림말이다. 관계칭(關係稱) 뒤에는 보통 '간(間)' 또는 '사이'란 말을 붙인다. 이를테면 '부부간'(=부부 사이), '부자간'(=부자 사이), '형제간'(=형제 사이)이라고 한다.

1) 호칭어(呼稱語)와 지칭어(指稱語)

직접 부르는 호칭어의 수는 많지 않다. 친족부터 헤아려 보면 '할아버지, 할머니, 아버지, 어머니, 형(형님), 누나(누님), 오빠, 동생, 아저씨, 아주머니' 등이다. 여기에 비하면 지칭어는 매우 많다. '아버지'에 대한 호칭어는 '아버지(또는 아빠) 하나뿐이지만, 지칭어로는 '아버지, 우리 어른, 가엄(家嚴), 엄친(嚴親), 가군(家君), 가존(家尊), 가부(家父)' 등이 있고, 사후(死後)에는 선친(先親), 선고(先考), 현고(顯考)라고 하는 지칭어가 있다. 또 남의 살아 계신 아버지를 지칭할 때는 춘부장(春府丈), 춘당(春堂), 존대인(尊大人), 대인(大人), 영존(令尊) 등이 있고, 돌아가신 남의 아버지를 지칭할 때는 선대인(先大人), 선고장(先考丈), 선장(先丈) 등이 있다. 이렇게 '아버지'라는 하나의 호칭어에 대하여 아버지를 지칭하는 말은 대단히 많다.

그런데 근래에 와서 지칭어가 호칭어로 쓰이는 경향이 있다. 이를테면 과거에는 '자형(姉兄), 고모부(姑母夫)'는 지칭어였고, '새형님, 새아저씨'가 호칭어였다. 지금은 정작 호칭어인 '새형님, 새아저씨'는 별로 쓰지 않고, 지칭어인 '자형, 고모부'를 호칭어로 쓰는 사람들이 많다. '형수님'이란 말도 '새아주머니'가 호칭어였는데 지금은 지칭어인 '형수'에 '님'을 붙여 '형수님'을 호칭어로 사용하는 경향이다.

한자어로 된 칭호어(稱號語)는 중국어(한문)에서 온 것이 많지만 우리의 고유한 칭호어도 많다. 우리의 칭호어를 위하여 만든 '媤 : 시집(시)' 자, '娚 : 오빠 (남)' 자와 같은 우리의 한국 한자(漢字)가 있는 것만 보아도 우리 고유의 호칭어가 많다는 것을 짐작할 수 있다. 시부(媤父), 시모(媤母), 시숙(媤叔), 시동생(媤同生), 백남(伯娚 : 맏오빠), 중남(仲娚 : 백남 이하의 모든 오빠) …… 등은 우리만 쓰는 칭호어이다.

☆ '娚'은 한자에 있는 글자지만 우리만 '오빠'란 뜻으로 사용하기 때문에 '媤' 자(字)와 함께 한국 한자에 넣는 것이다.

2) 호칭어의 의미와 역할

호칭어는 두 사람 사이가 어떤 관계인가를 정립(定立)하는 말이다. 대화하는 두 사람의 관계에 적합한 호칭어를 쓰면 두 사람의 관계가 분명해지고 인정이 돈독해진다. 두 사람이 서로 호칭을 하지 않고 대화하면 두 사람의 관계가 분명하지 않고 엉거주춤하게 되어 인정이 소원(疎遠)해진다. 호칭을 잘못하면 불쾌하고 섭섭하여 두 사람의 관계가 나빠지게 된다. 호칭어는 두 사람의 인간관계를 바르게 정립(定立)하는 데 필요한 소중한 언어이다.

신부가 시댁 가족과 친인척의 호칭을 합당하게 호칭하고 인사범절이 좋으면 시댁 어른들에게 인정(認定)을 받고, 사랑을 받게 될 것이다.

신부가 호칭을 하지 않고 그냥 '안녕하세요?'라고만 하면 시댁 사람들과 친인척에게 인정을 받지 못하고, 사람됨이 평가절하(平價切下)될 것이다. 남자도 결혼하면 처가 가족에 대한 호칭을 잘해야 서로 정답게 된다.

신랑(新郎), 신부(新婦)뿐만 아니고, 누구나 상대방에게 합당한 호칭을 하고 다정하게 인사하면 인간관계가 좋아지고, 사람들의 평이 좋아질 것이다. 바른 호칭과 다정한 인사는 사회생활에 필요한 기본 도구(道具)이다. 바른 호칭과 다정한 인사를 할 줄 모르는 사람은 사회생활에서 발전이 늦거나 소외될 수도 있을 것이다.

3) 칭호(稱號)에 쓰이는 한자

칭호는 대부분 한자로 되어 있다. 한자를 알고 있어야 칭호에 대한 이해가 빠르다. 한자로 된 칭호는 한자(漢字)의 속성(屬性) 때문에 세월이 흘러도 변하지 않는 불변성(不變性)이 있고, 어느 지방에 가도 같은 뜻으로 통용되는 보편성(普遍性)이 있다.

다음 표는 칭호에 쓰이는 한자이다. 이 표에 없는 한자도 칭호에 사용되는 글자가 더 있을 것이다.

● 칭호에 사용되는 한자

父	아버지(부), 아비(부)	母	어머니(모), 어미(모)
祖	할아버지(조), 할아비(조)	孫	손자(손)
兄	형(형), 맏이(형)	弟	아우(제)
姉	누나(자) ☆ 姉는 속자(俗字)	妹	여동생(매), 누이(매)

叔	아저씨(숙), 아재비(숙)	姑	시어머니(고), 시어미(고), 고모(고), 장모(고)
姪	조카(질)	考	돌아가신 아버지(고)
妣	돌아가신 어머니(비)	伯	맏이(백)
仲	버금(중)	季	끝(계), 철(계)
甥	생질(생)	壻	사위(서) ☆ 婿＝壻
妻	아내(처)	親	어버이(친)
夫	남편(부), 사내(부)	婦	며느리(부), 아내(부)
媤	시집(시) ☆ 한국 한자	娚	오빠(남) ☆ 한국에서 오빠로 씀.
族	겨레(족)	姨	이모(이)
從	따를(종)	丈	어른(장)
聘	장가들(빙)＝娉, 부를(빙)	慈	사랑(자)
堂	집(당)	舍	집(사)
嫂	형수(수)	室	방(실), 집(실)
家	집(가)	阮	성(완) ☆ 阮籍(완적). 阮丈(완장) : 숙부
鄙	낮을(비) ☆ 卑 : 낮을(비)와 통(通)	咸	다(함) ☆ 阮咸(완함). 咸氏(함씨) : 조카
令	명령(령), 아름다울(령)	高	높을(고)
內	안(내)	外	바깥(외)
班	나눌(반)	先	먼저(선)
貴	귀할(귀)	余	나(여)
嚴	엄할(엄)	閤	쪽문(합), 閤夫人(합부인)
椿	참죽나무(춘), 椿府丈(춘부장)	査	살필(사), 査頓(사돈)
頓	조아릴(돈), 頓首再拜(돈수재배)	表	겉(표)
陳	묵을(진), 나열할(진)	曾	일찍(증), 曾祖父(증조부)
尊	높을(존)	先	먼저(선)

戚	겨레(척). 戚弟(척제) : 친척 아우	舅	시아버지(구), 시아비(구), 장인 (구), 외삼촌(구)
嫂	형수(수)	余	나(여)
呼	부를(호)	稱	일컬을(칭)
號	이름(호), 부를 (호)	翁	늙은이(옹), 장인(옹), 翁壻(옹서)
媼	할머니(온), 할미(온), 장모(온) 媼壻(온서) : 장모와 사위	萱	흰추리(훤), 萱堂(훤당)
寸	마디(촌)	王	임금(왕), 王父(왕부) : 조부
賢	훌륭할(현)	再	두(재), 거듭(재)
姻	혼인 (인)	荊	가시(형), 荊妻(형처) : 아내
胤	맏[이](윤) 令胤(영윤) : 남의 아들(높임)	嬌	아리따울(교) 嬌客(교객) : 자기 사위
岳	큰산(악), 岳父(악부) : 장인 岳母(악모) : 장모	阿	언덕(아), 阿妹(아매) : 여동생

친족과 촌수(寸數)

1. 촌수(寸數)와 계촌(計寸)

1) 혈연(血緣)관계에 있는 사람 사이의 혈연의 멀고 가까움의 거리를 나타내는 단위가 촌(寸)이고, 그 거리를 수치(數値)로 나타낸 것을 촌수(寸數)라고 한다. 촌수를 헤아리는 것을 계촌(計寸)이라고 한다.

집단을 구성하고 있는 사람들의 혈연(血緣)의 구성 상태를 말할 때는 계촌(系寸)이라고 하고, 이것을 일목요연하게 도표로 나타낸 것을 계촌도(系寸圖)라고 한다. 동음이의어(同音異義語)인 계촌(計寸)과 계촌(系寸)은 의미가 서로 다르다.

2) 부부(夫婦)는 혈연관계가 아니므로 무촌(無寸)이다. 즉 촌수를 헤아릴 수 없는 관계인 0촌이다. 그러나 부부는 일심동체(一心同體)로서 무한히 가까운 0촌이다. 1촌의 틈새도 없는 무한히 가까운 0촌사이다. 그렇지만 결혼하기 전이나 이혼한 후에는 남남으로서 무한히 먼 0촌이다.

3) 아버지와 아들 사이의 간격이 1촌(寸)이다. 즉 대(代)와 대(代) 사이

가 1촌(寸)이다. 아버지와 아들 사이의 간격은 1촌(寸)의 촌수이면서 30년의 시간을 나타내는 세·대(世·代)가 되기도 한다.

4) 직계(直系) 존속(尊屬)·직계 비속(卑屬)은 촌수가 없고 삼촌(三寸)부터 촌수가 있다고 하는 사람들이 있다. 직계 존비속은 아무리 올라가도, 아무리 내려가도 1촌이라고 하는 사람들도 있다. 즉 아들이 1촌인데 손자도 1촌, 증손도 1촌; 아버지가 1촌인데 할아버지도 1촌이며, 5대조(代祖)도 1촌이라고 한다. 그러나 이는 계촌(計寸)의 원리(原理)에 맞지 않는 말이다. 이를테면 숙부는 3촌인데, '자기—아버지—할아버지'에서 2촌(寸)이 있고, 할아버지와 숙부 사이는 부자간(父子間)이므로 여기에 1촌(寸)이 있다. 모두 합하면 3촌(寸)이 된다. 할아버지는 1촌(寸)이 아니고 2촌이 되어야 숙부와 조카 사이가 3촌이 되는 것이다.

나—아버지—할아버지—증조할아버지—고조할아버지까지는 호칭만 하고, 촌수를 드러내어 말하는 법은 없다. 그러나 내재(內在)하고 있는 촌수는, 나와 고조부 사이는 4촌(寸)의 거리가 있다.

5) 직계의 촌수는 '대수(代數) -1＝촌수(寸數)'이다. 아버지와 아들 사이의 간격이 1촌이므로 실제 대수(代數)에서 1을 빼야 한다. 부자(父子)는 2대(代)인데 아버지와 아들 사이에 있는 간격은 1이다. 간격이 촌수이므로 부자간은 2대이면서 촌수는 1촌이다.

의견 자기 1대를 빼고 부(父) 1대(代), 조(祖) 2대, 증조(曾祖) 3대, 고조(高祖) 4대로 보면 직계는 대수(代數)가 곧 촌수가 된다. 몇 대조(代祖)라고 할 때도 자기 1대(代)를 빼고 계산한다. 필자는 대(代)든 대조(代祖)든 기신(己身) 1대(代)가 들어가야 부(父), 조(祖), 증조, 고조(高祖)의 호칭이 성립된다고 본다. 기신(己身) 1대(代)를 기저(基底)에 두지 않고 빼버리면 자기 조상이 아니다. 보학자(譜學者)들은 자기는 1대조가 될 수 없으므로 기신(己身 : 자기 자신) 1대(代)를 빼고 조상의 대수를 헤아린다. 자기 1대를 빼고 부(父) 1대조, 조(祖) 2대조, 증조(曾祖) 3대조, 고조(高祖) 4대조로 보면 대수(代數)가 곧 촌수(寸數)이다. 이렇게 되면 촌수가 조상의 몸에 붙어 있다는 말이다. 촌수는 조상과 자손 두 사람 사이에 존재하는 것인데, 어찌 몸에 촌수가 붙어 있겠는가?

직계는 <대수-1=촌수>라고 한 필자의 주장에 대하여 어떤 독자가 항의했기 때문에 설명이 길어졌다. <자-부> 사이가 1촌이고, <기-부-조>에서 조손(祖孫) 사이는 2촌이다. 간격(사이)의 수가 촌수이다.

2. 방계(傍系)의 계촌(計寸)

1) 나와 너의 조부가 같으면 2×2=4. 너와 나는 4촌사이다. 나-아버지-할아버지는 3대이지만 간격은 2개이다. <간격의 수×2=방계의 촌수>이다. 그래서 너와 나는 4촌간이다. 다시 계산해 보면 나-(1촌)-아버지, 아버지-(1촌)-할아버지, 할아버지-(1촌)-숙부, 숙부-(1촌)-숙부의 아들. 촌수를 합하면 4촌이다. 너와 나는 4촌간이다. 종반간(從班間)이다.

나와 할아버지 사이는 2촌이고, 너와 할아버지 사이도 2촌이니 2+2=4(촌) 또는 2(간격의 수)×2=4(촌)이다.

2) 나와 너의 고조부가 같으면—동고조(同高祖)라면— 너와 나는 8촌간이다. 나-아버지-할아버지-증조부-고조부에서, 나와 고조부 사이는 4촌이다. 너와 고조부 사이도 역시 4촌이다. 그래서 4촌+4촌=8

촌인데, 다른 방식으로 계산하면 4(간격)×2=8(촌)이다. 즉 '간격의 수 ×2=촌수'라는 공식이 나온다. 고조부가 나와 너의 동원(同源)의 할아버지(同高祖)라면 너와 나는 8촌간이 된다. 즉 삼종형제간(三從兄弟間)이다. 이 8촌까지를 집안 또는 당내간(堂內間)이라고 한다.

3) 나의 11대조와 너의 13대조가 같은 할아버지라면, 11×2=22. 22+2=24. 또는 13×2=26. 26-2=24. 나와 너는 24촌간이다. 나는 너의 족조(族祖)고, 너는 나의 족손(族孫)이다. 나와 너는 족조손간(族祖孫間)이다.

세(世)와 대(代)

　족보에서 조상과 자손이 차례로 이어진 사람의 수에 붙이는, '세(世)와 대(代)', '대조(代祖＝世祖)', '대손(代孫＝世孫)'에 대하여, 정리하고 필자의 우견(愚見)을 덧붙여 보려고 한다.

　설종윤(薛宗潤)님(전직 부산 충렬여중 교장)은 많은 자료를 모아 연구하고 2004년에 '세(世)와 대(代)는 동의어(同義語)'란 책을 발간하였다. '세(世)와 대(代)는 동의어(同義語)'란 명제(命題)는 세간에 퍼져 있는 잘못된 통설(通說)을 깨끗이 정리하였다. '세간(世間)의 잘못된 통설(通說)'이란 다음과 같은 내용들이다

　1. 세(世)와 대(代)는 엄연히 구분된다.

　세(世)는 대(代)보다 1대(代)가 많다. 부(父)와 자(子)는 세(世)로는 2세 이고 대(代)로는 1대이다. 부와 자 사이가 대(代)이기 때문이다.

　2. 대불급신(代不及身)이다.

　대불급신이란 대수(代數)를 헤아릴 때, 대(代)에는 기신(자기자신)이 포함

되지 않는다는 뜻이다. 세(世)에는 기신(己身)이 포함된다. '세불급신(世不及身)이란 말은 없기 때문이다.'라고 한다. 그래서 세(世)와 대(代)는 1대(代)의 차이가 있다는 것이다. 대불급신(代不及身)이란 말은 어디에도 없는 말이다.

3. 상대하세(上代下世)이다.

상대하세란 대수(代數)를 헤아릴 때, 올라가는 대수에는 '대(代)'자가 붙고, 내려가는 대수(代數)에는 '세(世)'자가 붙는다는 말이다.

위에 있는 세(世)와 대(代)에 대한 통설(通說)을 바르게 정리해보면 다음과 같다.

1. 세(世)와 대(代)는 구분되는 것이 아니고, 통용된다. 1세는 1대이다.
2. 대(代)로 헤아리거나, 세(世)로 헤아리거나 대수에 자기가 포함된다.
3. 올라가는 대수에는 꼭 '대(代)' 자를 붙이는 것이 아니고, 올라가는 대수에도 '세(世)'자를 붙이며, 내려가는 대수에는 '세(世)'자만 쓰는 것이 아니고 '대(代)'자도 쓴다. 즉 세(世)와 대(代)는 혼용된다.

위에 바르게 정리된 1. 2. 3에 대하여는 보학자(譜學者)들의 주장이 일치하며 필자도 이 주장에 동의한다.

위의 3가지 통설 외에 보학자들의 주장을 정리하여 보겠다.

보학자들은 대(代)와 대조(代祖) 또는 대(代)와 대손(代孫)의 대수(代數)가 다르다고 한다. 즉 대(代)에는 자기가 포함되고, 대조(代祖)나 대손(代孫)을 헤아릴 때는 기신(己身) 1대(代)는 대수에 포함되지 않는다고 한다.

기신(己身)은 1대조나 1대손이 될 수 없고, 아버지부터 1대조가 되고, 아들부터 1대손이 되기 때문이라고 한다.

- (기신 : 기점)-부(1代祖)-조(2代祖)-증조(3代祖)-고조(4代祖) : 대조(代祖)
- (조상 : 기점)-자(1代孫)-손(2代孫)-증손(3代孫)-현손(4代孫) : 대손(代孫)

*기점(起點)은 대조(代祖)나 대손(代孫)이 시작하는 곳으로 0으로 본다.

위와 같이 족보에서 대(代)에는 자신이 포함되고, 대조(代祖)에서는 자신을 빼고 아버지부터 1대조(代祖)가 된다.

내려가면서 대손(代孫) 또는 세손(世孫)으로 헤아릴 때도 기점(起點)이 되는 조상(또는 기신)을 빼고 아들부터 1대손(代孫) 또는 1세손(世孫)으로 헤아린다.

위와 같은 보학자들의 주장에 필자도 동의한다.

그런데 한 때 생각했던 필자의 우견(愚見)을 여기서 소개해 보겠다.

우견(愚見)

필자는 대조(代祖)나 대손(代孫)의 경우에도 기점(起點)이 되는 기신(己身)이나 기점(起點)이 되는 조상을 1대로 계수(計數)에 포함시켜야 한다고 생각하여 왔다. 필자의 우견(愚見)은 다음과 같다.

- 기신(1대)-부(2대조)-조(3대조)-증조(4대조)-고조(5대조) → 8대조
- 조상(1대)-자(2대손)-손(3대손)-증손(4代손)-현손(5대손) → 8대손

보학자들은 위 대수 계수(計數)에 어불성설의 모순이 있다고 한다.

'8대조-7대조-6대조-5대조(고조)-4대조(증조)-3대조(조)-2대조(부)-1대조(기신)'에서 '기신(己身)이 1대조가 되는' 어불성설의 모순이 있다고 지적한다.

1. 대수를 헤아릴 때, 처음부터 1대조-2대조~8대조로 헤아리지 않는다.
2. 8대조(代祖)의 '조(祖)'자(字)는 1대, 2대~8대까지 다 헤아리고 나서, 자기의 윗대는 자기의 조상이므로, '자기와의 관계를 나타내기 위하여' 8대조(代祖)로 호칭하는 것이다.
3. '나의 8대조'에서 기신은 조상의 대열에 들어갈 수 없기 때문에, 자신이 1대조가 될 수 없으므로 기신(己身) 1대를 빼고, 조상의 대수만 헤아린 것이 8대조란 생각은 소박한 생각일 뿐, 수리에 맞지 않는다는 생각이다.

   8대가 자기의 조상이기 때문에 '나의 8대조'라고 말하는데, 왜 기신 1대가 대수에서 빠져나가야 하는가? 자기를 포함해서 위로 8대가 자기의 조상이므로 8대조로 호칭하는데, ~대조(代祖)의 '조(祖)'란 호칭 때문에 자기 1대가 없어진다면, 즉 8대(代)가 7대조(代祖)가 된다면 이상하지 않은가? '내(己身)'가 1대(代)로 기층(基層)에 깔려 있지 않으면 어찌 2대(아버지), 3대(할아버지), ~8代祖가 존립(存立)할 수 있겠는가? 기신(己身)은 1대조(代祖)가 아닌, 1대(代)로 들어가지 않으면 자기 조상이라고 할 수 없다. 홍길동의 8대조(代祖)라고 할 때 홍길동이 1대(代)로 들어가지 않는다면 그건 홍길동의 조상이 아니다. 대조(代祖)든 대(代)든 대수를 헤아려보는 것은 자기와의 관계가 전제되어 있는 것이다. 자기를 빼고 자기와 무관한 대수를 왜 헤아려보는가? 나무가 8 그루가 있는데 첫째 그루를 빼고 7 그루라고 하면 나무를 잘못 헤아린 것이다. 나의 조상이라고 할 때 나를 빼면 그건 '나의 조상'이 아니다. 물건을 헤아리는 것이나 조상의 대수를 헤아리는 것이나 계수(計數)의 원리는 같은 것이다. 기신(己身)은 1대조(代祖)가 될 수 없으므로 조상의 숫자인 대조(代祖)에는 기신 1대를 빼야 한다는 주장은 너무나 소박한 주장일 뿐, 계수의 원리에 어긋난 주장이 아닐까?

선현(先賢)들은 문헌에서 ~대조(代祖)에 기신(己身) 1대(代)를 포함시키지 않았다. 지금의 보학자들도 그것이 옳다고 한다.

필자는 8대(代)와 8대조(代祖)의 대수는 다르지 않다고 본다. 8대와 8대조의 대수가 다르다고 보기 때문에 논란(論難)이 생기고, 어문생활(語文生活)이 까다롭고 불편하게 된다는 것이다.

기신(己身)은 1대조는 아니지만, 1대로서 그 자리에 들어가 있어야, 윗대 조상이 성립된다. 기신이 1대조가 아닌 1대로서 기층(基層)에서 받쳐주지 않으면 2대(부) 3대(조부)~8대조가 존립할 수 없다. 자식이 없는 아버지가 있을 수 없고, 1대가 없이 '8대조'가 있을 수 없다. 8대조의 '조(祖)'자(字)는 대수를 줄이거나 보탤 수 있는 영향력이 없다. '조(祖)'자는 대수의 증감에 무관하며, 기신의 조상임을 나타내는 호칭어일 따름이다.

위로 대(代)와 대조(代祖) 및 아래로 세(世)와 세손(世孫)의 숫자가 같다고 보는 것이 필자의 우견(愚見)이다.

친족(親族)의 촌수(寸數)

1촌   부모, 자녀

2촌   형제자매, 조부모

3촌 <숙항> 백숙부모, 고모, 외숙부모, 이모

     <질항> 조카(姪), 질녀, 생질(누이의 아들), 생질녀(누이의 딸)

4촌 <동항> 종형제자매, 고종형제자매, 외-종형제자매, 이종형제자매

5촌 <숙항> 종숙부모, 종고모(아버지의 사촌 누이), 외-종숙부모,
           종이모(어머니의 사촌 여형제), 존고종숙(아버지 고종
           사촌), 존이종숙(아버지 이종사촌, 할머니 여형제의 아
           들=할머니의 이질)

     <질항> 종질=당질, 종질녀=당질녀

6촌 <동항> 재종형제자매, 외-재종형제자매

     <조항> 재종조부모, <손항> 재종손자, 재종손녀

7촌 <숙항> 재종숙부모=재당숙부모, 재종고모=재당고모

     <질항> 재종질, 재종질녀=재당질, 재당질녀

8촌 <동항> 삼종형제자매

　　　<조항> 삼종조부모, <손항> 삼종손, 삼종손녀

9촌 <숙항> 삼종숙부모, <질항> 삼종질, 삼종질녀

10촌 <동항> 사종형제자매

　　　<조항> 사종조부모, <손항> 사종손, 사종손녀

9촌 이상은 족조손, 족숙질, 족형제자매, 족종(族從)

☆ 족종(族從) : 항렬은 높고 나이는 적은 사람에 대해 자기를 일컬음. 상대가 족숙 또는 족조이면서 나이가 자기보다 적을 때 자칭(自稱)하는 말.

1. 친족(親族)의 지칭(指稱) · 호칭(呼稱)

지칭(가리킴말)	호칭(부름말)
고조부, 고조모	고조할아버지, 고조할머니
종고조부, 종고조모	종고조할아버지, 종고조할머니
증조부, 증조모	증조할아버지, 증조할머니
종증조부, 종증조모	종증조할아버지, 종증조할머니
할아버지, 조부(祖父)	할아버지(할배, 할부지 : 경상도말)
할머니, 조모(祖母)	할머니(할매, 할무이 : 경상도말)
큰할아버지, 백종조부	큰할아버지
작은할아버지, 종조부	작은할아버지, 종조할아버지
큰할머니, 백종조모	큰할머니
작은할머니, 종조모	작은할머니, 종조할머니
존고모(=대고모, 왕고모)	○○ 할머니(○○은 지명)

지칭(가리킴말)	호칭(부름말)
존고모부	○○ 새할아버지(○○은 지명)
아버지, 부(父)	아버지(아배, 아부지 : 경상도 방언)
어머니, 모(母)	어머니(어매, 어무이 : 경상도 방언)
백부(伯父), 세부(世父)	큰아버지(큰아배, 큰아부지 : 경상방언)
백모(伯母), 세모(世母)	큰어머니(큰어메: 경상방언)
숙부(叔父)	작은아버지(작은아부지 : 경상 방언)
숙모(叔母)	작은어머니(작은어메: 경상도 방언)
고모(姑母)	○○ 아주머니(○○ 지명)
고모부(姑母夫)	○○ 새아저씨(○○ 지명)
고종형＝외종형, 표종형	○○ 형님(○○ 지명, 이름, 택호)
고종제＝외종제, 표종제	이름 부름
고종형수, 고종제수(弟嫂)	새아주머니, 형수님, 제수씨
고종자씨(姉氏), 고종 누나	○○누님(○○지명). ○실누님(○남편 성)
고종자형	○○ 새형님(○○ 지명)
고종매(姑從妹)	이름 부름. ○실(室)이 (출가 후)
고종매부(姑從妹夫)	이름, ○서방
종숙부, 재종숙부 이상	○○ 아저씨(○○ 택호나 이름)
종숙모, 재종숙모 이상	○○ 아주머니(○○ 택호, 남편 이름)
형(兄)	형님
형수	새아주머니, 형수님
동생, 제(弟)	이름 부름
제수(弟嫂), 계수(季嫂)	제수씨, 계수(季嫂)씨, 새아주머니
자씨(姉氏), 누나	누님, ○○누님(○○지명), ○실(室)누님
자형(姉兄), 매형(妹兄)	○○ 새형님(○○ 지명)
여동생, 매(妹)	이름 부름(결혼 전), ○실(室)이(결혼 후)

지칭(가리킴말)	호칭(부름말)
매부(妹夫)	○서방, 이름 부름
아들/딸, 자녀(子女)	이름 부름, ○실(室)이(결혼 후)
며느리	아가, 새아가, 며늘아, ○○어미, 얘야
사위, 여서(女壻)	○ 서방, 이름 부름
조카, 질(姪)	이름 부름, ○○ 아비(애비)
질녀(姪女), ×조카딸	이름 부름, ○실(室)이
질부(姪婦), ×조카며느리	아가, 새아가, ○○어미, 질부(姪婦)
질서(姪壻), ×조카사위	○서방, 이름 부름
형부(兄夫)	형부(兄夫), 새아저씨,
제부(弟夫), 계부(季夫)	계부, 제부 ○서방님
생질(甥姪), 생질녀(女)	이름 부름, ○실(室)이
손자(孫子), 손녀(孫女), ×손주	이름 부름, ○실(室)이
손부(孫婦)	아가, 새아가, ○○어미, 손부야
손서(孫壻), ×손주사위	○서방, 이름 부름
증손자(曾孫子), ×증손주	이름 부름, ○○아비
증손녀(曾孫女)	이름 부름, ○실(室)이, ○○어미
증손부(曾孫婦)	아가, 새아가, ○○ 어미, 증손부야
증손서(曾孫壻), ×증손주사위	○ 서방, 이름 부름
현손자(玄孫子)	이름, ○○ 아비(○○ 애비 : 방언)
현손녀(玄孫女)	이름, ○○ 어미, ○실(室)이

☆ 玄孫 : 玄者言親屬微昧也. '玄'이란 친속이 쇠미(衰微)하고 아득함을 말한다.

2. 시가(媤家) 지칭 · 호칭

지칭(指稱)	호칭(呼稱)
시조부(媤祖父)	할아버님
시조모(媤祖母)	할머님
시종조부(媤從祖父)	작은할아버님
시종조모(媤從祖母)	작은할머님
시백종조부(媤伯從祖父)	큰할아버님
시백종조모(媤伯從祖母)	큰할머님
시아버지, 시부(媤父)	아버님(=아벰 : 경상방언)
시어머니, 시모(媤母)	어머님(=어멤 : 경상방언)
시백부(媤伯父)	큰아버님(맏아버님 : 경북 북부 방언)
시백모(媤伯母)	큰어머님(맏어머님 : 경북 북부 방언)
시숙부(媤叔父)＝시삼촌(媤三寸)	작은아버님(작은아벰)
시숙모(媤叔母)	작은어머님(작은어멤)
시고모(媤姑母), 시이모(媤姨母)	아주머님, 고모님, 이모님
시고모부, 시이모부	새아저씨, 고모부님, 이모부님
시종숙(媤從叔) ☆ 촌수 불문	○○ 아저씨(○○ 택호, 남편 이름)
시종숙모(媤從叔母) ☆ 촌수 불문	○○ 아주머님(○○ 택호, 남편 이름)
시숙(媤叔) ☆ 남편의 형	아주버님(아지벰)
시동생 ☆ 시숙(媤叔)	도련님(미혼), 아주버님(고령 미혼)
시누이(남편의 누나) ☆ 존대어	형님, ○○ 형님(○○ 지명, 택호)
시누이(남편의 여동생) ☆ 하게체	아가씨, ○실(室)이, ○ 서방댁
남편의 형수(兄嫂) ☆ 似 : 동시(사)	형님 ☆ 합쇼체 사용
남편의 제수(弟嫂) ☆ 娣 : 동시(제)	새댁, 동시(同媤). ☆ 하게체 사용
남편의 4촌 형제 이상	도련님(미혼), 아주버님

지칭(指稱)	호칭(呼稱)
남편의 4촌 누나 이상	형님, ○○형님(○○지명), ○실형님
남편의 4촌 여동생 이상	아가씨, ○실(室)이, ○서방댁

☆ 姒 : 동시 (사)←남편의 형수(兄嫂). 娣 : 동시 (제)←남편의 제수(弟嫂)

3. 외가(外家) 지칭 · 호칭

지칭(指稱)	호칭(呼稱)
고외가(高外家) ☆ 고조모의 친정	☆ 호칭 생략(省略)
증외가(曾外家) ☆ 증조모의 친정	☆ 호칭 생략(省略)
진외증조부(陳外曾祖父) · 모(母)	증조할아버지, 증조할머니
진외종조부(陳外從祖父) · 모(母)	종조할아버지, 종조할머니
진외종숙부(陳外從叔父) · 모(母)	○○아저씨, ○○아주머니 (택호, 지명)
외조부, 외왕부(外王父), 외옹(外翁)	외할아버지 또는 할아버지
외조모(外祖母), 외왕모(外王母)	외할머니 또는 할머니
외숙(外叔), 외삼촌, 내구(內舅)	외아저씨, 외삼촌(허용)
외숙모(外叔母)	외아주머니, 외숙모(허용)
이모(姨母)=종모(從母)	○○아주머니, 이모, 이모아주머니(허용)
이모부(姨母夫)=이숙(姨叔)	○○새아저씨, 이모부, 이모아저씨
외-종형(外從兄)=내종형(內從兄)	○○형님(○○ 택호, 이름, 지명)
외-종제(外從弟)=내종제(內從弟)	이름, 택호, 자(字)를 부름
외-종형수(外從兄嫂)	형수님, 새아주머니
외-종제수(外從弟嫂)	제수씨, 계수씨, 새아주머니
외-종자씨(外從姉氏)	○○누님(지명), ○실(室)누님
외-종자형(外從姉兄)	○○새형님(○○ 지명)

지칭(指稱)	호칭(呼稱)
외-종매(外從妹)	이름, ○실(室)이
외-종매부(外從妹夫)	이름, ○서방(書房)
외-종질(外從姪)	이름 부름, 조카
외-종질녀(外從姪女)	이름 부름, 질녀, ○실(室)이
이종형(姨從兄)	○○형님(○○ 지명, 택호)
이종자씨(姨從姉氏)	○○누님(○○ 지명), ○실 누님
이종자형(姨從姉兄)	○○새형님(○○ 지명)
이종매(姨從妹)	이름, ○실(室)이
이종매부(姨從妹夫)	이름, ○서방(書方)

참고 외사촌이 내종(內從)이고, 고종사촌이 외종(外從)이다. 외사촌과 고종사촌은 일상생활에 쓰는 구어(口語)이다. 내종, 외종은 문어(文語)로서 비문, 족보, 행장(行狀), 편지 등에 사용되는 고급스러운 말이다.

그런데 이 내종, 외종은 외사촌과 고종사촌에 한해서 대어(對語)로 쓰는 말이다. 즉 외사촌이 내종이라고 해서 외사촌 이외의 외가 사람에게 내(內)자를 붙여서 지칭하면 안 된다. 가령 외사촌의 자녀를 내종질이라고 해서는 안 되고, 외오촌을 내종숙이라고 하면 안 된다. 외사촌의 자녀는 외-종질이고, 외오촌(外-五寸)은 외-종숙이다. 고종이 외종이라고 해서 고종의 자녀를 외종질이라고 해서는 안 된다. 고종의 자녀는 고종질(姑從姪)이다.

호칭을 잘 모르는 사람들은 '외사촌'에 있는 '외'자를 보고 외사촌을 외종(外從)이라고 하는 사람들이 지식인(知識人) 중에도 대단히 많다.

4. 처가(妻家) 지칭 · 호칭

지칭(指稱)	호칭(呼稱)
처조부(妻祖父)=장조부(丈祖父)	할아버님
처조모(妻祖母)=장조모(丈祖母)	할머님
장인(丈人), 빙부(聘父), 악부(岳父) 외구(外舅), 부옹(婦翁)	장인어른, 빙장어른, 빙부님 ☆ 아버님(가능)
장모(丈母), 빙모(聘母), 악모(岳母) 외고(外姑)	장모님, 빙모님 ☆ 어머님(가능)
처백부(妻伯父), 처백모(妻伯母)	백부님, 백모님
처숙부(妻叔父), 처숙모(妻叔母)	숙부님, 숙모님
처고모(妻姑母)	고모님
처이모(妻姨母)	이모님, 이모아주머님
처남(妻男)	처남, 형님, 이름(남동생)
처남의 처(妻)	처남댁(처남의 댁), 아주머니
처형(妻兄)	처형(妻兄), ○○ 큰이모님
처제(妻弟)	처제(妻弟), ○○ 작은이모(님)
처질(妻姪), 처조카	이름, 조카
처질녀(妻姪女)	○실(室)이, 질녀 ☆ 하게체 가능
처종남(妻從甥) : 처의 사촌오빠	처남, 형님
처종숙(妻從叔) · 모(母)	숙부님, 숙모님, ☆ 아저씨, 아주머니

☆ 처종남(妻從甥) : 처의 사촌오빠. 처의 사촌오빠를 종처남(從妻男) 또
는 사촌처남이라고 하는 사람들이 많은데 잘못된 말이다. 처종남(妻從
甥)이 바른말이다.

5. 사가(査家) 지칭·호칭

사가(査家)란 자녀의 혼인으로 말미암아 인연이 맺어진 집안을 말한다.

지칭(指稱)	호칭(呼稱)
노사장(老査丈) : 사돈의 조부모	사장어른 또는 노사장어른
사장(査丈) : 사돈의 부모	사장어른(안사장어른·밭사장어른)
사돈(査頓) : 양가 부모	사돈 또는 사돈어른
밭사돈 : 바깥사돈	사돈, 사돈어른(이성(異性)사돈의 호칭)
안사돈 : 사돈의 부인	사돈, 사돈어른(이성(異性)사돈의 호칭)
사형(査兄) : 사돈의 높임말	사형(査兄) ☆ 사돈을 높이는 문어
사제(査弟) : 사돈 자기 낮춤말	사제(査弟) ☆ 자기를 낮추는 문어
곁사돈 : 사돈의 형제, 종형제	사돈
사하생 : 사돈의 자녀 및 며느리	사하생(査下生)
사형 : 자형, 매부, 형수, 제수의 형제	사형(査兄) ☆ 남녀간에도 '사형'가능

첨언(添言)

1. 과거에는 편지에서 사돈을 높여 사형(査兄)이라고 하고 자기를 낮추어 사제(査弟)라고 했다. 지금은 편지에서도 '사돈'으로 부르는 것이 현실적인 호칭이다. 지금은 사형(査兄) 사제(査弟)란 호칭은 사돈의 아랫대에서 사용하고 있다. 자형과 매부의 형제(자매) 및 형수와 제수의 형제(자매)를 만났을 때 사형(査兄)으로 부르는 것이 현실이다.

2. 경향(京鄉)을 막론하고 안사돈을 사부인(査夫人)으로 부르는데 적절하지 못한 호칭이라고 생각한다. 호칭어는 논리적인 말이다. 사부인(査夫人)은 '사돈의 부인'이라는 뜻이다. 안사돈은 밭사돈의 부인밖에 못되는 존재가 아니고 안사돈도 엄연한 사돈이다. 내외법(內外法)이 완화되었지

마는 이성(異性)사돈은 어려운 관계이다. 그래서 '사돈어른'으로 호칭하
는 것이다.

사돈 사이는 본래 어려운 사이다. 그래서 '사돈집과 뒷간은 멀수록
좋다.', '사돈네 안방 같다.'라는 속담이 있다. '남도 아니고 친척도 아
닌 것은?'이란 수수께끼도 있다. 그래서 이성(異性) 사돈뿐 아니라 동성
(同性) 사돈이라도 '사돈어른'으로 부르는 경우가 많다. 저쪽에서 사돈
어른으로 부르면 이쪽에서도 나이에 관계없이 사돈어른으로 호칭해야
한다.

3. 사돈의 나이가 높으면 사장(査丈)어른으로 부른다고 한다. 부당한
호칭이다. 사돈의 부모가 사장(査丈)어른이다. 사장(査丈)은 위계(位階)가
한 단계 높다. 사돈(査頓)은 관계를 나타내는 호칭이지 노소(老少)나 존비
(尊卑)를 따지는 호칭이 아니다. 나이 많은 사돈을 '사돈'이라고 불러도
무례(無禮)한 호칭이 아니다. 나이 많은 형(兄)도 그냥 형이라고 할 뿐 다
른 호칭이 없는 것과 같다. 예전에 하던 말이라고 꼭 따라야 하는 것은
아니다. 잘못된 말은 바른말로 고쳐 쓰는 것이 옳다. 그러나 과거 쓰던
말을 틀린 말이라고 우겨서는 안 된다. 새말이 좋은 말이라면 언중 속
에서 생명력을 얻어서 세상에 유포(流布)되어서 옛말과 자연스럽게 교
체(交替)될 것이다.

6. 노소(老少) 칭호

늙고 젊고 나이에 따른 호칭어는 다음과 같이 구별하여 사용한다.

- 왕존장(王尊長) : 조부(祖父) 연배(年輩)에게 쓰는 존칭어다.
- 존장(尊長) : 아버지 연배(年輩)에게 쓴다. 자칭(自稱)은 시생(侍生)이다.
- 연존장(年尊長) : 자기보다 15년 이상 연장자(年長者)에게 쓴다.

  자칭(自稱)은 시생(侍生). 소생(小生)이다.
- 노형(老兄) : 십년 연장자(年長者)에게 쓴다. 자칭은 소제(小弟)이다.
- 5년 연상(年上)이거나 5년 연하(年下)가 붕배(朋輩)이다. 붕배(朋輩)에게
  는 형(兄)이라고 한다. 자칭(自稱)은 제(弟)이다.
- 집사(執事) : 존장(尊長)이나 노형(老兄)이 아닌 사람에게 쓴다. 자칭(自
  稱)은 기하생(記下生) 또는 하생(下生)이다.
- 기하(記下) : 존비(尊卑)를 나타낼 수 없고 제(弟)로 자칭할 수 없는 곳.
- 존귀처(尊貴處)에 대한 자칭어(自稱語) : 권하생(眷下生). 휼하생(恤下生)

7. 말을 놓을 수 없는 사람

남녀 사이에 말을 놓지 않고 존대어를 쓰도록 하는 것은 서로가 조
심해서 윤리와 예의에 어긋남이 없도록 하려는 데 뜻이 있다.

말을 놓을 수 없는 사람이란 하게체, 해라체를 쓸 수 없는 사람을
말한다.

다음과 같은 사람에게 하게체, 해라체를 쓰면 안 된다. 이것은 과거
를 기준으로 한 말인데 현대는 말이 좀 바뀌었다.

- 타성(他姓)의 남녀간 : 성인(成人)을 중심으로 하는 말이다. 존대어를
  쓴다.

- 수숙(嫂叔) 관계 : 형수, 제수와 시숙, 시동생 사이는 존대어를 쓴다.
- 처가의 여자들 : 처제, 처질녀 등 처가의 여자들에게는 존대어를 쓴다.
- 사돈 사이는 연령 불문하고 존대어를 쓴다.
- 혼인한 여자 제자에게는 존대어를 써야 한다.

- 처질녀(妻姪女)나 처이질녀가 10년 이상 연하면 하게체를 쓰는 사람들이 많다. 해라체는 안 되고, 하게체를 쓰는 것은 무방할 듯하다.
- 결혼한 여자 제자에게는 남자 제자에게처럼 하게체를 쓸 수 있다고 생각한다. 해라체는 지나친 말이다. 남자 제자에게도 해라체를 쓰면 안 된다.
- 영남에서는 말을 놓고 지내던 친구와 사돈 사이가 되면 말을 고쳐 서로 존대어를 쓴다. 기호지방에서는 사돈 사이에 말을 놓는다고 한다.
- 학교 선후배 사이는 일반인 기준으로 허교(許交)를 해야 한다. 동기 생끼리는 남녀 사이에 하게체를 쓸 수 있다고 본다. 과거에는 내외법이 엄격했지만 지금은 많이 완화되었다. 이성(異性) 선후배 사이는 존대어를 써야 할 것이다. 이성 선후배도 허교를 하면 서로 하게체를 쓸 수 있을 것이다.

8. 인척(姻戚)의 용어

- 척숙(戚叔) : 친척 되는 사람 중에 아저씨 항렬이 되는 외척(外戚).
- 척형(戚兄) : 형뻘이 되는 외척(外戚).
- 척제(戚弟) : 아우뻘이 되는 외척(外戚).
- 척질(戚姪) : 조카뻘이 되는 외척(外戚).
- 척종(戚從) : 외척으로서 항렬이나 나이가 낮은 사람을 지칭하는 말.
- 척말(戚末) : 이성(異姓)의 친척에 대하여 자기를 낮추는 말. =척하(戚下).
- 척당(戚黨) : 친척이 되는 겨레붙이. =척속(戚屬), 척련(戚聯).
- 척분(戚分) : 척(戚)이 되는 관계.
- 척의(戚誼) : 인척(姻戚) 사이의 정의(情誼).
- 척신(戚臣) : 임금과 외척(外戚) 관계에 있는 신하(臣下).

9. 시하(侍下) 칭호(稱號)

시하(侍下)란 어른을 모시고 어른 밑에서 산다는 뜻이다.

- 중시하(重侍下), 중경하(重慶下) : 조부모 및 부모가 함께 생존(生存).
- 구경시하(具慶侍下) : 부모가 함께 생존(生存).
- 엄시하(嚴侍下) : 아버지는 생존하고 어머니가 별세(別世) 때.
- 자시하(慈侍下) : 어머니는 생존하고 아버지가 별세했을 때.
- 영감하(永感下) : 아버지, 어머니가 모두 별세(別世)했을 때.
- 안항(雁行) : 형제의 수. 기러기가 날아가는 모양과 같기 때문에 생긴 말. 가령 안항(雁行)이 몇입니까? 2남3여입니다.

10. 별칭(別稱)

별칭은 우리의 일상생활에 많이 쓰는 말은 아니지만 문헌이나 지방 (紙榜), 축문(祝文)에 문어(文語)로 쓰이는 말이다. 소홀히 할 수 없는 말이다.

【자기 별칭 】 ☆ 자기가 쓰는 칭호어 또는 지칭어	【타인 별칭】 ☆ 남이 쓰는 존칭어
● 현고조고(顯高祖考) : 고조부(축문, 지방에서 씀) ☆ 顯(현) : 著(나타나다), 高(높다), 明(밝다)	없음
● 현고조비(顯高祖妣) : 고조모(축문, 지방에서 씀)	〃
● 고조왕고(高祖王姑) : 고조부자매(姉妹)＝고대고모(高大姑母)	〃
● 현증조고(顯曾祖考) : 증조부(축문, 지방에서 씀)	없음
● 현증조비(顯曾祖妣) : 증조모(축문, 지방에서 씀)	없음
● 증조왕고(曾祖王姑) : 증조부 자매＝증대고모(曾大姑母)	없음
● 현조고(懸祖考) : 조부(지방, 축문)	왕존장(王尊丈)
● 현조비(顯祖妣) : 조모(축문, 지방)	왕대부인(王大夫人)
● 숙조부(叔祖父) : 종조부(從祖父)	존종조부, 귀종조부
● 왕고(王姑) : 조부의 자매 ☆ 王父之姉妹爲王姑 : 조부의 자매.	없음
● 현고(顯考) : 아버지(축문, 지방에 씀)＝선친(先親), 선고(先考)	선대인(先大人), 선고장(先考丈), 선장(先丈)
● 부친, 엄친 : 살아 계신 아버지	춘부장(椿府丈), 춘부(春府), 춘당(椿堂), 대정(大庭)

【자기 별칭】 ☆ 자기가 쓰는 칭호어 또는 지칭어	【타인 별칭】 ☆ 남이 쓰는 존칭어
● 현비(顯妣) : 어머니(축문, 지방에 쓴다.)＝선비(先妣), 선자(先慈)	선대부인(先大夫人)
● 자친, 노모 : 살아 계신 어머니	대부인(大夫人), 자당(慈堂), 훤당(萱堂), 북당[北堂]
● 현백고(顯伯考), 현숙고 : 돌아가신 백부, 돌아가신 숙부	영백부(令伯父), 영숙부, 완장(阮丈), 백완장(伯阮丈), 중완장, 계완장
● 현백모(顯伯母) : 백모, 세모(世母).	영백모, 영숙모
● 고모(姑母)	영고모(令姑母)
● 고서(姑壻), 고부(姑夫) : 고모부	영고부(令姑夫), 고숙장(姑叔丈)
● 현형(顯兄) : 지방, 축문. 사백(舍伯), 가백(家伯), 사형(舍兄), 가형 : 형(兄)	영형(令兄), 백씨, 백씨장
● 현형수(顯兄嫂) : 형수(지방, 축문)	영수씨(令嫂氏), 영백수씨
● 망제수사(亡弟秀士) : 제(지방, 축문)	영제(令弟), 계씨(季氏)
● 계수(季嫂) : 제수	영제수, 영수씨(令嫂氏), 영계수씨
● 백자(伯姉), 계매(季妹) : 자매(姉妹)	자씨(姉氏), 매씨(妹氏)
● 부군(夫君), 부서(夫壻), 낭군 : 남편	영군자(令君子), 현군자, 영부군(令夫君)
● 내자(內子), 내인(內人), 실인(室人), 고실(故室) : 아내	내상(內相), 현합(賢閤), 합부인(閤夫人), 영부인(令夫人)
● 형공(兄公), 시숙(媤叔) : 남편의 형	없음
● 시숙(媤叔) : 남편의 남동생	없음
● 여공(女公) : 남편의 누나	없음
● 여매(女妹), 시매(媤妹) : 남편여동생	없음
● 가아, 소아, 식자(息子) : 아들	영식(令息), 영윤(令胤), 현윤(賢胤)
● 외자(外子) : 서자(庶子)	없음
● 자부(子婦), 식부(媳婦) : 며느리	영자부(令子婦)
● 여식, 소녀(小女), 딸아이 : 딸	영애(令愛), 영교(令嬌)

【자기 별칭 】 ☆ 자기가 쓰는 칭호어 또는 지칭어	【타인 별칭】 ☆ 남이 쓰는 존칭어
● 소서(小壻), 동상(東牀), 교객 : 사위	영서(令婿), 서랑(壻郎)
● 종자(從子), 유자(猶子) : 조카	함씨(咸氏), 영함씨(令咸氏)
● 외생(外甥), 외생(外生) : 사위	서랑(壻郎)
● 손아(孫兒), 미손(迷孫) : 손자	영손(令孫), 현포(賢袍)

11. 특별한 호칭어(呼稱語)

특별한 호칭어는 일반인들은 많이 쓰지 않는 호칭어거나 잘못 쓰는 호칭어를 정리해 보려는 것이다.

● 폐하(陛下)

陛 : 대궐섬돌(폐). 폐하(陛下)는 궁궐 섬돌 밑이라는 뜻인데 임금의 존칭이다. 임금에게 직접 상주(上奏)하는 것을 피하고 계단 밑의 근신(近臣)에게 아뢰어 간접적으로 상주함에서 온 말이다.

● 전하(殿下)

殿 : 대궐(전), 전각(전). 전계(殿階)의 아래의 뜻. 왕이나 왕비의 존칭.

● 마마(媽媽)

媽 : 어미(마), 암말(마). 마마(媽媽)는 원래 어머니를 부르는 말로 쓰였다. 그러다가 아주 존귀한 사람을 부를 때 존대하는 말로 쓰였다.

● 각하(閣下)

閣 : 누각(각). 각하(閣下)는 누각 아래, 높은 집 아래의 뜻이다. 고루(高樓) 아래서 갓을 벗고 오래 머리를 조아리고 있었다는 기록이 있다. 벼슬이 높은 사람에 대한 경칭(敬稱)이다.

● 합하(閤下)

閤 : 샛문(합), 안방(합), 관청(합). 합하(閤下)는 정일품(正一品) 벼슬아치에 대한 경칭(敬稱)이다. 합문(閤門)은 밖으로 보이지 않는 출입구의 문을 말한다. 그래서 남의 아내의 경칭으로 합부인(閤夫人)이란 말이 있고, 남의 가족의 경칭으로 합내(閤內)가 있다. 합하(閤下)는 벼슬이 높은 사람에 대한 존칭이다. 벼슬이 높은 사람의 집에는 합(閤) 즉 샛문이 새워져 있는 데서 유래한 말이다.

● 족하(足下)

편지를 받아보는 사람의 이름 밑에 쓰는 존칭어로 귀하(貴下), 좌하(座下)와 같이 사용하던 말이다.

● 귀하(貴下), 귀중(貴中)

주로 편지에 쓰는 존칭어(尊稱語)인데, 귀하(貴下)보다는 좌하(座下), 좌전(座前)이 낫다. 단체에게 보내는 편지에 귀중(貴中)이라고 쓰는데 이것도 우리가 전통적으로 오래 써 오던 입납(入納)으로 쓰는 것이 좋다.

● 사자(嗣子)

嗣 : 대이을(사). 대(代)를 이을 아들은 맏아들이므로 사자(嗣子)는 맏아들이란 뜻이 있다. 사자(嗣子), 사손(嗣孫)이란 말이 있다.

우리나라 족보를 보면 그냥 아들은 子(자)라고 하고, 양자(養子)한 아들은 사자(嗣子)라고 했다. 남의 뒤를 이을 자식(子息)의 뜻이다.

맏아들을 사자(嗣子)라고 해도 되지만, 이제는 사자(嗣子)에 맏아들이란 의미가 퇴색(退色)되어가고 사자(嗣子)는 양자(養子)의 뜻으로 쓰고 있는 실정(實情)이다. 그냥 子(자)라고 하면 모든 아들이 자(子)가 되지만 맨 앞에 있는 아들이 맏아들인 것이다.

☆ 不敢自稱嗣子(불감자칭사자) : 감히 스스로 사자(嗣子)라고 칭하지 못한다.

● 자, 부자(子, 夫子)

자(子)는 남자에게 붙이는 최우대 존칭어(尊稱語)다. 그래서 孔子(공자), 孟子(맹자)에 '선생(先生)'이란 말을 덧붙이면 안 된다.

부자(夫子)는 논어(論語)에 15번 나오는데, 오로지 공문(孔門)의 제자들이 공자(孔子)를 부자(夫子)라고 했다. 후세에 제자들이 스승에 대한 존칭으로 사용되었다.

● 함장(函丈)

함장(函丈)이란 스승과 자기의 자리를 일장(一丈)의 간격(間隔)으로 떼어놓는 것에서 온 말로 스승을 뜻한다. 선생이나 어른(長者)에게 편지를 보낼 때 성명 밑에 쓰는 존칭어다. 현대는 선생(先生)이란 말이 좋다.

● 여사(女史)

여사(女史)는 기혼(旣婚)의 여자나 사회적으로 이름 있는 여자에 대한 경칭이다.

● 여사(女士)

학문(學問)과 덕망(德望)이 높은 여자에 대한 경칭이며, 숙원(淑媛)이라고도 풀이하였다. 숙원(淑媛)은 종사품(從四品) 내명부(內命婦)의 품계(品階)이다.

☆ 빈(嬪), 귀인(貴人), 소의(昭儀), 숙의(淑儀), 소용(昭容), 숙용(淑容) 소원(昭媛), 숙원(淑媛), 상궁(尙宮) 등

● 당신(當身)

'당신'이란 말은 (1) 웃어른을 극히 높여 제3인칭으로 쓰는 경우가 있고, (2) 보통 높임으로 제2인칭을 지칭할 때가 있고, (3) 부부(夫婦) 사이에 서로 지칭할 때가 있다. 예시하면 다음과 같다.

(1) 할아버지는 당신 손수 채소밭을 가꾸신다. (2) 당신부터 줄을 바로 서세요. 새치기하려는 것 같습니다. (3) 여보, 당신 혼자 다녀오세요.

☆ 남남 사이에 쓰는 당신은 삼가야 한다. 지금은 불친절하고 무뚝뚝한 표현으로 받아들이는 것이 현실이다.

● 군(君)과 양(孃)

군(君)은 고려 시대와 조선 시대에 종친이나 신하에게 주던 존호(尊號)였다. 근래에는 친구 사이나 아랫사람을 부를 때 성(姓)이나 이름

밑에 붙여 부르는 호칭으로 되었다.

▶ 양(孃)은 여자의 성(姓)이나 이름 밑에 붙여 처녀의 뜻을 나타내는 호칭이다. '孃 : 어머니(냥)', '孃 : 아씨(냥)'인데 속음(俗音)이 '양'이다. '娘 : 아가씨(냥)'과 같다.

● 씨(氏)와 님

○○○ 씨(氏) : 인명 밑에 붙이는 존칭어 씨(氏)는 존대(尊待)의 의미가 퇴색되었다. 고유어 '님'만 못하다. '님'은 남녀노소, 직위고하를 막론하고 누구에게나 쓸 수 있는 만병통치약과 같은 존칭어다.

12. 친족의 촌수와 지칭(指稱) · 관계칭(關係稱)

● 1촌

지칭 : 부모(父母), 자녀(子女)
관계칭 : 부자간, 모자간, 부녀간, 모녀간

● 2촌

지칭 : 형제자매(兄弟姉妹), 손자(孫子), 조부모(祖父母)
관계칭 : 형제간, 남매간, 조손간
☆ 남녀형제사이는 남매간이다. 언니와 여동생끼리는 형제간이다. 남자끼리 및 여자끼리는 형제간이다.

● 3촌

지칭 : 백중숙계부(伯仲叔季父), 고모(姑母), 조카, 증조부모(曾祖父母)

관계칭 : 숙질간(叔姪間), 증조손간(曾祖孫間)

☆ 고모와 조카사이도 숙질간(叔姪間)이다.

● 4촌

지칭 : 종형제자매(從兄弟姉妹), 종조부모(從祖父母), 고조부모(高祖父母)

관계칭 : 종형제간=종반간(從班間), 종남매간, 종조손간(從祖孫間), 고조
　　　　손간(高祖孫間)

● 5촌

지칭 : 종숙(從叔)＝당숙(堂叔), 종고모(從姑母)＝당고모(堂姑母)
　　　　종질(從姪)＝당질(堂姪), 종증조부모(從曾祖父母), 종증손자녀

관계칭 : 종숙질간=당숙질간, 종증조손간

☆ 종고모(從姑母)와 종질(從姪) 사이도 종숙질간=당숙질간이다.

● 6촌

지칭 : 재종형제자매(再從兄弟姉妹), 재종조부모(再從祖父母)

관계칭 : 재종형제간, 재종남매간, 재종조손간(再從祖孫間)

● 7촌

지칭 : 재종숙(再從叔)＝재당숙(再堂叔), 재종고모＝재당고모

재종질(再從姪)＝재당질, 재종증조부(再從曾祖父), 재종증손자·녀
관계칭 : 재종숙질간＝재당숙질간, 재종증조손간

● 8촌

지칭 : 삼종형제자매(三從兄弟姉妹), 삼종손(三從孫), 삼종조부(三從祖父)
관계칭 : 삼종형제간, 삼종남매간, 삼종조손간

● 9촌

지칭 : 삼종숙(三從叔), 삼종고모(三從姑母), 삼종질(三從姪), 삼종증조부
관계칭 : 삼종숙질간, 삼종증조손간

● 10촌

지칭 : 사종형제자매(四從兄弟姉妹), 사종손(四從孫), 사종조부(四從祖父)
관계칭 : 사종형제간, 사종남매간, 사종조손간

● 11촌

지칭 : 사종숙(四從叔), 사종질(四從姪)
관계칭 : 사종숙질간

● 12촌 이상의 종친(宗親)은 족(族)자를 앞에 붙인다.

지칭 : 족조↔족손, 족조모↔족손, 족숙↔족질, 족형↔족제, 족매↔족
　　　남(族男)

관계칭 : 족조손간, 족숙질간, 족형제간, 족남매간

【숙부(叔父)와 삼촌(三寸)이란 말】

다산(茶山) 정약용(丁若鏞)은 그의 저서(著書) 『아언각비(雅言覺非)』에서 숙부(叔父)를 삼촌(三寸)이라고 칭하는 것은 잘못이라고 지적했다.

숙부(叔父)를 삼촌(三寸)이라고 하는 사람들이 있는데, 삼촌(三寸)은 숙부와 조카 사이에 존재하는 촌수(寸數)일 뿐, 삼촌(三寸)이 바로 숙부란 뜻은 아니다. 숙부 쪽에서 보면 조카도 삼촌(三寸)이 되기 때문이다.

우리들은 종숙(從叔)=당숙(堂叔)을 오촌(五寸)이라고 칭하는 경우가 있는데, 이것 역시 삼촌(三寸)의 경우처럼 부당하다. 당숙(堂叔) 쪽에서 보면 당질(堂姪)=종질(從姪)도 역시 오촌(五寸)이기 때문이다.

그래서 우리들은 친족(親族)이나 인척(姻戚)을 지칭할 때는 촌수가 드러나지 않는 지칭어로 말한다. 이것이 예의에 맞는 어법(語法)이다.

사촌형, 사촌동생이란 말을 흔히 듣게 되는데. 이것도 사촌(四寸)이란 숫자를 드러내지 않고, '종형(從兄)', '종제(從弟)'라고 하는 것이 바람직한 말이다. 외사촌(外四寸)이란 말은 관용(慣用)으로 써온 말이므로 허용이 되지만, 이 말도 사촌(四寸)이란 숫자를 드러내지 않으려면 '외-종형', '외-종제'라고 해도 되고, '내종-형(內從兄)', '내종-제(內從弟)'라고 해도 된다. '내종형(內從兄)', '내종제(內從弟)'는 우리가 일상생활에서 쓰는 구어(口語)가 아니고, 편지, 행장(行狀), 비문(碑文), 족보(族譜) 같은 데 쓰는 문어(文語)이다. 그러나 구어(口語)로 사용해도 된다.

촌수(寸數)란 두 사람 사이의 '혈연의 거리'를 수치로 나타낸 것인데, 친인척을 지칭할 때 촌수를 드러내어 말하는 것은 너무 박절(迫切)하기 때문에 촌수가 드러나지 않는 지칭어를 사용하는 것이다.

친족(親族) 계촌도(系寸圖)

친족은 백대지친(百代之親)으로 촌수에 제한이 없다. 인척은 6촌까지를 근척으로 보고 6촌이 넘으면 왕래가 거의 없고 호칭할 일도 별로 없다. 좌측 7. 존고재종질은 우리 집을 증외가(증조모의 친정)라고 하고 나는 증외재종숙이다. 8. 존고삼종손은 우리 집이 고외가(고조모의 친정)이다. 나는 고외삼종조이다. 이쯤 되면 사람들은 호칭어를 모른다. 위계를 따져서 형님, 누님, 아우, 아저씨, 아주머니, 할아버지, 할머니라고 부른다.

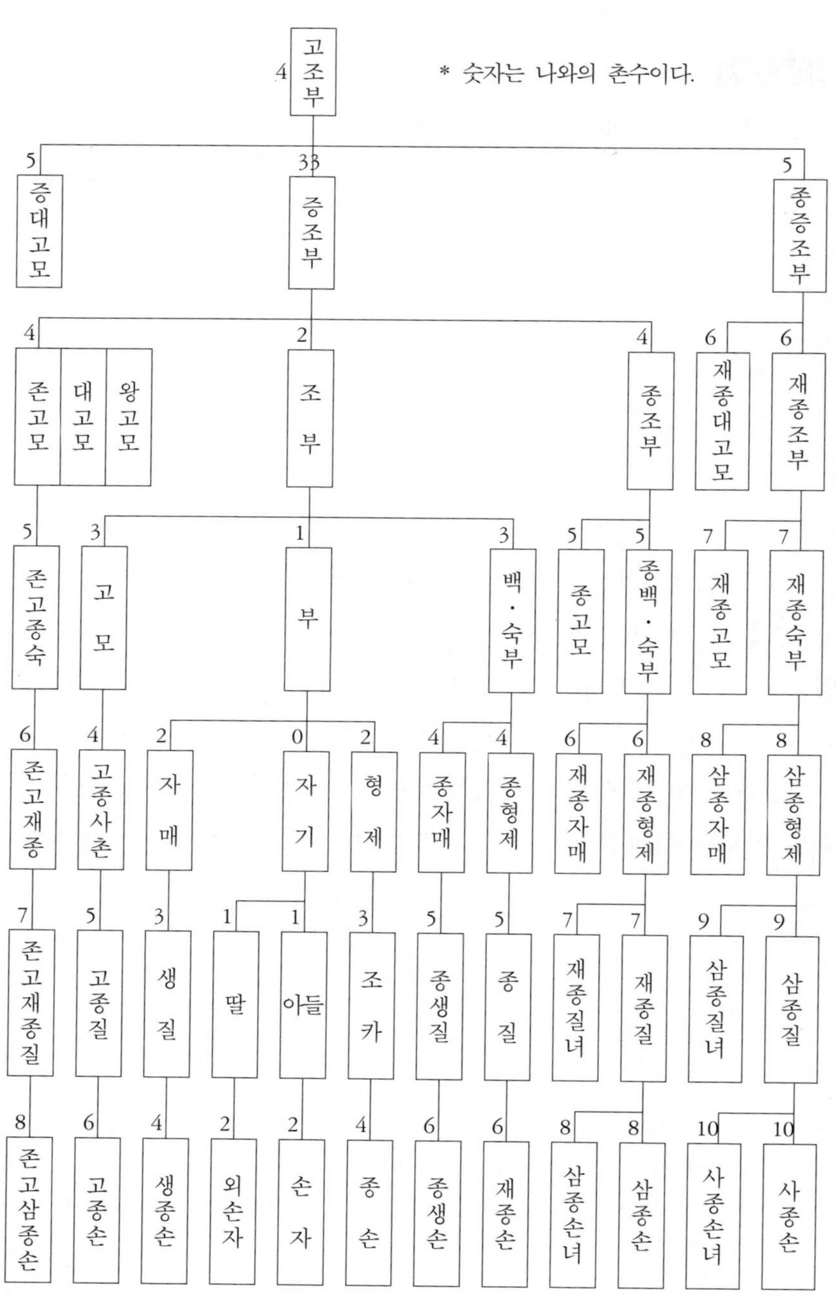
* 숫자는 나와의 촌수이다.
4 고조부
5 증대고모
3 증조부
5 종증조부
4 존고모 / 대고모 / 왕고모
2 조부
4 종조부
6 재종대고모
6 재종조부
5 존고종숙
3 고모
1 부
3 백·숙부
5 종고모
5 종백·숙부
7 재종고모
7 재종숙부
6 존고재종
4 고종사촌
2 자매
0 자기
2 형제
4 종자매
4 종형제
6 재종자매
6 재종형제
8 삼종자매
8 삼종형제
7 존고재종질
5 고종질
3 생질
1 딸
1 아들
3 조카
5 종생질
5 종질
7 재종질녀
7 재종질
9 삼종질녀
9 삼종질
8 존고삼종손
6 고종손
4 생종손
2 외손자
2 손자
4 종손
6 종생손
6 재종손
8 삼종손녀
8 삼종손
10 사종손녀
10 사종손

1. 종(從), 재종(再從), 삼종(三從), 사종(四從)의 촌수

종(從), 재종(再從), 삼종(三從), 사종(四從)은 4촌, 6촌, 8촌, 10촌의 촌수를 뜻하지만 종(從), 재종(再從), 삼종(三從), 사종(四從)이란 말이 단독으로 쓰이지는 않는다. 종형, 종제(從弟), 종매(從妹), 종조부(從祖父), 재종형(再從兄), 삼종형(三從兄), 사종형(四從兄)처럼 종(從)에 호칭어가 첨가되어 비로소 뜻이 나타난다. 즉 종숙(從叔), 종질(從姪), 재종숙(再從叔), 재종질(再從姪), 삼종숙(三從叔), 삼종질(三從姪) 등과 같이 형(兄), 숙(叔), 질(姪)이 첨가 되어 비로소 완전한 말이 된다.

종(從)은 4촌, 재종(再從)은 6촌, 삼종(三從)은 8촌, 사종(四從)은 10촌을 나타내는데, 여기서 짝수인 2촌, 4촌, 6촌, 8촌, 10촌은 형제(兄弟)항렬인 동항(同行)이 된다. 형(兄)과 제(弟)는 2촌이며, 종형(從兄), 종제(從弟)는 4촌이고, 재종형(再從兄), 재종제(再從弟)는 6촌이며, 삼종형(三從兄), 삼종제(三從弟)는 8촌이며, 사종형(四從兄), 사종제(四從弟)는 10촌이다.

위 짝수에 1촌이 증가되어 홀수가 되면 숙항(叔行) 또는 질항(姪行)이 된다. 즉 숙부(叔父)와 조카는 3촌이고, 종숙(從叔)＝당숙(堂叔)과 종질(從姪)＝당질(堂姪)은 5촌이고, 재종숙(再從叔)＝재당숙(再堂叔)과 재종질(再從姪)＝재당질(再堂姪)은 7촌이다.

삼종숙(三從叔), 삼종질(三從姪)은 9촌이며, 사종숙(四從叔), 사종질(四從姪)은 11촌이다.

조항(祖行)과 손항(孫行)도 2촌, 4촌, 6촌, 8촌, 10촌의 짝수이다. 즉 조부(祖父)와 손자는 2촌이며, 종조부와 종손(從孫)은 4촌이며, 재종조부(再從祖父)와 재종손(再從孫)은 6촌이며, 3종조부와 3종손은 8촌이며, 4종조부와 4종손은 10촌이다.

위 짝수에 1촌을 더하면 증조(曾祖)와 증손(曾孫) 항렬이 된다. 증조(曾祖)와 증손(曾孫)은 3촌이며, 종증조(從曾祖)와 종증손(從曾孫)은 5촌이며, 재종증조와 재종증손은 7촌이며, 삼종증조와 삼종증손은 9촌이다.

증조(曾祖)의 항렬이 홀수니까 고조(高祖) 항렬(行列)은 짝수가 된다. 즉 고조부(高祖父)와 현손(玄孫=高孫)은 4촌이며, 종고조부(從高祖父)와 종현손(從玄孫)은 6촌이다.

제7장

내종(內從) : 외사촌, 외종(外從) : 고종사촌

1. 전거(典據)

(1) 『중문대사전(中文大辭典)』(中國文化大學印行)

① 내형제는 외숙의 아들을 칭하는 것이다. 內兄弟 稱舅之子也

② 내형제란 고모의 자녀에 상대하여 이르는 말이다. 외숙의 아들은 본래 안(內)에 있기 때문에 '內(내)'의 이름을 얻은 것이다.

內兄弟者 對姑之子云 舅子本在內 故得內名也

(2) 『한한대자전(漢韓大字典)』(이상은 감수, 민중서림)

외제(外弟) : 고종사촌 아우, 외형제(外兄弟) : 고모의 아들.

(3) 『한한대사전(漢韓大辭典)』(檀國大學校 東洋文化研究所, 2008)

내형(內兄) : 내종형, 외가의 형.

내형제(內兄弟) : 내종형제, 외삼촌의 아들.

외형(外兄) : 고종사촌형.

외형제(外兄弟) : 고종사촌형제.

(4) 『가례(家禮)』 복제도(服制圖)

외숙의 아들을 내형제라고 하고, 고모의 아들을 외형제라고 한다.

舅之子曰 內兄弟, 姑之子曰 外兄弟

『가례언해(家禮諺解)』 6권 27장 a면의 난상(欄上)에 주(註)가 있는데 다음과 같이 되어 있다.

"외형뎨는 아븨 누의 ᄌᆞ식 ᄂᆡ형뎨는 어믜 오랍의 ᄌᆞ식"

"외형제는 고모의 자식, 내형제는 외숙의 자식"이라고 설명했다.

(5) 『진양하씨세보(晉陽河氏世譜)』(1606, 海印寺 刊) 권수(卷首) 역대유록(歷代遺錄)에 있는 하자종(河自宗)의 행장(行狀)에 시(詩) 한 수가 있는데 '이 시는 하자종의 외종제(外從弟) 강회백이 지었다'는 주석이 있다. 하(河)씨 족보를 보면 강회백(姜淮伯)은 하자종(河自宗)의 고종(姑從)이다. 여기서도 고종사촌이 외종(外從)임을 확인할 수 있다.

(6) 『신편척독대방(新編尺牘大方)』(京城大成書林發行, 1934)에 있는 서간문을 보면 고종(姑從)은 외사촌형을 내형(內兄), 내종형(內從兄)이라고 했고, 고종 자신은 표제(表弟), 표종제(表從弟)라고 했다. 표(表)는 외(外)의 뜻이니, 표제(表弟), 표종제(表從弟)는 외제(外弟), 외종제(外從弟)이다.

☆ 고종을 외종(外從)이라고 하지만, 고종을 표종(表從)이라고도 한다.

(7) 『17세기국어사전』(한국정신문화연구원, 1993)

내형제(內兄弟)는 외삼촌의 아들이다. 외형제(外兄弟)는 고모의 아들이다. 【內兄弟를】 內兄弟를 爲ᄒᆞ예니 닐온 구(舅)의 자(子) ㅣ라.

【外兄弟를】 外兄弟를 爲ᄒᆞ예니 닐온 고(姑)의 자(子) ㅣ라.

(8) 선인(先人)의 문집에서도 외사촌을 내종(內從)이라고 하고 있다.[1]

---

1 매산(梅山) 홍직필(洪直弼)의 글은 국역연수원 성백효(成百曉) 교수의 글 '친족의 호칭 문제'에 있는 원문과 번역을 인용하였음.

순조(純祖) 때의 정치가며 학자인 매산(梅山) 홍직필(洪直弼, 1776~1852)은 그의 문집 『매산집(梅山集)』에서 다음과 같이 말했다.

「외숙의 아들을 내종이라 하고 고모의 아들을 외종이라 한다. 이는 비단 이아(爾雅)에 기재되어 있을 뿐 아니라 주자(朱子)의 정론(定論)에도 있다. 그런데 요즘 사람들은 외숙의 아들을 외종이라고 부르는 자가 있으니, 이는 외가의 형제라고 인식하여 이렇게 칭하는 것이다. 그러나 어머니의 형제를 내구(內舅)라 칭하니, 그렇다면 내구(內舅)의 아들이 어찌 내종(內從)이 되지 않겠는가. 여자가 출가하면 모두 외(外)가 된다. 그러므로 사위를 외생(外甥)이라 칭하고, 손자를 외손(外孫)이라 칭한다. 이 뜻을 미루어 본다면 고모의 아들을 외종이라고 칭해야 함을 알게 될 것이다.」

【원문】 舅之子曰內從 姑之子曰外從 不惟爾雅所載 亦有朱子定論 而今人或喚做舅子曰外從者 認以外家兄弟故云爾 然母之兄弟謂之內舅 則內舅之子 豈不爲內從乎 女子出嫁者 皆外成也故稱壻曰外甥 孫曰外孫 推斯義也 姑子之稱 以外從可知也(梅山集十六 書)

☆ 홍직필은 관직이 대사헌(大司憲)이었고, 문집－매산집(梅山集)－52권이 있는 문장가이다.

(9) 권오근(權五根) 선생의 『정남선생문집』(井南先生文集, 2004. 刊)에 외사촌형의 묘갈명을 '내종형 묘갈명(墓碣銘)'이라고 했다. (791쪽)

(10) 외손(外孫), 외질(外姪), 외종(外從)의 호칭

① 아들의 자녀와 딸의 자녀는 같은 손자인데, 딸의 자녀는 출가한 딸이 밖(外)에서 낳았기 때문에 바깥손자란 뜻으로 '외손(外孫)'이라고 한다.

② 형제의 자녀와 자매의 자녀는 같은 조카이지만 출가한 자매가 밖

에서 낳은 조카는 바깥조카란 뜻으로 '외질(外姪) 또는 외생(外甥)'이
라고 한다.

③ 숙부의 자녀와 고모의 자녀는 같은 사촌이지만 출가한 고모가 밖
에서 낳은 (고종)사촌은 바깥사촌이란 뜻으로 '외종(外從)'이라고
한다. 외종이란 말이 여기서 나온 호칭으로 고종사촌이 외종(外從)
이다.

(11) 중 3-1 국어교과서(1991년)에 '외종 : 외사촌', '내종 : 고종사촌'
으로 되어 있어서 당시 대구를 대표할 한학자 세 분에게 물어보
았다.

柳奭佑(류석우) 선생

"교과서를 만든 사람들이 내종, 외종도 구별할 줄 모르도록 그렇게 무식
했던가!"라고 개탄하셨다.

李壽洛(이수락) 선생

"내종과 외종을 거꾸로 잘못 알고 망발(妄發)하는 사람들이 많네."라고 말씀
하셨다.

權五根(권오근) 선생

"호칭어는 윤리와 관계되는 문제인데, 국어교과서에 그렇게 되어 있다면
한시도 지체할 수 없네. 최 선생, 자네가 정부에 건의문을 올리게."라고 말
씀하셨다.

☆ 세종로에서 무작위(無作爲)로 100명에게 "외사촌과 고종사촌 중에
어느 쪽이 외종이고, 어느 쪽이 내종입니까?"라고 물어보면 외사촌에
있는 외(外) 자' 때문에 99명은 "외사촌이 외종입니다. 또는 외사촌이
외종 아닙니까?"라고 응답할 것이다. 사람들은 내종, 외종이 안과 밖

을 따지는 문어(文語)란 것은 생각도 못하고, '외사촌'에 있는 '외(外)'
자만 보고 외사촌을 '외종'이라고 하는 것이다. 이렇게 되니 고종사
촌은 이유도 근거도 없이 내종이 되는 것이다. 고종사촌을 '내종'이
라고 해야 할 어떤 근거도 이유도 없다.

　'외사촌이 외종'이라고 대답하는 99명은 호칭을 잘 모르는 언중(言
衆)들이다. 교육부에서 물어본 대학교수, 성균관전례연구위원장 등은
99명의 무식한 언중(言衆)에 포함되는 사람들이다.

　국립국어원에서는 교육부에 오답을 제공한 교수들을 전문가라고
하고, 전문가의 말을 부정하는 필자의 주장을 수용할 수 없다고 했다.
이런 것을 두고 주객(主客)이 전도(顚倒)되었다고 하는 것이다.

2. 『표준국어대사전』의 뜻풀이 모순

(1) 내종(內從) : <u>고종(姑從)을 외종에 상대하여 이르는 말</u>. 예전에는
　　외삼촌의 자녀를 이르는 말이었으나 현재는 주로 이와 같이 쓰
　　이고 있다.
(2) 외종(外從) : <u>외삼촌의 자녀를 이르는 말</u>. 예전에는 고모의 자녀를
　　이르는 말이었으나 현재는 주로 이와 같이 쓰이고 있다. ≒외종
　　사촌·표종.

『표준국어대사전』에서 '내종·외종'의 뜻풀이가 위 (1)(2)에서 잘못
되어 있고, 다음 (3)(4)(5)에서는 '내종·외종'의 뜻풀이가 옳게 잘 되어
있다.

(3) 내외형제(內外兄弟) : =내외종.

(4) 내형제(內兄弟) : ① <u>외사촌형제</u>.

② 아내의 형제.

(5) 외형제(外兄弟) : ① 어머니는 같으나 아버지가 다른 형제.

② <u>고모의 아들</u>.

위 (3)(4)(5)를 다시 정리하면

→ 내형제 =내종 : 외사촌형제.

→ 외형제 =외종 : 고모의 아들.

다시 말하면 『표준국어대사전』 안에서 위 (3)(4)(5)에서는 내종·외종의 뜻풀이가 바르게 잘 되어 있고, (1)(2)에서는 뜻풀이가 잘못되어 있다.

국립국어원에서는 에 '내종·외종'의 뜻풀이가 두 가지로 모순되게 뜻풀이되어 있는 줄도 모르고 (1)(2)의 뜻풀이가 옳다고 주장한다. 이 주장도 국어원의 주장이 아니고 국어국문학자, 한문학자, 문화인류학자들에게 물어보니 모두 (1)(2)의 뜻으로 사용하고 있으므로 국어사전은 언중의 말을 따라야 한다고 했다. 언중은 모르고 잘못 말하더라도 『표준국어대사전』의 뜻풀이를 바르게 해야 할 것이다. 국어원에서 국어국문학자, 한문학자, 문화인류학자들에게 물어본 것이 사실이라면 큰 문제이다. 시골 중학교 국어교사와 촌로(村老)들도 '내종·외종'의 뜻을 바르게 알고 있는데, 무식한 언중도 아닌 국어국문학자, 한문학자, 문화인류학자들이 '내종 : 외사촌' '외종 : 고종사촌'의 뜻을 모르고, 거꾸로 '내종 : 고종사촌' '외종 : 외사촌' 한다면 큰일이 아닌가!

'내종 : 외사촌, 외종 : 고종(사촌)'으로 바르게 쓰는 사람들의 말은 부정하고, 호칭어에 무식한 사람들이 쓰는 말을 국어사전에 올려 표준어로 삼는 것은 국립국어원의 연구원들이 호칭어에 대한 지식이 부실하거나, 아니면 연구원들이 공연한 아집으로 국어사전을 옹호하며 직권남용을 하는 것이다 국어원의 태도와 정신에 문제가 있다.

3. 『표준국어대사전』의 호칭어 오류

중학교 3-1 국어 교과서에 '내종(內從) : 고종사촌', '외종(外從) : 외사촌'으로 되어 있어서 교육부에 국어교과서 수정 청원서를 올렸다(1991년). '내종(內從) : 외사촌', '외종(外從) : 고종사촌'이 옳기 때문이었다.

교육부에서는 고려대학교 한문과 이동환 교수, 한국정신문화연구원 정양완 교수, 한글학회 이강로 교수, 성균관전례연구위원회 강창희 위원장, 한학자 신호열 선생, 국립국어연구원에 물어서 회신을 보내 왔는데, "국어교과서와 국어사전의 '내종(內從) : 고종사촌', '외종(外從) : 외사촌'은 틀린 것이 아닙니다."라고 했다. 교육부 자문에 답한 인사(人士)들의 답은 몽땅 오답(誤答)임을 단언(斷言)한다. '내종(內從) : 외사촌', '외종(外從) : 고종사촌'이 정답(正答)이다. 『표준국어대전』에 20개 이상 호칭어 뜻풀이가 잘못되어 있다. 한글학회에서 편찬한 『우리말큰사전』도 호칭어 오류는 『표준국어대사전』과 오십보백보(五十步百步)이다.

제8장

잘못된 호칭어

1. 『표준국어대사전』에 뜻풀이가 잘못된 호칭어
―2013년 11월 11일 현재―

국어사전은 국민의 경전(經典)이다. 국어사전의 권위가 막강하기 때문에 사람들은 '국어사전은 완벽하다'고 믿고 사전을 사용한다. 그러나 국어사전에는 잘못 뜻풀이된 호칭어만도 20여 단어이다.

표제어 앞에 ×표 한 것은 『표준국어대사전』에 잘못된 뜻풀이이고 ○표 한 것은 필자가 뜻풀이를 바르게 수정한 것이다. ☆표는 덧붙인 설명어다.

1.

[×] 내종(內從) : <u>고종(姑從)을 외종에 상대하여 이르는 말.</u> 예전에는 외삼촌의 자녀를 이르는 말이었으나 현재는 주로 이와 같이 쓰이고 있다.

[○] 내종(內從) : 외사촌. 고종이 외종이므로 여기에 상대하여 이르는 말.
☆ 아들이 낳은 자녀나 딸이 낳은 자녀나 같은 손자인데, 출가외인이
된 딸이 밖에서 낳았기 때문에 밖에서 난 손자란 뜻으로 외손(外孫)이
라고 한다.

　형제자매의 자녀는 같은 조카이지만 출가(出嫁)한 자매가 밖에서 낳
은 조카는 밖에서 난 조카란 뜻으로 외질(外姪) 또는 외생(外甥)이라고
한다.

숙부의 자녀나 고모의 자녀는 같은 사촌이지만 출가한 고모가 낳은
자녀는 밖에서 난 사촌이란 뜻으로 외종(外從)이라고 한다.

외손 · 외질(=외생) · 외종의 외(外)는 밖이란 뜻이고 외가(外家)와 아무
관계도 없는데, 외사촌에 있는 '외(外)' 자(字) 때문에 외사촌(外四寸)을 외
종(外從)으로 오해하는 사람들이 대단히 많다. 지식인들도 마찬가지다.

'고종사촌: 내종'이라고 하는 이여, 내종(內從)의 내(內)는 어디서 왔
으며 무슨 뜻인지 설명해 보라.

내종 · 외종의 잘못된 뜻풀이 때문에 관련된 호칭어 12 단어의 뜻풀
이가 잘못되어 있다. 첫 단추가 잘못 끼워진 것이다.

【내종, 외종, 내외종, 내종매, 내종매부, 내종제, 내종형, 내종형제,
외종씨, 내종씨, 표종, 표종형】

2.

[×] 외종(外從) : <u>외삼촌의 자녀를 이르는 말.</u> 예전에는 고모의 자녀를
　　　　　이르는 말이었으나 현재는 주로 이와 같이 쓰이고 있다. 늑
　　　　　외종사촌 · 표종.

[○] 외종(外從) : 고모의 자녀.　=고종(姑從) · 표종(表從).

☆ 외가의 호칭은 친가의 호칭어 앞에 「외(外)」 자를 접두사로 붙이면
된 다. 이를테면 조부 → 외조부, 숙부 → 외숙부, 사촌 → 외사촌과
같다. 친가에 「종(從)」이란 호칭어가 없으므로 외가에 「외종(外從)」이란
호칭어가 있을 수 없다. '외종(外從) : 외삼촌의 자녀를 이르는 말.'은
정말 호칭어를 모르는 무식한 소리다. 국어전문 연구기관에서 이런
소리를 하는가? 외가에는 '사촌에 '외(外) 자(字)'가 붙은 「외사촌」이란
호칭어가 있을 뿐이다.

『표준국어대사전』의 뜻풀이에 "외종(外從) : 예전에는 고모의 자녀를
이르는 말이었으나 현재는 주로 이와 같이 쓰이고 있다."는 말은 외
종(外從)의 뜻이 중간에 바뀌었다는 말이다. 내종 외종은 상대관계로
존재하는 대어(對語)인데, 대어관계에 있는 두 호칭어가 뜻이 서로 뒤
바뀌는 경우는 절대로 없다. 형(兄)과 제(弟)의 뜻이 중간에 뒤바뀔 수
가 없다. 국어원에서는 잘못된 말을 옹호하고 수정하지 않는다. 국어
사전이 언중을 계도(啓導)하지 않고 오히려 언중을 오도(誤導)하고 있
다. 국어사전이, 잘못 쓰는 언중의 말을 따라간다면 국어 교육이 왜
필요한가?

한자어로 된 호칭어의 뜻은 변하지 않는 불변성이 있고, 서울에서
나 대구에서나 어디에서나 같은 뜻으로 사용되는 보편성이 있다. 조
선시대의 내종(內從)이 지금은 외종(外從)이 되고, 영남의 내종이 서울
서는 외종으로 사용되는 그런 경우는 절대로 없다.

'歪曲'의 독음은 국어사전에 「의곡」으로 되어 있었는데, 1960년대에
와서 「왜곡」으로 바뀌었다. 「의곡」으로 읽어도 아무 문제가 없는데, 「왜
곡」이 옳기 때문에 바꾼 것이다. 「의곡」을 「왜곡」으로 바꾸어도 누구

도 말하지 않았다, 내종의 뜻을 외사촌으로, 외종의 뜻을 고종으로 바로 수정하는데 누가 무슨 말을 하겠는가. 호칭어는 윤리의 문제이다. 독음 정도의 문제가 아니다. 여러 번 수정을 청원해도 아직까지 잘못된, 많은 호칭어가 전혀 수정되지 않고 있다.

3.

[×] 내외종(內外從) : 내종사촌과 외종사촌을 아울러 이르는 말. ≒내외형제.

[O] 내외종(內外從) : 외사촌(내종)과 고종사촌(외종)을 아울러 이르는 말. ☆ 뜻풀이를 알기 쉽게 해야 한다.

4.

[×] 내종매(內從妹) : 고종매를 외종매에 상대하여 이르는 말.

[O] 내종매(內從妹) : 외사촌누이.

☆ 뜻풀이는 확실하고 간단해야 한다. 내종의 뜻풀이가 잘못되어 있기 때문에 '내종매(內從妹)'의 뜻풀이도 잘못 되어 있는 것이다.

5.

[×] 내종매부(內從妹夫) : 내종매의 남편을 이르는 말.

[O] 내종매부(內從妹夫) : 외사촌누이의 남편.

6.

[×] 내종제(內從弟) : 고종제를 외종제에 상대하여 이르는 말.

[○] 내종제(內從弟) : 외사촌동생. ☆ 외-종제(外從弟).

7.

[×] 내종형(內從兄) : 고종형을 외종형에 상대하여 이르는 말.
[○] 내종형(內從兄) : 외사촌형.
☆ 뜻풀이는 확실하고 간단해야 한다.

8.

[×] 내종형제(內從兄弟) : '고종형제'를 외종형제에 상대하여 이르는 말.
[○] 내종형제(內從兄弟) : 외사촌형제.
☆ 뜻풀이는 확실하고 간단해야 한다. 뜻풀이를 읽으면 무슨 말인지
대번에 알 수 있도록 해야 한다.

9.

[×] 내종씨(內從氏) : 고종씨를 외종씨에 상대하여 이르는 말.
[○] 내종씨(內從氏) : 남의 외사촌을 높여 이르는 말.

10.

[×] 외종씨(外從氏) : ＝외종형.
[○] 외종씨(外從氏) : 남의 고종을 높여 이르는 말.
☆ '외종씨'가 어찌 '외종형'이 되는가? 외종은 외종형과 외종제가 다
포함되는 말이다. '-씨'는 높이는 말이다.

11.

[×] 진외조부(陳外祖父) : 아버지의 외조부.
[○] 진외증조부(陳外曾祖父) : 아버지의 외조부.

12.

[×] 진외조모(陳外祖母) : 아버지의 외조모.
[○] 진외증조모(陳外曾祖母) : 아버지의 외조모
☆ 진외가에는 진외조부모가 없다. 아버지의 조부가 나에게 증조부가
되듯이, 진외가에서도 마찬가지다. 아버지의 외조부는 나에게 진외
증조부고, 아버지의 외조모는 나의 진외증조모이다.

『우리말큰사전』(한글학회 편)에는 다음과 같이 되어 있다.
진외조부(陳外祖父) : → 진외종조부 : 할머니의 남자형제. 곧 아버지의
                    외삼촌.
진외조모(陳外祖母) : → 진외종조모 : 진외종조부의 아내. 곧 아버지의
                    외숙모. 『우리말큰사전』에서도 진외가에는 진
                    외조부·모가 없다는 설명이다.

13.

[×] 내질(內姪) : =처조카.
[○] 내질(內姪) :「1」고모가 친정조카를 이르는 말.
            「2」아내의 조카.
☆ 고모는 친정 조카를 내질(內姪)이라 하고, 외숙은 생질을 외질(外姪)

또는 외생(外甥)이라고 한다. 내질(內姪)의 내(內)는 친정을 의미한다.

14.

[×] 삼촌-댁(三寸宅) : 삼촌의 아내란 뜻으로 작은어머니를 낮추어 이
  르는 말.

[○] 삼촌-댁(三寸宅) : 숙부가 사는 집.

☆ 사전의 뜻풀이는 버르장머리 없는 뜻풀이다. 숙모는 어머니와 같
은 반열의 어른이며 '작은어머니'란 호칭과 '숙모'란 지칭이 있다. 처
남댁 같은 것은 딴 호칭이 없고, 존속이 아니므로 처남댁이라고 불러
도 되겠지만, 숙모를 삼촌댁이라고 하는 말은 처음 듣는, 패륜적 뜻
풀이다.

　그런데도 국어원은 이 뜻풀이가 옳다고 주장한다.

　숙모를 삼촌댁이라고 하는 가문은 우리나라 어디에도 없다. 무지막
지한 인간도 숙모를 '삼촌댁(三寸宅)'이라고 하지 않는다. 숙모보다 위
계가 낮은 형수를 '형님댁'이라고 하는 인간은 한국인 중에는 없다.

　형님댁은 형이 사는 집이 될 뿐, 형수가 아니다. 숙모를 삼촌댁(三寸
宅)이라고 하는 인간은 자기 어머니는 '아버지-댁'이고, 할머니는 '할
아버지-댁'이라고 하겠다. 국어원 연구관들은 자기 숙모를 가리켜
'삼촌댁(三寸宅)'이라고 하는가?

A라는 사람이 국어원 연구관 B와 대화를 한다.
A : "저기 있는 부인은 누구입니까?"
B : "저의 삼촌댁(三寸宅)입니다."
라고 대답했다면 B는 자질 미달의 연구관이다.

【"저의 작은어머니입니다." 또는 "저의 숙모입니다."가 바른말.】

15.

[×] 외삼촌댁(外三寸宅) : 외삼촌의 아내란 뜻으로 외숙모를 이르는 말.

[○] 외삼촌댁(外三寸宅) : 외숙의 집.

☆ 외숙모를 외삼촌댁이라고 하는 뜻풀이는 망발이다. 외숙모가 연하라고 해도 외삼촌댁이라고 말하는 법은 없다. 만약에 그렇게 말하는 사람들이 있더라도 국어사전에서 계도해야 한다. 국어사전은 세인(世人)을 계도하는 역할이 있다. 현재 국어사전의 뜻풀이는 패륜적 뜻풀이다.

16.

[×] 매부(妹夫) : 「1」 손위누이나 손아래누이의 남편을 이르거나 부르는 말.

　　　　　　　「2」 친정 언니나 여동생의 남편을 이르거나 부르는 말.

[○] 매부(妹夫) : 오빠가 여동생의 남편을 이르거나 부르는 말.

☆ 매부(妹夫) : 「1」의 뜻풀이를 틀렸다고 단정하기는 어려우나 부적절한 뜻풀이다. 누나의 남편은 자형(姊兄)이라고 하고, 여동생의 남편은 매부(妹夫)라고 구분해서 말하는 것이 옳다. '남매(男妹)', '매가(妹家)', '누이 좋고 매부(妹夫) 좋고'에 있는 '妹(매)'에는 누나와 여동생이 다 포함되어 있다. 그래서 매부(妹夫)를 손위누이나 손아래누이의 남편을 통칭해도 틀렸다고 하기는 어렵다는 말이다. 서울에서는 매(妹)가 누나와 여동생을 통칭하고 있지만, 매(妹)는 여동생이고, 자(姊)는 누나이

므로 누이의 남편을 자형(姉兄)과 매부(妹夫)로 구분해서 말하는 것이
바람직하다.

17.

[×] 표종(表從) : =외종.

[○] 표종(表從) : 고종사촌. =외종(外從).

☆ 표종(表從)이 외사촌인지 고종사촌인지 쉽게 알 수 있도록 뜻풀이
해야 한다. 表(표)는 外(외)의 뜻인데 '표종=외종=고종'이며, '표종 : 외
사촌'이라고 하는 한학자를 아직 보지 못했다. 표종(表從)은 고종(姑從)
이다. 척독대방(尺牘大方)에 있는 서간문(書簡文)을 보면 외사촌형을 내
형(內兄), 내종형(內從兄)이라고 했고, 고종사촌동생은 자신(自身)을 표제
(表弟), 표종제(表從弟)라고 했다.

18.

[×] 표종형(表從兄) : =외종형.

[○] 표종형(表從兄) : 고종사촌형.

☆ 뜻풀이는 의심의 여지가 없도록 분명하게 해야 한다.

19.

[×] 교객(嬌客) : 사위를 친근하게 이르는 말.

[○] 교객(嬌客) : 자기 사위를 이르는 말. 여서(女壻).

☆ 사위를 친근하게 이르는 말이라고 하면 그 사위가 자기 사위인지,
남의 사위인지, 아니면 통칭인지 분명하지 않다. '척독대방'에 '嬌客

(교객) : 己壻稱(기서칭) : 자기 사위를 이름'으로 되었다. 중문대사전에도 '교객(嬌客): 여서(女壻: 자기사위)로 되어 있다. 자기 사위임을 분명하게 나타내야 한다.

『우리말큰사전』(한글학회 편)에는 '교객(嬌客) : 남의 사위를 일컫는 말'로 되어 있다. 국어사전이 이렇다. 어느 국어사전을 믿어야 하겠는가?

20.

[×] 미망인(未亡人) : 아직 따라 죽지 못한 사람이란 뜻으로, 남편이 죽고 홀로 남은 여자를 이르는 말.

[○] 미망인(未亡人) : 남편 따라 죽지 않고 아직 살아 있는 사람이란 뜻으로 홀로 남은 여인이 자칭하는 겸양어(謙讓語).

☆망인의 아내 외에 호상이나 남이 쓸 수 없는 말이다. 한국 한문학의 일인자며, 국학하는 교수들이 '文長'이란 사시(私諡)를 드린 방은 성낙훈 선생은 "망인의 부인을 미망인이라고 하는 것은 무식한 소리다."라고 하셨다. 방은(放隱)의 말씀은 실언이 아니다. 문하생들은 선생을 '걸어 다니는 컴퓨터'라고 했으며, 월탄 박종하 선생은 추도사에서 '성 선생은 살아 있는 사전인데, 아깝다.'라고 했다. 방은(放隱) 선생이 '망인의 부인을 미망인이라고 해서는 안 된다'는 말씀은 정확한 지적이다.

21.

[×] 이질(姨姪) : 아내의 자매의 아들딸.

[○] 이질(姨姪) : 여형제끼리 그들의 자녀를 서로 이르는 말.

☆ 아내의 여형제의 아들딸은 처이질이다. 남자에게는 이질이 없다.

위에서 살펴본 바와 같이 우리가 가장 믿을 수 있는『표준국어대사전』의 호칭어 뜻풀이가 잘못된 것이 20여 단어이다.

국어원에서는『표준국어대사전』에 뜻풀이가 잘못된 호칭어가 한 단어도 없다고 주장한다. 독자들의 판단에 맡기겠다.

2. 가족과 존칭어(尊稱語)

1) 가족에게 '님'자를 붙여서 높이지 않는다.

존칭어(尊稱語)와 존대어(尊待語)는 다르다. 호칭어(呼稱語)에 '님'이나 '씨' 자를 붙이면 존칭어가 된다. '주무시다', '잡숫다', '계시다' '연세' '존함' 등은 존대어(尊待語)이다.

자기의 존속(尊屬)이라도 가족의 호칭어(呼稱語)에 '님'이나 '씨' 자를 붙여서 호칭하거나 지칭하지 않는다. 호칭어(呼稱語)에 '님'이나 '씨' 자를 붙이지 않아도 말 자체가 존칭어인 말도 있다. 가령 남의 아들을 존대해서 이르는 영식(令息)이나 딸을 영애(令愛)하는 것은 존칭인데 이런 존칭어도 자기 가족에게는 사용하지 않는다.

자기 존속에게 존대어를 써야 하는 것은 말할 것도 없다. 자기 존속(尊屬)에게 '주무시다', '잡숫다', '계시다', '오시다', '가시다' 등의 존대어를 써야 하는 것은 물론이다.

그러나 자기 부모를 아버님, 어머님이라고 하면 망발이다. 어머님,

아버님은 며느리가 시부모를 이르거나 부르는 말이다. 자기를 낳지 않은 부모이기 때문에 '님' 자를 붙여서 아버님, 어머님이라고 한다.

그러나 지방(紙榜)이나 편지에서는 자기의 부모에게도 '아버님', '어머님'이라고 한다. 편지에서 부주전상서(父主前上書), 모주전상서(母主前上書)라고 할 때의 '부주(父主)', '모주(母主)'가 아버님, 어머님이다.

지방(紙榜)을 한글로 쓸 때는 '아버님 신위', '어머님 신위' 또는 '어머님 전주 이 씨 신위'로 쓴다.

형님, 누님, 형수님은 관용(慣用)으로 쓰는 말이다. 그러나 이 말도 남에게 말할 때는 그냥 '형', '누나', '형수'라고 지칭해야 한다.

남에게 말할 때 '형'은 가형(家兄), 사형(舍兄)이고 누나는 가자(家姉) 또는 여형(女兄)이라고 한다. 동생은 가제(家弟), 사제(舍弟), 아우라고 하고, 여동생은 가매(家妹), 아매(阿妹)라고 한다.

형을 '가형(家兄), 사형(舍兄)', 누나를 '가자(家姉)', 동생을 '가제(家弟), 사제(舍弟)', 여동생을 '가매(家妹), 아매(阿妹)'라고 하는 것은 문어(文語)고 자기 쪽을 낮추어서 말하는 겸양어(謙讓語)다. '제 형, 제 누나, 제 동생, 제 여동생'이라고 하는 것은 일상생활에 쓰는 말인 구어(口語)다.

3. 가족에게 '씨(氏)' 자를 붙이지 않는다

자기 형을 백씨(伯氏), 중씨(仲氏)라고 하지 않는다. 백형(伯兄), 중형(仲兄)이라고 해야 한다.

또 남에게 말할 때는 형수(兄嫂)와 계수(季嫂＝제수弟嫂)를 형수씨(兄嫂氏), 계수씨＝제수씨라고 하는 것은 옳지 않다. 그냥 형수, 계수(제수)라고 해야 한다. ‘계수’의 한자는 ‘季嫂’인데 ‘季(계)’는 동생을 뜻한다.

　대면해서 부를 때는 ‘형수님’, ‘계수씨’라고 부른다. 계수(季嫂)는 제수(弟嫂)보다 격이 높은 말이다. 남의 동생을 높여서 계씨(季氏)라고 하는데 제씨(弟氏)보다 격이 높다.

4. 부부(夫婦) 사이는 존대어(尊待語)를 쓰지 않는다

　자기 남편에게 ‘주무신다’, ‘계신다’, ‘잡숫는다’, ‘가신다’ 등의 존대어를 사용하지 않는다. 물론 자기 아내에게도 존대어를 쓰지 않는다.

호칭어

1. 친가(親家) 호칭어

1) 남편 호칭어

(1) 호칭어 : 여보, ○○아버지, ○○씨(신혼 때).

(2) 지칭어 : 당신(아내가 직접가리킴), 남편, 사랑(←사랑방), 밭사람(바깥사람), 그이, 우리 신랑(신혼이 아니라도 쓸 수 있다), 가장(家長), 가부(家夫), 가군(家君).

(3) 인칭어(人稱語) : 밭어른, 바깥어른, 부군(夫君), 바깥양반, ○의원님, ○사장님, ○선생님, ○박사님, ○교수님 등 직업, 직위에 따라 호칭은 다양할 수 있다.

2) 아내 호칭어

(1) 호칭어 : 여보, ○○어머니, ○○씨(신혼 때).

(2) 지칭어 : 당신(남편이 직접 아내를 가리킬 때), 아내, 처(妻), 집사람, 내
　　　　　자(內子), 형처(荊妻), 실인(室人), 내권(內眷)

(3) 인칭어 : 부인(夫人), 영부인(令夫人), 합부인(閤夫人), 안어른, ○여사. 활
　　　　　동에 따라 인칭어는 다양하다. ○의원, ○선생, ○사장 등.

3) 아버지 호칭어

(1) 호칭어 : 아버지, 아빠(어린이의 호칭이지만, 어른도 쓸 수 있다.)
　　　　　아버님 : 며느리가 쓰는 호칭어다.

☆ 편지에서 '부주전상서(父主前上書)'는 아버님 전상서(前上書)이다. 한글
지방에서도 '아버님 신위'라고 쓴다.

(2) 지칭어 : 아버지, 우리어른, 가부(家父), 가친(家親), 가엄(家嚴), 엄친(嚴
　　　　　親), 가존(家尊), 가군(家君).

(3) 자칭어(自稱語) : 아비, 나, 여(余), 아버지.

(4) 사후칭 : 돌아가신 아버지, 선친(先親), 선고(先考), 현고(顯考).

(5) 인칭어(人稱語) : 아버님, 부친, 춘부장, 대인(大人), 존대인(尊大人).

(6) 사후 인칭 : 돌아가신 아버님, 선고장(先考丈), 선대인(先大人).

☆ 남이 지칭하는 말을 인칭어(人稱語)라고 한다. '人(인)'이 남이란 뜻
이다. 인(人)의 상대어는 기(己)다. 人 : 사람(인), 남(인) ↔ 己 : 자기(기).

☆ 아비, 어미는 자식에 대한 부모의 겸칭(謙稱)이다. 자식에게 평칭(平
稱)으로 '아버지', '어머니'라고 자칭해도 현대에는 무방하다고 생각
된다. 이것이 오히려 자연스럽다.

4) 어머니 호칭어

(1) 호칭어 : 어머니, 엄마(유아들이 쓰는 말이나 어른도 쓸 수 있다.)
　　　　　　어머님 : 며느리가 호칭하거나 지칭하는 말이다.
(2) 지칭어 : 어머니, 우리안어른, 자친(慈親), 노모(老母), 가모(家母).
(3) 자칭어 : 어미, 나, 여(余), 어머니.
(4) 사후칭 : 돌아가신 어머니, 선비(先妣), 선자(先慈), 현비(顯妣).
(5) 인칭어(人稱語) : 모친, 대부인(大夫人), 자당(慈堂), 훤당(萱堂), 안어른
(6) 사후 인칭 : 돌아가신 어머님, 선대부인(先大夫人), 선자당(先慈堂)어른.
☆ 편지, 지방(紙榜)에서 어머님이라고 쓴다. 편지에서 '모주전상서(母主前上書)'가 '어머님 전상서(前上書)'이다. 가정의례준칙에서 '어머님 달성 서 씨 신위'로 어머니 지방(紙榜)을 쓰도록 하였다. 즉 편지와 지방(紙榜)에서 '어머님'으로 쓴다.

5) 아들 호칭어

(1) 호칭어 : 이름, ○○애비, 호격조사 '~아, ~야'를 첨가해서 부른다.
(2) 지칭어 : 이름, ○○애비, 우리 아이, 우리 큰아이, 우리 둘째 아이, 우리 막내아들, 가아(家兒), 가돈(家豚), 돈아(豚兒).
☆ 지금은 가돈(家豚), 돈아(豚兒)는 부적절한 말이다. 豚 : 돼지(돈).
(3) 자칭어 : 아들, 소자(小子), 불초자(不肖子), 불효자(不孝子).
(4) 인칭어 : 아드님, 영식(令息), 영윤(令胤), 현윤(賢胤).

6) 딸 호칭어

(1) 호칭어 : 이름, ○실(室)이, ○○어미, 조사 '아, 야'를 첨가한다.

(2) 지칭어 : 이름, ○실(室)이, ○○어미, 막내딸, 가아(家兒), 여아(女兒).

(3) 자칭어 : 딸, 소녀, 여식, 불초여식(不肖女息), 불효여식(不孝女息).

(4) 인칭어 : 따님, 영애(令愛).

7) 조부(祖父) 호칭어

(1) 호칭어 : 할아버지, 할아버님(손부가 부르는 말).

☆ 편지에서 조부주전상서(祖父主前上書)는 '할아버님 전상서'의 뜻이다. 편지에서는 '님'을 붙여 '할아버님'이라고 해도 된다. 그리고 한글 지방(紙榜)에서도 '님' 자를 붙여서 '할아버님 신위(神位)'로 쓴다.

(2) 지칭어 : 할아버지, 조부(祖父), 왕부(王父), 할아버님(손부의 지칭어)

☆ 손부는 타인이나 친정사람에게 시조부(媤祖父)라고 지칭하기도 한다.

(3) 사후칭 : 돌아가신 할아버지, 조고(祖考), 왕고(王考). 현조고(懸祖考).

(4) 자칭어(自稱語) : 할아비, 나, 여(余), 할아버지.

☆ 할아비, 할미란 말은 손자에게 자기를 낮추는 겸칭(謙稱)이다. 그러나 현대는 겸칭을 쓰지 않고, 할아버지, 할머니란 평칭(平稱)을 써도 된다.

(5) 인칭어 : 조부님, 조부장(祖父丈), 왕존장(王尊丈).

(6) 사후 인칭 : 선조부님, 선조부장(先祖父丈), 왕고장(王考丈).

8) 조모(祖母) 호칭어

(1) 호칭어 : 할머니, 할머님(손부가 쓰는 말이다.)

☆ 손자도 편지나 한글 지방(紙榜)에서는 '할머님'이라고 한다.

(2) 지칭어 : 할머니, 조모(祖母), 노조모(老祖母), 왕모(王母).

☆ 손부는 타인이나 친정사람에게는 '시조모(媤祖母)'라고 하기도 한다.

(3) 사후칭 : 돌아가신 할머니, 선조모, 선왕모, 조비(祖妣), 현조비(顯祖妣).

(4) 자칭어(自稱語) : 할미, 나, 여(余), 할머니.

(5) 인칭어 : 조모님, 존조모님, 왕대부인(王大夫人).

(6) 사후 인칭 : 선조모님, 선왕대부인(先王大夫人).

9) 손자 호칭어

(1) 호칭어 : 이름, ○○아비(애비).

(2) 지칭어 : 손자, 맏손자, 둘째손자, 이름, 손아, 장손, 차손.

(3) 자칭어(自稱語) : 손자, 손(孫), 소손(小孫), 불초손(不肖孫), 불효손.

☆ 손녀는 손녀(孫女)란 말 외의 자칭어는 손자와 동일하게 쓴다.

(4) 인칭어(人稱語) : 손자, 영손(令孫), 영포(令抱), 현포(賢抱).

10) 시부모(媤父母) 호칭어

(1) 호칭어 : 아버님, 어머님.

☆ 며느리가 쓰는 말이다. 나를 낳지 않은 부모이므로 '님'을 붙인다.
친부모를 '아버님', '어머님'이라고 하면 무식한 사람이 잘못 쓰는 말
이다.

(2) 지칭어 : 아버님, 어머님, 우리 아버님, 우리 어머님.

☆ '○○ 할아버지', '○○ 할머니'로 호칭하는 것은 절대 금물이다.
'○○ 할아버지', '○○ 할머니'라는 간접지칭도 피하는 것이 좋다.
타인이나 친정사람에게는 '시아버님', '시어머님'라고 해도 된다. 또
한자어로 시부(媤父), 시모(媤母)라고 지칭할 수도 있다.

(3) 인칭어 : 시어른, 밭(바깥)시어른, 안시어른, ○○ 조부님, ○○
         조모님, ○○ 할아버님, ○○ 할머님.

☆ ○○은 손자 손녀의 이름이다.

(4) 사후칭 : 지칭어와 인칭어 앞에 '돌아가신'을 붙이면 된다.

11) 며느리 호칭어

(1) 호칭어 : 아가, 새아가, 애야, 며늘아, ○○어미야.

☆ '○○ 어미야'는 간접호칭이다. 수하(手下)에게는 간접호칭을 쓸 수
있으나 존속(尊屬)에게는 쓰면 안 된다. 가령 시아버지를 ○○ 할아버
님'이라 부르면 절대로 안 된다. 남편은 손윗사람이 아니므로 '○○
아버지'로 부를 수 있다.

(2) 지칭어 : 며느리, 큰며느리, 큰아이, 작은며느리, 셋째며느리, ○
         ○어미.

(3) 자칭어 : 저, ○○어미, 며느리, 소부(小婦), 불효부(不孝婦).

(4) 인칭어 : 며느님, 자부님, 영자부님, ○○모친, ○○어머님.

12) 형(兄) 호칭어

(1) 호칭어 : 형님.

(2) 지칭어 : 백형(伯兄), 맏형, 큰형, 중형, 사백(舍伯). 가백(家伯), 사중(舍
         仲), 사형(舍兄), 가형(家兄).

☆ 사백(舍伯). 가백(家伯), 사중(舍仲), 사형(舍兄). 가형(家兄)은 형이 자칭하
거나, 동생이 남에게 형을 지칭할 때나 모두 낮추어 말하는 겸양어(謙
讓語)다. 백형(伯兄) 이외의 형은 모두 중형(仲兄)이다.

(3) 사후칭 : 선형(先兄), 선사백(先舍伯), 선백형(先伯兄), 선중형(先仲兄).

(4) 인칭어 : 백씨(伯氏), 중씨(仲氏), 백씨장(伯氏丈), 중씨장(仲氏丈).

☆ 백씨(伯氏), 중씨(仲氏)에 장(丈) 자를 붙여서, 백씨장(伯氏丈), 중씨장(仲氏丈)이라고 하면 더 높이는 말이 된다.

13) 오빠 호칭어

(1) 호칭어 : 오빠. (경우에 따라 큰오빠, 작은오빠)

(2) 지칭어 : 맏오빠, 큰오빠, 작은오빠, 셋째오빠, 백남(伯妛), 중남(仲妛).

(3) 자칭어 : 오빠, 사백(舍伯), 가백(家伯), 사중(舍仲), 가중(家仲).

(4) 인칭어 : 백남(伯妛)씨, 중남(仲妛)씨, 오빠님, 맏오빠님, 둘째오빠님.

☆ 남형(男兄)은 오빠이다. 백남(伯妛)은 맏오빠이다. 중남(仲妛)은 백남(伯妛) 이외의 오빠는 다 중남(仲妛)이다. 妛 : 오빠(남).

14) 누님 · 언니 호칭어

(1) 호칭어 : 누님, 누나―남동생이 부르는 말.
　　　　　　언니, 형님―여동생이 부르는 말.

(2) 지칭어 : 누님, 누나, 자씨(姉氏), 여형(女兄)―남동생이 지칭하는 말.
　　　　　　언니, 형님, 백형, 중형―여동생이 형(언니)을 지칭하는 말.

☆ 자씨(姉氏)는 남의 누님을 높이는 말인데, 자기 누나를 지칭하는 말로도 쓴다. 문장에서는 누나를 여형(女兄)으로 지칭할 수 있다. 여자들도 남자들처럼 언니를 형 또는 형님이라고 호칭하는 것이 옳다. 지칭할 때도 '제 언니입니다'보다 '제 형입니다'가 더 좋은 말이다.

(3) 자칭어 : 나, 누나, 가자(家姉), 여형―누나가 남동생에게 자칭하는 말.

나, 언니, 형, 가형, 사형(舍兄)-언니가 여동생에게 하는 말.

☆ 자칭어(自稱語) 중에서 가자(家姉), 여형(女兄), 가형(家兄), 사형(舍兄)은 주로 편지에서 동생들에게 자기 자신을 이르는 말이다. 여자도 언니를 남자들처럼 형(兄), 백형(伯兄), 중형(仲兄)이라고 한다.

(4) 인칭어 : 귀누님, 자씨(姉氏), 귀자씨, 영자씨(令姉氏)-남의 누나를 그 남동생에게 쓰는 말.

백씨(伯氏), 중씨(仲氏), 백씨장, 중씨장-남의 언니를 그 여동생에게 쓰는 말.

15) 남동생·여동생 호칭어

(1) 호칭어 : 이름, 동생, ○○ 아비(애비)-남동생에게.

이름, 동생, ○실(室)이, ○○어미-여동생에게.

(2) 지칭어 : 이름, 동생, 둘째 동생, 막내 동생, 안동 동생.

사제(舍弟), 가제(家弟)-남동생을 지칭하는 말.

이름, 동생, ○실(室)이, ○○ 어미, 서울(여)동생.

매제(妹弟), 아매(阿妹)-여동생을 지칭하는 말.

(3) 인칭어 : 계씨(季氏), 제씨(弟氏), 현제씨(賢弟氏)-남동생 지칭어.

매씨(妹氏), 영매씨(令妹氏), 현매씨(賢妹氏)-여동생 지칭어.

☆ 여자에게 여동생을 계씨(季氏), 제씨(弟氏), 현제씨(賢弟氏)라고 한다.

16) 시숙·시동생 호칭어

(1) 호칭어 : 아주버님.

☆ 미혼 시동생을 부르는 말은 도련님이다. 미혼이라도 성인(成人)이

되어 나이가 많으면 '아주버님'으로 호칭해야 된다.

(2) 지칭어 : 시숙, ○○이 큰아버지, 시동생, ○○이 작은아버지.

【시숙·시동생 호칭어·지칭어】

시숙이나 시동생을 '서방님'이라고 호칭하는 것은 부당한 말이다.

○본서방, ○기둥서방, ○샛서방.

위에 예시된 '서방'은 모두 남편을 속되게 이르는 말이다. 시숙(媤叔)이나 시동생을 남편을 부르듯이 '서방님'이라고 부르는 것은 부당하다. 또 옛날에 하인들이 상전의 젊은 아들을 '서방님'이라 불렀다. 시숙이나 시동생을 남편이나 상전의 아들처럼 '서방님'으로 불러서는 안 된다.

시숙에 대한 호칭어는 '아주버님'이고, 지칭어는 아주버님 또는 시숙, ○○이 큰아버지이다. 남편의 형이 여럿이면 ○○이 둘째큰아버지 또는 지명을 넣어 '○○이 서울 큰아버지', '서울 시숙', '대전 시숙' 등으로 지칭한다.

미혼 시동생은 도련님이라 부르고, 기혼이면 시숙과 마찬가지로 '아주버님'으로 부른다. 지칭어는 시동생, ○○이 작은아버지, 대전 시동생 등으로 지칭한다. 미혼이라도 나이 많은 시동생은 '아주버님'으로 부른다. 경상도에서는 아주버님을 줄여서 '아지뱀'이라고 하는데 좋은 말이다.

17) 형수·제수 호칭어

(1) 호칭어 : 형수님, 새아주머니, 아주머니―형수에게.
　　　　　계수씨(季嫂氏), 제수씨(弟嫂氏)―제수에게.

☆ 계수씨는 제수씨와 같은 뜻이지만 더 점잖은 호칭이라고 볼 수 있다. '수씨(嫂氏)'는 형수와 제수를 함께 이르는 통칭(統稱)이다. 그러나 수씨(嫂氏)라고 하면 주로 제수(弟嫂)를 뜻한다. '종수씨(從嫂氏)'는 사촌형수와 사촌제수를 통칭하는 말이다. 사촌형수를 종형수(從兄嫂)라고 지칭해도 되고 종수(從嫂)라고 해도 된다. 사촌제수도 물론 종수(從嫂)라고 한다.

(2) 지칭어 : 형수(兄嫂), 백수(伯嫂), 중수(仲嫂), 계수(季嫂), 제수(弟嫂)

(3) 인칭어 : 존백수씨부인(尊伯嫂氏夫人), 영중수씨부인(令仲嫂氏夫人), 영계수씨부인(令季嫂氏夫人).

18) 남형제의 아내 호칭어

(1) 호칭어 : 형님, 새언니 - 시누가 오빠 아내에게.
　　　　　　새댁, 동생댁, ○○이 어머니 - 동생 아내에게.

(2) 지칭어 : 오라버니댁, 새언니, 동생댁, ○○이 어머니, ○○이 외숙모, ○○이 작은외숙모.

19) 시누이 호칭어

(1) 호칭어 : 형님, 언니 - 손위시누에게.
　　　　　　아기씨, 아가씨, ○실(室)이 - 손아래시누에게.

(2) 지칭어 : 시누, 시매(媤妹), 큰시누, 맏시누, 작은시누, ○○이 고모

(3) 인칭어 : 시누님, 시매씨(媤妹氏), 맏시누님, 맏시매씨, 둘째시누님, 둘째시매씨, 막내시매씨.

☆ 시매(媤妹)는 시누에 대한 한자어(漢字語)이다. 그래서 시누 남편을

시매부(媤妹夫)라고 한다. 시매씨(媤妹氏)는 시누를 높이는 말이다.

【시누 남편 호칭어】

화법표준화 위원회에서 손위시누 남편에 대한 호칭어를 정하기 위하여 많은 시간을 들여 격론을 벌인 끝에, 남편 누나의 남편을 '아주버님'으로 호칭하고, '서방님'으로 지칭하기로 했다고 한다. 그렇게 어려울 것이 없다. 시누를 한자어로 시매(媤妹)라고 하니, 시매(媤妹)의 남편은 시매부(媤妹夫)가 되는 것은 당연하다.

손위시누 남편에 대한 호칭어는 '새아주버님'이다. 남편은 누나의 남편을 '새형님'이라고 하므로 손위시누의 남편을 '새아주버님'이라고 하는 것이다. 남편의 형인 시숙(媤叔)에 대한 호칭어 '아주버님'과 구별이 된다. 손아래 시누남편은 호칭어도 지칭어도 '시매부(媤妹夫)'라고 한다. 그러나 손위시누 남편의 호칭어처럼 '새아주버님'이라고 하면 더 대접해서 부르는 좋은 말이 된다. 같은 값이면 시매부(媤妹夫)보다 '새아주버님'이라고 하는 것이 좋다.

그리고 화법표준화 위원회에서 손위시누 남편을 '서방님'으로 지칭하기로 한 것은 잘못이다. 시매부(媤妹夫)가 지칭어다. 남의 남편을 '서방님'으로 지칭한다.

20) 숙부(叔父) 호칭어

(1) 호칭어 : 큰아버지, 작은아버지, 아저씨(미혼일 때)

☆ 아버지의 형님들은 큰아버지고 아버지의 동생들은 작은아버지다.

(2) 지칭어 : 큰아버지, 작은아버지, 백부(伯父), 중부(仲父), 숙부(叔父), 계

부(季父), 유부(猶父), 사숙(舍叔), 가숙(家叔)

☆ 큰아버지. 작은아버지, 백부(伯父), 중부(仲父), 숙부(叔父)는 구어(口語)
고, 유부(猶父), 사숙(舍叔), 가숙(家叔)은 문어(文語)다.

(3) 인칭어 : 백부님, 숙부님, 완장(阮丈), 백완장(伯阮丈), 중완장(仲阮丈),
　　　　　　숙완장(叔阮丈), 백부장(伯父丈), 중부장(仲父丈), 숙부장

(4) 사후칭 : 선(先)자를 앞에 붙이면 된다. 즉 선백부(先伯父), 선중부(先
　　　　　　仲父), 선숙부(先叔父).

☆ 사후칭(死後稱)은 몰후칭(歿後稱)과 같은 말이다. 歿 : 죽을(몰)
숙부(叔父)를 유부(猶父)라고 하는 것은 '흡사 아버지 같다.'는 뜻이다.

(5) 자칭어(自稱語) : 큰아비(큰애비), 작은아비, 사숙(舍叔), 가숙(家叔)

☆ 큰아비, 작은아비는 전통적으로 자기를 낮추는 겸칭(謙稱)이다. 지
금은 평칭(平稱)으로 큰아버지, 작은아버지로 자칭(自稱)해도 된다.

(6) 인칭어(人稱語) : 백부님, 중부님, 숙부님, 계부님, 백완장(伯阮丈), 중
　　　　　　완장(仲阮丈), 숙완장(叔阮丈), 계완장(季阮丈).

☆ '선(先)'자를 접두어로 쓰면 사후(死後) 인칭어(人稱語)가 된다.

21) 숙모(叔母) 호칭어

(1) 호칭어 : 큰어머니, 작은어머니 – 조카가 부르는 말.
　　　　　　큰어머님, 작은어머님 – 질부(姪婦)가 호칭하는 말.

(2) 지칭어 : 백모(伯母), 중모(仲母), 숙모(叔母)

☆ 어머니를 중심으로 맏이는 백모(伯母), 둘째 또는 셋째는 중모(仲母),
어머니 아래는 모두 숙모(叔母)이다. 질부는 지칭어에 '님'자를 붙인다.

(3) 자칭어(自稱語) : 큰어미, 작은어미, 큰어머니, 작은어머니

(4) 사후칭 : 선백모, 선중모, 선숙모, 돌아가신 큰어머니

(5) 인칭어(人稱語) : 백모(伯母)님, 중모(仲母)님, 숙모(叔母)님.

22) 조카 호칭어

(1) 호칭어 : 이름, ○○아비. '아, 야'의 호격조사가 뒤에 붙는다.
(2) 지칭어 : 이름, 조카, 큰조카, 둘째조카, ○○아비, 서울조카, 대구
조카, 질아(姪兒), 가질(家姪), 사질(舍姪)
(3) 자칭어 : 저, 유자(猶子), 종자(從子), 조카, 사질(舍姪), 가질(家姪), 불초
질(不肖姪).
☆ 유자(猶子)는 '흡사 아들 같다'는 뜻이다. 유자(猶子)↔유부(猶父). 조카
를 한자어로 종자(從子)라고 한다.
(4) 인칭어 : 조카님, 함씨(咸氏), 영함씨(令咸氏), 영질(令姪).

23) 질부(姪婦) 호칭어

(1) 호칭어 : 아가, 새아가, 애야, 질부
(2) 지칭어 : 질부, 장질부(長姪婦), 둘째 질부, 막내질부, ○○이 어미
(3) 자칭어 : 저, 질부(姪婦), 유부(猶婦), 불초질부(不肖姪婦)
☆ 유부(猶婦)는 '흡사 며느리와 같다'는 뜻이다. 물론 문어(文語)이다.
(4) 인칭어 : 질부님, 장질부(長姪婦)님, 존질부(尊姪婦), 귀질부(貴姪婦).

【큰아버지와 작은아버지】

아버지 형제가 7형제라면 다음과 같이 지칭한다.
백부(伯父)-중부(仲父)-중부(仲父)-부(父)-숙부(叔父)-숙부(叔父)-계부(季父)로   지
칭한다. 여기에서 자기 아버지를 기준으로 형들은 큰아버지, 동생들은

작은아버지로 호칭한다.

큰어머니와 작은어머니에 대한 지칭과 호칭은, 어머니를 중심으로 위 아래로 구별해서 호칭어와 지칭어가 다르다.

백모(伯母)—중모(仲母)—중모(仲母)—모(母)—숙모(叔母)—숙모(叔母)—계모(季母)로 지칭하고, 어머니의 윗분은 큰어머니라고 부르고, 어머니의 아래는 작은어머니라고 부른다.

이 호칭(지칭)은 국립국어원(國立國語院)과 조선일보사(朝鮮日報社)가 공동으로 만든 '화법 표준화 안'에 따른 것이다.

지방에 따라, 가문(家門)에 따라 아버지 형제에 대한 호칭이 다르다. 백부(伯父)를 '맏아버지'라고 하고 그 다음은 둘째아버지, 셋째아버지, 막내아버지라고 부르는 집도 있고, 백부를 큰아버지, 중부(仲父)를 작은아버지, 작은아버지 다음에 있는 숙부는 모두 '아저씨(아재)'라고 하는 등 지방과 가문에 따라 다르다.

손아랫사람들은 맏이, 첫째, 둘째, 막내 등으로 차례를 나타내어 말할 수 있지만, 존속(尊屬)을 맏이, 첫째, 둘째로 차례를 말하는 것은 옳지 않다.

국어원과 조선일보사가 제정한 화법표준화 안에 따르는 것이 합리적이다.

【완장(阮丈)과 함씨(咸氏)의 유래(由來)】

중국 진(晉)나라 때의 명사(名士)인 숙부 완적(阮籍)과 조카 완함(阮咸)은 죽림칠현(竹林七賢)에 들어 있는 인물이다. 여기서 숙부(叔父)가 되는 어른인 완적(阮籍)을 숙부(叔父)란 뜻으로 '완장(阮丈)'이라 칭하고, 조카인 완함(阮咸)을 조카란 뜻으로 '함씨(咸氏)'로 칭하게 되었다. '완장(阮丈)'은 완씨(阮氏) 중에서 어른이 되는 분이니 완적(阮籍)을 뜻하므로 '완장(阮丈)'은 숙부란 뜻이 되고, 완함(阮咸)에서는 성씨 완(阮)을 생략하고 이름 '咸(함)'에 존칭접미사 '씨(氏)'를 붙여서 함씨(咸氏)는 조카를 의미하게 되었다. 그래서 오늘날까지 '완장(阮丈)'은 숙부고, '함씨(咸氏)'는 조카이다. 또 외숙(外叔)을 높여 외완장(外阮丈)이라고 하는 말도 여기서 유래된 것이다.

24) 동시(同媤) 호칭어

(1) 호칭어 : 형님-손위 동시에게.

　　　　　새댁, ○○어머니, ○○댁(택호)-손아래 동시에게.

☆ '손아래'는 수하(手下)의 뜻이다.

(2) 지칭어 : 맏동시, 큰동시, ○○큰어머니.

　　　　　작은동시, 아우동시, ○○이 작은어머니, 안동댁(택호).

【동시(同媤)와 동서(同壻)】

여형제의 남편끼리는 서로 동서(同壻)라고 하는데, 형제의 아내끼리도 동서(同壻)라고 하면 구별이 안 된다. 壻 : 사위(서)자(字)는 남자를 이르는 말이다. 壻와 婿는 동자(同字)이다. 그러나 同壻(동서)로 쓰는 것이 좋다. 胥 : 서리(서)에서 음이 나오지만, 女의 변에 쓰는 婿보다 士의 변에 쓰는 壻가 남자의 뜻에 가깝다. 전통적으로 학식이 있는 남자를 예스럽게 선비라고 했기 때문에 士(선비 사)가 변으로 들어가는 壻로 쓰는 同壻(동서)가 좋다.

「우리말큰사전」(한글학회 편)에는 형제의 아내끼리는 '동세'로 부른다고 되어 있다. 전 경상대학 교수이며 예학자인 여증동(呂增東)님은 '동서(同棲)'라고 했다. 동서(同棲)는 시아버지를 큰 나무로 보면, 며느리들이 거기에 함께 깃들여 산다는 뜻이라고 한다.

필자(筆者)가 「동시(同媤)」라고 하는 것은 '같은 시가(媤家)에 시집와서 함께 산다.'는 뜻이다. 그래서 여형제에게 장가든 남자들끼리는 동서(同壻)라고 하고, 남자형제에게 시집온 여자들끼리는 동시(同媤)라고 해서 구별하는 것이 옳다.

경북북부지방에서는 남편 형제의 아내끼리는 동시(同媤)라고 한다.

동시(同媤)는 동서(同壻)의 사투리가 아니다.

조선 후기의 학자 아정 이덕무(雅亭 李德懋, 1741~1793)는 그의 저서 『청장관전서(靑莊館全書)』에서 이렇게 말했다.

'형제의 아내는 맏은 사(姒)요, 다음은 제(娣)이니, 또한 세속을 따라서 동서(同婿)라 칭함은 부당하다. 서(婿)라는 것은 남자를 칭하는 것이다.'라고 했다. (兄弟之妻長曰姒, 次曰娣則亦不當隨俗稱同婿也婿者男子之稱也)

아정 이덕무의 생각과 200년 뒤의 필자의 생각이 어쩌면 이렇게 같을까 싶은 생각이 든다.

이렇게 되면 형제(兄弟)의 아내끼리 서로 지칭하는 말에 '동서(同壻)', '동서(同棲)', '동세', '동시(同媤)'라는 4개의 호칭어(지칭어)가 있게 된다. 어느 호칭어(지칭어)를 표준어로 삼는 것이 타당하겠는가?

☆ 교육부에서 인위적으로 고친 말

1988년 맞춤법과 표준어를 개정하면서 인위적으로 많은 말을 고쳤다.

1. 복수 표준어 인정

(1) 원칙과 허용의 복수 표준어. 원칙/허용

네/예   쇠고기/소고기

괴다/고이다   쬐다/쪼이다

꾀다/꼬이다   쐬다/쏘이다

죄다/조이다

(2) 어감이나 발음이 비슷한 단어들이 함께 널리 쓰이는 말은 둘 다 표준어로 삼는다.　표준어/표준어

거슴츠레하다/게슴츠레하다   고까/꼬까

고린내/코린내   교기(驕氣)/갸기

구린내/쿠린내   나부랭이/너부렁이

꺼림하다/께름하다

(3) 방언이던 단어가 표준어보다 널리 쓰이는 말을 새 표준어로 삼고, 이전의 표준어는 그대로 표준어로 남겨 둔다. 새 표준어/남겨 둔 표준어

멍게/우렁쉥이   물방개/선두리

애순/어린순

(4) 한 가지 의미를 나타내는 말이 복수로 있을 때, 표준어 규정에 맞으면 그 모두를 표준어로 삼는다.　표준어/표준어

가뭄/가물   가엾다/가엽다

(내)것/(내)해   고깃간/푸줏간

교정보다/준보다   귀퉁머리/귀퉁배기

꼬까/때때/고까   넝쿨/덩굴

까까중/중대가리   만치/만큼

말동무/말벗   덧창/겉창

덜렁거리다/덜렁대다 모쪼록/아무쪼록

벌레/버러지	생/새앙/생강
보조개/볼우물	부침개질/부침질/지짐질
삽살개/삽사리	상두꾼/상여꾼
서럽다/섧다	송이/송이버섯
신/신발	아무튼/어떻든/어쨌든/하여튼/여하튼
어저께/어제	여태/입때
여쭈다/여쭙다	엿가락/엿가래
옥수수/강냉이	우레/천둥
자물쇠/자물통	중신/중매 ······ -176개 단어

2. 다른 뜻으로 쓰이던 두 개의 단어를 하나로 통합함.
(1) 맞추다 : 주문하다. <양복을 한 벌 마추다. 구두를 한 켤레 마추다.>
(2) 맞추다 : 두 개를 마주 대어보다. <부러진 칼을 맞추어보다.>
위와 같이 두 가지로 구별하여 써 오던 말에서 (1) '마추다'를 버리고
(2) '맞추다' 하나로 통합하였다.

3. 기술자는 '-장이'로, 그 외에는 종전에 쓰던 '-쟁이'로 구분하였다.
기술자를 우대하는 사회 환경 조성을 위하여 인위적으로 결정한 것
이다.
(1) 미장이/미쟁이 유기장이/유기쟁이 석수장이/석수쟁이-표준어/비표
   준어.
(2) 멋쟁이/멋장이 욕쟁이/욕장이 거짓말쟁이/거짓말장이-표준어/비표
   준어.

위에 제시한 자료와 같이 인위적으로 많은 말을 고친 사실에 비추어 볼 때, 형제의 아내끼리는 '동시(同媤)'로 호칭(지칭)하고, 여형제의 남편끼리는 '동서(同壻)'로 호칭(지칭)해서 구별하여 사용하는 것이 마땅하다.

이 방면에 관심이 있는 분들은 남형제의 아내들끼리는 동시(同媤)로, 여형제의 남편들끼리는 동서(同壻)로 구분해야 한다는 말은 아주 옳은 주장이라고 했다. 그리고 남형제의 아내들끼리는 동시(同媤)로 하자는 제안은 재미있고, 적절하다는 분들이 절대적임을 확인했다.

달성(達成) 서(徐)씨 종보(宗報)에는 동서(同壻)와 동시(同媤)로 구별해서 사용하기로 결정했다는 보도(報道)가 있었다고 한다. 경남 함안의 여주 이씨 문중에서도 남자형제의 아내끼리는 동시(同媤)라고 한다고 한다.

명문가(名門家)에서 이런 결정을 했고, 관심 있는 분들이 동의하고 있으므로 동시(同媤)와 동서(同壻)를 구별해서 사용하게 되는 날이 올 것은 확실시된다. 전국적으로 확산되는 데는 시간이 문제가 될 뿐이다.

25) 종형제(從兄弟) 호칭어

(1) 호칭어 : 형님, 큰형님, 작은형님 — 종형(從兄)에게.

　　　　　　동생, 이름, 택호(宅號) — 종제(從弟)에게.

(2) 지칭어 : 사촌형, 종형(從兄), 종백형(從伯兄) — 종형(從兄) 지칭.

　　　　　　사촌동생, 종제(從弟), 이름, 택호 — 종제(從弟) 지칭.

(3) 인칭어 : 사촌형님, 종백씨, 종씨(從氏), 종씨장(從氏丈).

　　　　　　사촌아우님, 종제(從弟)씨, 종씨, 종씨장.

☆ 귀(貴)나 존(尊) 자를 덧붙여서 지칭해도 된다. 귀종백씨, 존종제씨.
사후 인칭어(人稱語)는 선(先)자를 앞에 붙여서 선종백씨, 선종제씨처럼 말하면 된다.

26) 종형제의 배우자 호칭어

(1) 호칭어 : 형수님－종형의 배우자(종백수)에게
         계수씨, 제수씨－종제의 배우자(종수)에게
(2) 지칭어 : 종수(從嫂), 종형수, 종계수, 종제수.
☆ 종수(從嫂)는 종형수와 종계수(=종제수)가 다 포함되는 지칭어다.

27) 종자매(從姊妹) 호칭어

(1) 호칭어 : 누나, 누님－사촌누나에게.
         이름, ○실(室)이, ○○ 어미－사촌여동생에게.
(2) 지칭어 : 사촌누님, 사촌누나, 종자씨(從姊氏)－사촌 누나 지칭.
         사촌여동생, 종매(從妹), 종제(從弟)－사촌 여동생 지칭.
☆ 사촌오빠가 사촌여동생을 남동생처럼 종제(從弟)라고 해도 되고, 사
촌언니가 사촌여동생을 종제(從弟)라고 해도 물론 된다.
사촌형제에게는 '종(從)'자를 앞에 붙이면 된다. 종형(從兄), 종제(從弟).
육촌형은 재종형(再從兄), 팔촌형은 삼종형(三從兄)으로 지칭한다. 호칭은
촌수에 관계없이 '형님', '누님', '동생' 또는 '아우'라고 한다.

28) 족형제(族兄弟) 호칭어

(1) 호칭어 : 형님(족형에게), 동생 또는 아우(족제에게)
(2) 지칭어 : ○○형(님), ○○동생(○○은 이름 또는 택호)

29) 족자매(族姉妹) 호칭어

(1) 호칭어 : 누님, ○실(室) 누님－일가 남동생이 호칭하는 말.
　　　　　　　언니, 형님, ○실(室) 언니－일가 여동생이 호칭하는 말.
(2) 지칭어 : ○○누님, ○실(室) 누님－일가 남동생이 지칭하는 말.
　　　　　　　○○언니, ○실(室) 형님, ○실(室)언니－일가 여동생이 지
　　　　　　　칭하는 말.

☆ 일가는 8촌 내의 당내간(堂內間)을 말하는 것이지만, 촌수가 멀어도
일가라고 할 수 있다. 일가 또는 집안이라고 말해도 망발은 아니다.
촌수를 가깝게 당겨서 말하는 것은 실례가 안 되고, 친척이나 종친을
촌수가 먼 친척, 촌수가 먼 일가라고 말하면 실례가 된다.

30) 족숙(族叔) 호칭어

(1) 호칭어 : ○○ 아저씨－이름이나 택호를 붙여 부른다.
　　　　　　　○○ 아주머니, ○실(室) 아주머니－택호, 남편 성을 붙
　　　　　　　여 부른다.
(2) 지칭어 : ○○ 아저씨, ○○ 아주머니, ○실(室) 아주머니.

☆ 족숙(族叔)의 아내를 족숙모라고 지칭한다. 호칭은 '아주머니'다. 당
내간(堂內間)이 아닌 질항(姪行)은 '조카'라 호칭(呼稱)하고, '족질(族姪)'이
라고 지칭한다. 족질이 연하자(年下者)라면 이름, 택호를 부르고, 나이
많은 족질에게는 호(號)나 택호(宅號)에 '어른'을 붙여서 부른다. 호나
택호가 없으면 '정식이 어른' 또는 '정식이 아버지'로 간접 호칭한다.

31) 족조부모(族祖父母) 호칭어

(1) 호칭어 : 할아버지, 할벰, 또는 택호나 호에 '할아버지'를 붙여
　　　　　 호칭하거나 '대부(大父)'란 말을 붙여 호칭한다.
　　　　　 할머니, 할머님(할멤). 또는 택호에 '할머니'나 '대모(大
　　　　　 母)'를 붙어서 호칭한다.
(2) 지칭어 : 족조 또는 호·택호에 '할아버지', '대부'를 붙여 지칭한다.
　　　　　 족조모. 또는 택호에 '할머니'나 '대모(大母)'를 붙여 지칭
　　　　　 한다.
☆ 당내간이 아닌 손항(孫行)은 '족손(族孫)'이라고 지칭(指稱)하고, 이름,
호, 택호로 호칭한다. 썩 나이 많은 족손(族孫)에게는 이름, 호, 택호에
'어른'이란 말을 붙여서 호칭(呼稱)하거나 지칭한다.

2. 외가(外家) 호칭어

　외가 사람들의 호칭은 친가의 호칭어에 접두사 '외'자를 붙인다. 즉
할아버지 → 외할아버지, 숙부 → 외숙부, 숙모 → 외숙모처럼 된다.
그런데 친가에서 사촌(四寸)을 종(從)이라고 하지 않으므로 외가에는 외
종(外從)이라는 호칭이 없다. 외사촌이란 호칭(지칭)이 있을 뿐이다. 외종
(外從)은 외사촌을 지칭하는 말이 아니다. 외종(外從)에 있는 '외(外)'자 때
문에 외종(外從)을 외사촌으로 오해하기 쉽다. 외종(外從)은 외가와 아무
관계도 없는 말이다. 내종의 대립어(상대어)가 외종이다. 내종, 외종은
외사촌과 고종사촌 중에 누가 안(內) 사촌이고 누가 바깥(外) 사촌인가를
따지는 말이다. 출가외인이 된 고모가 밖에서 낳은 고종사촌이 바깥사

촌 즉 외종(外從)이고 가통을 이어가면서 자기 집에 사는 외숙의 자녀인
외사촌이 안사촌 즉 내종(內從)이다.

1) 외조부모 호칭어

(1) 호칭어 : 할아버지, 할머니 또는 외할아버지, 외할머니—외손자녀
　　　　　의 호칭어.
　　　　　할아버님, 할머님, 외할아버님, 외할머님—외손부의 호칭어.
☆ 친조부모와 구별해서 부를 필요가 없을 때는 '할아버지', '할머니'
로 부른다. 친조부모와 외조부모가 한 자리에 있다면 친조부모는 할
아버지, 할머니로 부르고, 외조부모는 외할아버지, 지외할머니로 부
른다.
(2) 지칭어 : 외조부, 외할아버지; 외조모, 외할머니.
　　　　　시외조부(님), 시외조모(님)—외손부가 지칭하는 말.
(3) 자칭어 : 외할아비, 할아비, 외조(外祖), 나, 여(余).
　　　　　외할미, 할미, 외조모, 나, 여(余).
☆ '할아비', '할미'는 자기를 낮추는 겸칭(謙稱)이다. 여(余)는 '나'를 한
자어로 말하는 1인칭대명사이다.
(4) 인칭어 : 외할아버님, 외조부장(外祖父丈), 존외조부장(尊外祖父丈).
　　　　　외할머님, 외조모부인, 존외조모부인(尊外祖母夫人).

2) 외숙부모 호칭어

(1) 호칭어 : 외숙부님, 외아저씨, 외숙모님, 외아주머니—생질의 호칭어
　　　　　외숙부님, 외아저씨, 외숙모님, 외아주머님—생질부의 호
　　　　　칭어.

(2) 지칭어 : 외숙부, 큰외숙부, 작은외숙부, 서울외숙부.

　　　　　　외숙주(外叔主), 내구주(內舅主) — 외숙부를 편지에서 쓰는 말.

　　　　　　시외숙부(님), 시외숙모(님) — 생질부가 지칭하는 말.

(3) 인칭어 : 외숙장(外叔丈), 외완장(外阮丈), 존외숙장(尊外叔丈).

　　　　　　외숙모부인, 외완장부인, 존외숙모부인.

【큰외삼촌과 작은외삼촌】

　큰외삼촌과 작은외삼촌의 경우는 어머니의 오빠가 큰외삼촌이 되고, 어머니의 동생이 작은외삼촌이 되는 것은 아니다. 외삼촌끼리 형이 되는 외삼촌을 큰외삼촌이라고 하고, 동생이 되는 외삼촌을 작은외삼촌이라고 한다.

　큰고모, 작은고모의 경우도 마찬가지다. 아버지의 누님이 큰고모고, 아버지의 여동생이 작은고모가 되는 것은 아니다. 고모 중에 형(언니)이 되는 고모가 큰고모고, 동생이 되는 고모가 작은고모이다.

3) 외사촌형제자매 호칭어

(1) 호칭어 : 친가 형제자매에 대한 호칭과 같다.

(2) 지칭어 : 외-종형. 외-종제 — 고종사촌이 외사촌형제를 지칭하는 말

　　　　　　내종형. 내종제 — 고종이 외사촌형제를 지칭하는 문어(文語)

　　　　　　외-종자씨, 외-종매 — 고종이 외사촌 자매를 지칭하는 말.

　　　　　　내종자씨(內從姉氏), 내종매 — 외사촌 자매(姉妹)를 지칭하는 문어.

　☆ 외-종형, 외-종제는 외사촌 형제이고 외종-형(外從-兄), 외종-제(外從

-弟)는 고종사촌형제이다. 발음에 차이가 있다. '외-종형'과 '외종-형'을 구별할 수 있어야 한다. 고종형제를 '외종-형제', '표종형제'라고 하는 것은 문어이다.

외사촌, 고종사촌이란 쉬운 말을 두고, 유식한 체하며 외사촌을 외종(外從)이라고 하고, 고종사촌을 내종(內從)이라고 하면 무식함을 폭로하는 망발이 된다.

외사촌오빠를 '외-종형'이라고 해도 되고, '외-종남(外-從娚)'이라 해도 된다. '娚 : 오빠(남)'자이기 때문이다. 외사촌동생은 남녀 구별 없이 '외-종제'라고 하면 된다. 고종사촌 오빠가 외사촌여동생을 외-종제라고 해도 되지만 '외-종매(外從妹)'라고 하면 말이 더 분명해진다.

4) 외가의 기타 호칭어

(1) 어머니 숙부(叔父)와 숙모(叔母) : 외-종조부, 외-종조모이다.

(2) 어머니 고모 : 외-존고모(外-尊姑母), 외-대고모, 외-왕고모이다.

(3) 어머니 사촌오빠형제 : 외-종숙부.

(4) 어머니 사촌언니나 동생 : 종이모(從姨母).

3. 진외가(陳外家) 호칭어

1) 할머니 부모 호칭어

(1) 호칭어 : 증조할아버지, 증조할머니.

(2) 지칭어 : 진외증조부(陳外曾祖父), 진외증조모(陳外曾祖母).

☆ 진외가는 할머니의 친정인데, 아버지의 외가이며 나에게는 진외가

이다.

2) 할머니 남형제와 배우자 호칭어

(1) 호칭어 : 종조할아버지, 종조할머니.
(2) 지칭어 : 진외종조부(陳外從祖父), 넛할아버지.
　　　　　　진외종조모(陳外從祖母), 넛할머니.
☆ 진외종조부에 대하여 나는 생손(甥孫)또는 생종손(甥從孫)이 된다.

3) 할머니 여형제와 배우자 호칭어

(1) 지칭어 : 존이모(尊姨母), 대이모(大姨母), 왕이모(王姨母)←→이손(姨孫)
　　　　　　존이모부(尊姨母夫), 대이모부, 왕이모부—할머니형제의 남편.
☆ 호칭은 이모할머니, 이모할아버지라고 한다.

4) 할머니 숙부와 배우자 호칭어

(1) 지칭어 : 진외종증조부(陳外從曾祖父), 진외종증조모(陳外從曾祖母).

5) 할머니의 조카와 배우자 호칭어

(1) 지칭어 : 진외종숙부(陳外從叔父), 진외종숙모(陳外從叔母).
☆ 호칭은 아저씨, 아주머니이다.

6) 할머니의 종손 자매 호칭어

(1) 지칭어 : 진외재종형제(陳外再從兄弟).

진외재종자씨(陳外再從姉氏), 진외재종매(陳外再從妹).

☆ 호칭은 형님, 누님, 동생(남동생 여동생 통칭).

4. 외외가(外外家) 호칭어

외외가는 외할머니의 친정인데, 어머니 외가이며 나의 외외가이다.

1) 외할머니의 부모 호칭어

(1) 호칭어 : 증조할아버지, 증조할머니

(2) 지칭어 : 외외증조부(外外曾祖父), 외외증조모(外外曾祖母).

☆ 외외증조부↔외외증손.

2) 외할머니 남형제 호칭어

(1) 호칭어 : 종조할아버지, 종조할머니

(2) 지칭어 : 외외종조부(外外從祖父), 외외종조모(外外從祖母).

☆ 외외종조부(外外從祖父)↔생외손(甥外孫), 생외종손(甥外從孫).

3) 외할머니 여형제 호칭어

(1) 지칭어 : 외외존이모(外外尊姨母), 외외대이모(外外大姨母).

4) 외할머니의 조카·질녀 호칭어

(1) 지칭어 : 외외종숙부(外外從叔父), 외외종이모(外外從姨母).

☆ 촌수는 어머니와 4촌 사이이고 나와는 5촌 사이이다.

5. 처족(妻族) 호칭어

1) 처조부모 호칭어

(1) 호칭어 : 할아버님, 할머님.

☆ '님'자를 붙여서 부른다.

(2) 지칭어 : 처조부(妻祖父), 장조부(丈祖父), 장조(丈祖).

처조모(妻祖母), 장조모(丈祖母).

2) 처부모 호칭어

(1) 호칭어 : 빙부(聘父)님, 빙장어른, 장인어른, 아버님.

빙모(聘母)님, 장모(丈母)님, 어머님.

(2) 지칭어 : 장인어른, 빙장어른, 외구(外舅)－외구(外舅)는 문어(文語).

장모님, 빙모님, 외고(外姑)－외고(外姑)는 문어(文語).

【처부모에 대한 호칭어】

아버지는 생부(生父)이고, 아버님은 장인(丈人)이고, 시아버지다. 시부(媤父)이다. 어머니는 생모(生母)고, 어머님은 장모(丈母)와 시어머니다.

국어사전에 빙모(聘母)와 빙부(聘父)를 다른 사람의 장모와 장인을 가리키는 말이라고 했다. 지금은 장인 장모보다 존대하는 호칭으로 사용되고 있다. 聘父(빙부), 聘母(빙모)의 한자(漢字) 뜻으로 보아도 아내의 부모를 높여 이르는 말이다. 동아출판사의 한한중사전(漢韓中辭典)에는 한국에서는 장인, 장모를 聘父(빙부), 聘母(빙모)라 한다고 뜻풀이했다.

노인층에서는 처부모를 '아버님, 어머님'이라고 하면 안 된다고 한다. 지금 젊은이들은 대개 처부모를 '아버님, 어머님'으로 부르고 있다.

사위가 처부모를 '아버님, 어머님'이라고 하는 것이 잘못된 말이 아니다. 며느리가 시부모를 '아버님, 어머님'이라고 하는데, 사위가 처부모를 '아버님, 어머님'이라고 못할 이유가 없다. 사위도 자식이다. 데릴사위가 아니어도 처부모를 '아버님', '어머님'이라고 해도 잘못이 아니다.

특히 경상도의 노인층에서 아무리 반대해도 모든 젊은이들이 처부모를 '아버님, 어머님'이라고 부르게 되는 것은 시간문제이다.

처부(妻父)와 처모(妻母)를 장인. 장모로 지칭하는 것은 안 좋다. '어른'이나 '님' 자를 붙이지 않고 '장인, 장모'로 지칭하는 것은 처족을 비하(卑下)하는 무례한 말이다. 유가(儒家) 사회에서는 '장인, 장모'로 지칭했던 것 같다. 오늘날 사위가 존칭을 붙이지 않고 '장인, 장모'로 지칭한다면 그는 매우 버르장머리 없는 사위이다.

그리고 병장어른, 병모님이란 호칭은 잘못된 말이다. 빙장(聘丈)어른, 빙모(聘母)님이 바른 말이다. 병(病)을 '빙'이라 하고, 술병을 '술빙'이라고 하는 것은 무식한 사람들이 쓰는 사투리다. 이런 말 때문에 빙장어른, 빙모님을 유식하게 말한답시고 병장어른, 병모님으로 말하는 사람들이 있다. '聘 : 장가들(빙)' 자를 써서 빙장어른(聘丈- -), 빙모님(聘母-)으로 말해야 하는 것을 모르기 때문이다. 이런 것을 국어학에서는 유추현상(類推現狀)이라고 한다.

☆ 참고

구(舅) : ① 시아비(구)…구부(舅婦) : 시아버지와 며느리.

구고(舅姑) : 시아버지와 시어머니.

② 외삼촌(구)… 내구(內舅) : 외삼촌.

③ 장인(구)…… 외구(外舅) : 장인.

구(舅)에 대한 대어(對語)는 생(甥)이다. 구(舅)가 외숙과 장인인데 내외 (內外)로 구별해서 내구(內舅)는 외숙이고, 외구(外舅)는 장인이다.

3) 처남 호칭어

(1) 호칭어 : 형님, 처남-손위처남.

    처남, ○○처남, 서울처남-손아래 처남, ○○은 이름.

(2) 지칭어 : 처남, 큰처남, 맏처남-손위 처남.

    작은처남, ○○처남, 서울처남-손아래 처남.

☆ 미혼의 어린 처남은 이름을 불러서 호칭하고 지칭한다.

4) 처남 아내 호칭어

(1) 호칭어 : 처남댁, 처남의 댁-손위처남의 아내.

    처남댁, 처남의 댁, ○○외숙모님-손아래처남 아내.

(2) 지칭어 : 큰처남 댁, 둘째처남 댁, 부산처남 댁, ○○이 큰외숙모

5) 처형제 호칭어

(1) 호칭어 : 처형(妻兄)-처의 형=언니.

    처제(妻弟)-처의 여동생.

(2) 지칭어 : 처형, 부산처형, ○○이 큰이모
　　　　　　　처제, 대전처제, ○○이 작은이모

6) 처형제 남편 호칭어

(1) 호칭어 : 형님, 동서(同壻)―손윗동서에게.
　　　　　　　동서(同壻), ○서방―손아랫동서에게.
(2) 지칭어 : 동서, 맏동서, ○○이 큰이모부, 서울동서―손윗동서.
　　　　　　　막내동서, 대구동서, ○서방, ○○이 이모부―손아랫동서.
☆ 동서의 한자는 同壻(동서)다. 同婿(동서)로 쓰기도 한다. 婿는 壻와 같은 글자이다. 그러나 '士'자가 들어가는 '壻'로 쓰는 것이 좋다.
'士 : 선비(사)'는 남자를 뜻하기 때문이다.

6. 존고모가(尊姑母家) 호칭어

존고모가(尊姑母家)는 할아버지의 자매(姉妹)가 사는 집이다. 할아버지의 자매(姉妹)를 존고모(尊姑母), 대고모(大姑母), 왕고모(王姑母)라고 한다.
존고모(尊姑母)라고 할 때의 존(尊)은 아버지란 뜻인데, '높다'의 뜻으로 해석해도 된다.

1) 존고모 호칭어

(1) 호칭어 : 할머니, 고모할머니(허용).
☆ 허용은 국어원과 조선일보사의 '화법표준화 안'에서 허용한 말이다.
(2) 지칭어 : 존고모(尊姑母), 대고모(大姑母), 왕고모(王姑母).

서울 할머니, 대구 고모할머니(허용).

2) 존고모부 호칭어

(1) 호칭어 : ○○새할아버지, 고모할아버지(허용), ○○은 지명.

(2) 지칭어 : ○○새할아버지, 즉 안동 새할아버지, 안동 존고모부.

3) 존고모 자녀 호칭어

(1) 호칭어 : ○○아저씨, 서울아저씨-○○ 지명 또는 택호. 이름.
○○아주머니, 서울아주머니-○○지명, 택호. 남편이름.

(2) 지칭어 : 존고종, 존고종숙, 중내숙(重內叔). ○○아아저씨-○○택
호, 지명 또는 이름.
존고종고모, ○실아주머니, ○○아주머니-○○은 택호
나 지명.

☆ 존고종(尊姑從)의 자녀는 중표종(重表從) 또는 '존고재종형제자매'이
다. 나와 6촌사이이다. 나는 이 사람들의 진외재종형제(자매)이다. 존고
종고모의 자녀는 나의 존고-종고종형제이고, 이 사람들은 이른바 월
삼성(越三姓) 6촌이다. 예로부터 월삼성(越三姓) 6촌사이에는 통혼(通婚)이
가능하다고 했다. 나는 이 사람들의 외외재종형제(자매)이다.

7. 고모가(姑母家) 호칭어

1) 고모(姑母) 호칭어

(1) 호칭어 : 아주머니, 고모아주머니, ○○아주머니-○○은 지명, 택호
(2) 지칭어 : 고모, 큰고모, 작은고모, 인천고모, ○실(室)아주머니.

2) 고모부(姑母夫) 호칭어

(1) 호칭어 : 새아저씨, 고모부(姑母夫)님.
(2) 지칭어 : 새아저씨, 고모부, 대구 새아저씨.
☆ 고모부를 인숙(姻叔), 고숙(姑叔)이라고 하는 말은 문어(文語)이다.

3) 고종(姑從) 호칭어

☆ 고종과 고종사촌은 같은 말인데 고종(姑從)이 더 바른말이다.
(1) 호칭어 : 형님, 누님-손위 고종.

　　　　　동생, 이름, ○실(室)이-손아래 고종.
(2) 지칭어 : 고종, 고종형, 고종제, 외종형(外從兄), 표종형(表從兄).

　　　　　고종누님, 고종자씨(姊氏), 고종매(姑從妹), 고종제(姑從弟).
☆ 외종(外從), 표종(表從)은 문어(文語)고 고종(姑從)은 구어(口語)다.

4) 고종 자녀 지칭어

(1) 지칭어 : 고종의 자녀는 고종질(姑從姪)이라고 지칭하고,

　　　　　고종의 며느리는 '고종질부(姑從姪婦)'라 지칭한다.

　　　　　호칭어는 조카·질부로 부르거나 조카는 이름을 부르면

되다.

☆ 고종의 자녀는 고종질인데 '내종질'이라고 하는 사람들이 있다. 엉터리 호칭이다. 출가외인이 된 고모의 자손은 '내(內)'가 될 수 없다.

8. 매가(妹家) 호칭어

1) 자형과 매부 호칭어

(1) 호칭어 : 새형님, 형님, 자형(姉兄)-누나 남편.
　　　　　　매부(妹夫), ○서방-여동생 남편.
(2) 지칭어 : 자형(姉兄), 새형, 새형님-누나 남편.
　　　　　　매부(妹夫), ○서방, 이름-여동생 남편.

☆ 妹(매)는 여동생(매)이고 姊=姉(자)는 누나이지만 우리나라에서는 妹(매)가 여동생과 누나를 함께 말하는 경우가 대부분이다. 그래서 매부(妹夫)는 여동생 남편과 누나 남편을 통칭하는 지방이 많다. 이럴 때는 누나 남편은 손위 매부라고 해야 말이 분명해진다. 자매(姉妹)의 남편을 자형(姉兄)과 매부(妹夫)로 구별해서 부르는 것이 바람직스런 호칭이다.

【자형(姉兄)과 매형(妹兄)】

누나의 남편을 자형(姉兄)이라고 하는 곳도 있고, 매형(妹兄)이라고 하는 곳도 있다. 영남에서는 누나의 남편을 매형이라고 하는 사람들도 있고, 자형이라고 하는 사람들도 있다. 자형이라고 하는 사람들은 매형이라고 하는 것은 잘못된 호칭이라고 지적한다.

한자로 '姊(姉) : 누나(자), 妹 : 여동생(매)'이기 때문이다. 한자로 보면

姉는 누나, 妹는 여동생이다. 한문에서는 姉와 妹를 구별하여 사용한다.

그러나 우리나라에서는 매(妹)는 누나와 여동생을 함께 지칭하는 경우가 대부분이다. 가령 남매(男妹)라고 할 때의 매(妹)는 누나도 되고, 여동생도 된다. '누이 좋고, 매부 좋다'란 말이 있는데, 여기 매부는 누나 남편도 되고, 여동생 남편도 된다. 매가(妹家)란 말도 누나가 사는 집도 매가(妹家)고, 여동생이 사는 집도 매가(妹家)이다.

시누를 한자어로 媤妹(시매)라고 하는데, 시매(媤妹)에 있는 매(妹)도 손위시누와 손아래시누를 함께 지칭한다.

누나의 남편을 자형(姉兄) 또는 매형(妹兄)이라고 하는 것은 통용되는 말이므로 둘 다 맞는 말이다. 어느 말을 사용해도 틀린 말이 아니다.

매형(妹兄)이란 말은 매(妹)는 여동생인데 형(兄)을 붙이면 '여동생＋형'이 되는 모양새다. 여동생과 형이 복합되면 괴상한 형태의 말이 되니, 매형(妹兄)은 말이 성립될 수 없는 말이라고 주장할 수도 있겠다.

기호지방(서울 쪽)에서는 누나 남편을 주로 매형이라고 하는 것 같고, 누나 남편과 여동생 남편을 다 같이 매부(妹夫)라고 하는 것 같다.

영남에서는 누나 남편은 주로 자형(姉兄)이라고 하고, 여동생 남편을 주로 매부(妹夫)라고 말한다. 영남에서도 누나 남편과 여동생 남편을 함께 매부(妹夫)라고 하는 집들도 있다.

한자(漢字)로 따져 보면 누나의 남편을 자형(姉兄)이라고 하고, 여동생의 남편은 매부(妹夫)로 구별해서 말하는 것이 바람직하다.

전에는 자형은 지칭어고 '새형님'이 호칭어였다. 새형님이 좋은 말이지만 '새'를 빼고 그냥 '형님'이라고 해도 잘못된 말은 아니다. 누나의 남편은 매형, 자형이란 호칭어 대신에 본래대로 '새형님'이라고 하면 호칭 문제는 해결된다. 여동생 남편은 '매부' 또는 'ㅇ서방'이라고 부르면 된다.

2) 시누 남편 호칭어

(1) 호칭어 : 새아주버님−손위시누 남편.

　　　　　　새아주버님, 또는 시매부(媤妹夫)−손아래 시누 남편.

☆ 손위시누 남편이나 손아래시누 남편이나 모두 '새아주버님'이라고 한다. 손아래시누 남편은 시매부(媤妹夫)가 호칭어도 되고 지칭어도 된다.

(2) 지칭어 : 시매부(媤妹夫)는 손위시누남편과 손아래시누남편을 통칭하는 지칭어다. 큰시매부, 작은시매부, 서울시매부, 대구시매부, ○○이 큰고모부, ○○이 작은고모부로 구별하여 지칭할 수 있다.

【시누 남편 호칭어】

화법표준화 위원회에서 손위시누 남편에 대한 호칭어를 정하기 위하여 많은 시간을 들여 논의했으나 결정하지 못하고 보류하였다고 한다. 남편 누나의 남편을 호칭하는 문제가 그만큼 어려웠다는 뜻이다. 그렇게 어려울 것이 없다. 시누를 한자어로 시매(媤妹)라고 하니, 시매(媤妹)의 남편은 시매부(媤妹夫)가 되는 것은 당연하다. 처남의 아내와 시누의 남편은 엄격한 내외법 때문에 같이 대화할 일도 없고, 따라서 호칭하는 말도 없었다고 한다. 그렇지 않다. 사위들은 내실(內室) 출입이 가능했고, 처남의 아내와 시누의 남편은 쉽게 대화할 수 있었다. 경북 북부지방인 안동, 예천 지방에서는 시누의 남편을 시매부(媤妹夫)로 지칭한다. 손위시누 남편에 대한 호칭어는 '아주버님'으로 남편의 형인 시숙(媤叔)에 대한 호칭어와 같다. 남편의 형이나, 남편의 누님의 남편이나 다 같이 손윗사람이니 똑같이 '아주버님'으로 호칭한다.

남편의 누님 남편은 정확한 호칭은 '새아주버님'이다. 손아래 시누 남편은 호칭어도 지칭어와 똑같이 시매부(媤妹夫)로 호칭한다. 그러나 손아래 시누남편을 대접해서 '새아주버님'으로 호칭하는 것이 옳다. 처남댁이 시매부를 '○서방(님)'으로 호칭하면 안 된다. '○서방'으로 부를 수 있는 사람은 손위처남과 장인, 장모, 장조부, 장조모, 처종조부모, 처숙부, 처종숙부 등이다.

☆ 새아주버님을 줄여서 '새아지벰'이라고 말해도 된다.

3) 자매 자녀 호칭어

자매의 자녀는 생질(甥姪)이다. 문어(文語)로 외질(外姪) 또는 외생(外甥)이라고 한다.

(1) 호칭어 : 이름, 조카, ○○아비(애비) − 생질에게.

　　　　　　이름, 질녀, ○○이 어미. ○실(室)이 − 생질녀에게.

(2) 지칭어 : 생질(甥姪), ○○이 애비, 외질(外姪), 외생(外甥) − 생질을 지칭.

　　　　　　생질녀(甥姪女), ○실(室)이, ○○이 어미 − 생질녀를 지칭.

4) 자매(姉妹) 손자(녀) 호칭어

(1) 호칭어 : 이름, ○○이 아비 − 자매 손자에게.

　　　　　　이름, ○○이 어미, ○실(室)이 − 자매 손녀에게.

(2) 지칭어 : 생손(甥孫), 생종손(甥從孫), 이손(離孫) — 생질의 자녀.

　　　　　　생외손(甥外孫), 생종외손(甥從外孫) — 생질녀의 자녀.

☆ 생질녀(甥姪女)가 낳은, 자매의 외손은 생외손(甥外孫) 또는 생종외손
(甥從外孫)이라고 한다. 나는 그의 외외종조부(外外從祖父)가 된다.

9. 질녀 남편 호칭어

(1) 호칭어 : ○서방, 질서(姪壻), 이름, ○○아비
(2) 지칭어 : 질서(姪壻), ○서방, 이름, ○실(室)이 남편
☆ 질녀의 자녀는 종외손(從外孫)이다. 질녀의 자녀는 형제의 외손인
데, 나는 그들을 종외손(從外孫)이라 하고, 그들은 나를 '외종조부'라
고 한다.

10. 친정 가족 호칭어

친정가족을 시부모에게 말할 때는 친정가족을 높이지 않는다.
(1) 아버지 지칭어 : 아버지, 밭어버이, 친정아버지, 친정바깥어른.
(2) 어머니 지칭어 : 어머니, 안어버이, 친정어머니, 친정안어른.
(3) 동기(同氣)에 대한 지칭어 : 오빠, 남동생, 여동생.
(4) 형제의 아내에 대한 지칭어 : 오랍의 댁, 새언니, 동생댁.

11. 사돈댁(査頓宅) 호칭어

1) 사돈 부모 호칭어 : 사장어른(밭사장어른, 안사장어른)

☆ 밭은 바깥의 준말. 밭사장어른은 바깥사장어른이다.

(1) 아들사돈부모 지칭어 : 사장어른(밭사장어른, 안사장어른).

ㅇㅇ이 장조부, ㅇㅇ이 장조모

ㅇㅇ이 처조부, ㅇㅇ이 처조모

(2) 딸사돈부모 지칭어 : 사장어른(밭사장어른, 안사장어른).

ㅇㅇ이 시조부, ㅇㅇ이 시조모.

ㅇ서방 조부, ㅇ서방 조모

☆ 사장(査丈)어른의 부모 즉 사돈의 조부는 노(老)자를 앞에 붙여서 노사장(老査丈)어른이라고 호칭하고 지칭한다.

사돈댁 위계(位階)를 항렬(行列)로 본다면 사돈끼리는 동항(同行)이고, 사돈의 부모는 한 항렬(行列) 높고, 사돈의 자녀들은 한 항렬이 낮다. 사돈댁 위계(位階)를 사항(査行)이라고 할 수 있다.

2) 사돈 호칭어 : 사돈-동성간(同性間), 바깥사돈끼리 또는 안사돈끼리

사돈어른-이성간(異性間), 바깥사돈과 안사돈 사이

(1) 아들 사돈 지칭어 : 사돈, 밭사돈, ㅇㅇ이 장인, ㅇㅇ이 빙장.

안사돈, ㅇㅇ이 장모, ㅇㅇ이 빙모.

(2) 딸 사돈 지칭어 : 사돈, 밭사돈, ㅇㅇ시아버지, ㅇ실이 시부(媤父).

안사돈, ㅇㅇ이 시어머니, ㅇ실이 시모(媤母).

【사돈(査頓)이란 말】

사돈(査頓)이라는 말은 만주어 '사둔(sadun)'의 취음(取音)이라고 한다.

사돈 사이는 어려운 사이이다. '사돈네 안방 같다', '사돈집과 뒷간은 멀수록 좋다'는 속담이 있다. '남도 아니고 친척도 아닌 것은?' 하는 수수께끼도 있다. 이렇게 사돈 사이는 어려운 관계이다. 사돈 간에 언행이 잘못되면 바로 자기 자녀에게 영향을 끼치게 된다. 너무 가깝게 자주 만나도 약점이 드러나거나 말을 실수할 수도 있다. 그렇다고 남남처럼 지낼 수도 없고, 각별히 모시고 대우해야 하는 사람이 사돈이다.

밭사돈과 안사돈 사이는 더욱 어려운 관계이다. 과거 내외법(內外法)이 있을 때는 이성(異性) 사돈 사이는 자리를 같이 할 일이 없었으니 대화하고 호칭할 일이 없었다. 지금은 내외법이 없다시피 완화되었지만 그래도 안사돈과 밭사돈 사이는 서로 어려운 관계이다. 그래서 호칭도 그냥 '사돈'이라고 하지 않고, 서로 '사돈어른'이라고 부른다. 동성(同性) 사돈끼리는 특별한 관계가 아니면 그냥 '사돈'이라고 부르면 된다.

동성(同性) 사돈(査頓) 사이라도 자주 만나는 사이가 아니거나, 연장자(年長者)에게는 '사돈어른'이라고 해도 망발이 아니다. 그런데 사돈은 관계를 말하는 호칭이기 때문에 연장자라고 해서 반드시 '사돈어른'으로 '어른'을 붙여야 되는 것은 아니다. 연장자에게 어른을 붙이지 않고 그냥 '사돈'이라고 해도 실례되거나, 버릇없는 호칭은 아니다.

한쪽에서 사돈어른이라고 하면 상대 쪽 사돈도 사돈어른으로 호칭해야 마땅하다. 사돈은 관계를 말하는 호칭일 뿐, 노소 관계를 따지는 말이 아니다.

혹자는 사돈 간에 나이 차가 많으면 연장자 사돈을 보고 '사장어른'

으로 호칭해야 하는 것이 전통적 호칭법이라고 한다. 옳은 호칭법이 아니다. 호칭어는 매우 논리적인 말이다. 두 사람의 관계가 사돈 사이 인데 어째서 위계를 한 층 높여서 사돈의 부모를 부르듯이 '사장어른' 으로 부른단 말인가? 사돈은 관계를 나타내는 호칭어일 뿐 '높은 사 돈', '낮은 사돈'이 있는 것은 아니다. 옛것이 다 옳은 것은 아니다.

사돈이 여럿일 경우에는 지명에 따라 서울사돈, 대구사돈이라고 지 칭한다. 자녀의 이름이나 손자의 이름에 기대어 ○○장인, ○○빙장, ○○장모, ○○이 (외)할아버지, ○○이 (외)할머니로 간접지칭을 할 수 있다.

딸 사돈을 ○실(室)이 시아버지, ○실이 시부(媤父); ○실이 시어머니, ○실이 시모(媤母), 외손자 ○○이 할아버지, ○○이 할머니로 간접지칭 을 할 수 있다.

사부인(査夫人)이란 말은 대면(對面)해서 호칭하는 말로는 부당하다. 사 부인(査夫人)은 '사돈(査頓)의 부인(夫人)이라는 뜻'인데, 안사돈은 밭사돈 의 부인밖에 못되는 존재가 아니고, 안사돈도 엄연한 사돈이다. 안사 돈을 서울과 영남에서 모두 사부인(査夫人)이라고 하는데, 사돈의 아내 를 높이는 분위기는 있으나 여자를 하대(下待)하는 데서 발생한 호칭이 다. 사돈의 아내도 당당한 사돈이다. '사돈어른'으로 호칭해야 한다. 동창생이거나 친숙한 관계면 그냥 '사돈'이라고 할 수도 있다. 사부인 은 지칭어로는 가능한 말이나, 호칭어로는 부당한 말이다. 잘못된 말 은 고쳐 쓰는 것이 옳다.

3) 사돈형제 호칭어 : 사돈

사돈형제 지칭어 : 곁사돈, 사돈 백씨, 사돈 형, 사돈 계씨, 사돈 동

생, ○○큰(외)할아버지, ○○작은(외)할아버지.

☆ 보통 사돈의 사촌(四寸)까지 서로 '사돈'이라고 호칭한다. 사돈의 형제나 종형제를 '곁사돈'이라고 한다. 가령 사돈과 사돈 종형제(從兄弟)가 함께 있으면, 종반간(從班間)을 모두 사돈이라고 하기 때문에 제삼자가 보면 어느 분이 친사돈인지 몰라서 물으면, '이분은 친사돈(親査頓), 당사돈(當査頓)이고, 이분은 곁사돈입니다.'라고 말하면 된다.

4) 사돈 자녀 호칭어

(1) 호칭어 : 사하생(査下生)

(2) 지칭어 : 사하생, ○○처남, ○○외숙부, 며느리 오빠─며느리 사돈댁.
　　　　　　사하생, ○실(室)이 시숙, ○서방 형, ○서방 동생─딸 사돈댁.

5) 사돈 아랫대끼리 호칭어.

(1) 호칭어 : 사형(査兄).

(2) 지칭어 : ○○사형, ○○씨─○○은 이름 또는 지명.
　　　　　　형님 처남, ○실(室)이 시숙(媤叔) 등.

【사형(査兄)과 사제(査弟)】

사형(査兄), 사제(査弟)는 원래 사돈간에 오가는 편지에서 쓰는 호칭어였다. 그런데 형제의 처남이나 자매(姉妹)의 시숙(媤叔)이나 시동생을 만나서 호칭할 말이 없으므로 사형(査兄)으로 호칭하는 것이다. 망발이라고 비난할 수 없는 것이 현실이다. 사돈의 아랫대끼리 편지를 쓴다면 상대방을 사형(査兄)이라 부르고, 자기를 사제(査弟)라고 하면 될 것이다.

지금 사돈에게 편지를 쓴다면 과거처럼 사형(査兄) 사제(査弟)란 말을 쓰지 않고 '사돈께', '사돈께 올리는 글' 등으로 '사돈'이라는 호칭을 쓸 것이다. 편지 끝에는 '사돈 ○○○ 상서', '사돈 ○○○ 올림'이라고 이름을 써도 되고, 옛날처럼 '사제(査弟) ○○○ 상서'로 써도 될 것이다. 지금은 사형(査兄), 사제(査弟)의 호칭은 사돈의 아랫대로 내려간 셈이다.

영남에서는 며느리의 부모(아들의 처부모), 딸의 시부모(사위의 부모)만 사돈이라고 하고, 사돈의 아랫대는 사하생(査下生)이라고 한다. 그리고 사돈의 아랫대끼리 서로 사형(査兄)이라고 부르는 것이 일반화되어 있다.

서울에서는 사돈의 아랫대까지 포함해서 사돈이라고 하는 것 같다.

사돈댁에도 위계(位階) 즉 사항(査行)이 있기 때문에 사돈의 부모는 사장어른, 사돈의 조부모는 노사장(老査丈)어른이라고 한다. 며느리의 부모(아들의 처부모), 딸의 시부모(사위의 부모)를 사돈이라고 하고, 사돈의 형제, 사돈의 종형제도 역시 사돈이라고 하는 것이 합당한 호칭이다.

관계칭(關係稱)

1. 가족(家族)의 관계칭

- 조부모와 손자·녀 사이 : 조손간(祖孫間).
- 부모와 자녀 사이 : 부자간(父子間). 모자간(母子間).
  부녀간(父女間). 모녀간(母女間).
- 시아버지와 며느리 사이 : 구부간(舅婦間).

☆ ①舅 : 시아비(구) 婦 : 며느리(부) ②舅 : 외삼촌(구) ③舅 : 장인(구).

- 시어머니와 며느리 사이 : 고부간(姑婦間).

☆ ①姑 : 시어미(고) 婦 : 며느리(부) ②姑 : 고모(고) ③姑 : 장모(고).

- 시숙(媤叔)과 제수(弟嫂) 사이 : 수숙간(嫂叔間).

☆ 형수(兄嫂)와 시동생 사이도 수숙간(嫂叔間)이다.

- 남형제와 여형제 사이 : 남매간(男妹間). 오누(이)간.
- 오라버니댁과 시누 사이 : 남매간(男妹間).
- 동생댁과 시누 사이 : 남매간(男妹間).

☆ 시누올케간(사이)이라고 하는 것은 저속(低俗)한 말이다.

오빠의 아내(오라버니댁)는 오빠와 동일시되기 때문에 오라버니댁과 시누 사이는 남매간이 된다. 동생댁은 남동생과 동일시(同一視)되기 때문에 시누와 동생댁 사이도 남매간이다.

● 자형 및 매부와 처남 사이 : 남매간(男妹間).

☆ 자형과 매부는 누나 및 여동생과 동일시되기 때문에 처남과 남매간이다.

● 고모와 조카 · 질녀 사이 : 숙질간(叔姪間).

☆ 가령 '우리는 고모와 질녀 사이입니다.'라고 하면 호칭이 아니고 설명하는 말이다. '숙질간(叔姪間)'이라고 해야 한다. 질녀를 조카라고 하는 것은 바른말이 아니다. 질녀는 여자조카고, 조카는 남자조카이다.

● 사촌사이 : 종반간(從班間), 종남매간(從男妹間).

☆ 종반간은 남녀 구별이 없다. 즉 남자 사촌끼리, 남녀 사촌끼리, 여자사촌끼리 모두가 종반간(從班間)이다.

2. 친인척(親姻戚)의 관계칭(關係稱)

● 외조부모(外祖父母)와 외손(外孫) 사이 : 외조손간(外祖孫間).

● 외숙과 생질 사이 : 외숙질간, 구생간(舅甥間).

☆ 외숙(外叔)을 내구(內舅)라고 하기 때문에 외숙과 생질 사이는 구생간(舅甥間)이 되는 것이다.

● 장인과 사위 사이 : 옹서간(翁壻間), 구서간(舅壻間). ☆ 舅 : 장인(구).

☆ 옹온(翁媼) : 남자 노인(老人)과 노파(老婆).

翁 : 늙은이(옹) ↔ 媼 : 할미(온).

● 장모와 사위 사이 : 온서간(媼壻間) ×장서간(丈壻間).

☆ ①姑 : 장모(고)   외고(外姑) : 장모. 외고(外姑)는 장모의 문어(文語)다.

● 이모 및 이모부와 이질·이질녀 사이 : 이숙질간(姨叔姪間).

● 고모부와 처조카 사이 : 고숙질간(姑叔姪間), 인숙질간(姻叔姪間).

☆ 고모부(姑母夫)는 인숙(姻叔), 고숙(姑叔)이고 처조카는 인질(姻姪), 처질(妻姪), 부질(婦姪)이다.

● 외사촌과 고종사촌 사이 : 내외종간(內外從間).

☆ 외사촌(外四寸)은 내종(內從)이고, 고종(姑從)은 외종(外從)이다. 국어사전마다 거꾸로 '외종(外從) : 외사촌', '내종(內從) : 고종사촌'으로 되어 있다.

3. 대인(對人) 호칭어

대인(對人)호칭어란 혈연관계가 없는 사람에 대한 호칭어란 말이다. 한자어 대인(對人)에서 '人'을 '사람'이라고 해석하지 않고 '남'이라고 해석해야 한다. 대인(對人) 호칭어는 친인척이 아닌 '남(타인)'에 대한 호칭어란 뜻이다.

☆ 人 : ①사람(인) ②남(인). 대인(對人)의 '人'은 己(기)의 대어(對語)이다. 人(남)↔己(자기).

1) 친구(親舊) 호칭어

(1) 호칭어 : 청소년 때는 이름을 부른다. 이몽룡, 이몽룡 군, 이 군.
   성인이 된 뒤에는 ○형(兄). ○○형 : ○은 성(姓), ○○은 이름.

☆ 성인이 된 친구에게는 성(姓)이나 이름에 직위나 직함을 붙여 부른
다. 즉 임 과장. 정 국장, 정 사장. 남 교장. 윤 박사. 최 의원(議員) 등
경우에 맞게 부른다.

퇴직 후에는 전직에 따른 호칭 또는 성에 따라 ○형이라 한다. 친구
는 호칭하기가 쉬운 편이지만 별명을 부르면 안 된다.

친우(親友)란 친구(親舊)보다 친근하게 표현하는 말이면서 어른들에게
친구를 낮추어 말하는 겸양어다. 어른에게는 '제 친우(親友)입니다.'로
말해야 한다. '이 어른은 아버지 친구입니다.'라고 할 때는 '친구'라
고 해도 무방하다.

(2) 지칭어 : 친우에 대한 지칭어는 이름을 지칭하는 것이 가장 쉽고,
　　　　　　성 또는 성명에 직함을 붙인다. 정 선생, 문 의원, 강정
　　　　　　호 목사 등으로 지칭한다.

2) 친구 아내 호칭어

(1) 호칭어 : 사모님, ○여사님, ○○어머님 ─ ○○은 자녀 이름.

(2) 지칭어 : (친구에게) 자네 부인, 영부인(令夫人), 합부인(閤夫人).

(3) 타인에게 : ○○부인, ○○영부인, ○○합부인 ─ ○○은 친구 이름.

3) 친구 부모 호칭어

(1) 호칭어 : 어르신, 선생님, 아버님, 어머님, ○○아버님, ○○어머님.

(2) 지칭어 : (친구에게) 자네 어른, 춘부장, 자네 안어른, 자당(慈堂).

☆ 친구가 아닌 타인에게는 택호나 호에 어른을 붙여 춘산어른, 남촌

어른이라고 한다. 또는 ○○아버님, ○○부친, ○○모친, ○○어머님.

4) 여선생님 남편 호칭어

(1) 호칭어(지칭어) : 학생은 사부(師夫)님으로 호칭(지칭)하고, 학부모
    는 밭어른, 밭선생님이라고 호칭(지칭)한다.

☆ 밭어른 : 바깥어른.

5) 고객 호칭어

(1) 호칭어 : 김정희 씨라고 부르는 것보다 김정희님이 좋다. '님'은
    만병통치약과 같은 존칭어다. '님'은 남녀노소, 직위가
    높고 낮음을 막론하고 누구에게나 쓸 수 있는 존칭어다.
(2) 지칭어 : 손님과 대면해서 말할 때는 손님, 어르신, 선생님, 김정
    희님 등으로 지칭하면서 대화하는데, 이 지칭을 호칭으
    로 써도 된다. 손님은 은행, 병원, 사무실, 점포 등에 오
    신 손님들이다.

☆ 씨(氏)는 연세 높은 분에게 '○○○ 씨'는 피하는 것이 좋다. '씨(氏)'
는 존대의 의미가 퇴색되었다. 직장의 젊은 아랫사람에게는 '○○○
씨'라고 해도 된다. 즉 '남정애 양', '김동수 군'이라고 하는 것보다
'남정애 씨', '김동수 씨'라고 하면 오히려 듣기 좋아할 것이다.
직장의 아랫사람이라도 직위나 학위(學位)가 있는 사람을 ○○○ 씨라
고 부르면 안 된다. 정 과장, 김 부장, 이 실장, 정 박사 등으로 불러
야 된다.

6) 모르는 사람 호칭어

(1) 호칭어 : (나이가 많은 사람에게) 어른 또는 어르신. 선생님.
            (나이가 비슷한 사람에게) 형씨. 선생. 아주머니.
            (연하자에게) 젊은이. 젊은 분. 신사 분. 숙녀 분. 새댁.
☆ 노파(老婆)라도 자기가 노인이라면 '할머니'라고 하지 않고 '아주머
니'라고 불러야 한다. 또는 '안어른'이라고 해야 한다.
(2) 지칭어 : 이 어른, 이 어르신, 이분, 그분, 저분, 이 신사, 이 숙녀.
☆ '이, 그, 저'를 붙여서 장소의 멀고 가까움을 나타낸다.

잘못 말하는 호칭어

1. 삼촌(三寸)과 숙부

조카 또는 질녀가 숙부를 삼촌이라고 하는 것은 잘못이다. 삼촌(三寸)은 숙부와 조카 사이에 존재하는 촌수이다. 숙부 쪽에서 보면 조카도 삼촌(三寸)이다. 그러므로 삼촌이 바로 숙부인 것처럼 지칭하거나 호칭하면 안 된다. 결혼 전의 미성년일 때는 '아저씨(아재)'라고 부르고, 결혼하면 '작은아버지'로 호칭한다. 숙부는 호칭어가 아니고 지칭어(指稱語)다.

종숙(당숙)을 오촌(五寸)이라고 하는 사람들이 있는데 숙부를 삼촌(三寸)이라고 하는 경우와 마찬가지로 잘못 말하는 것이다. 지칭어로는 종숙(從叔)또는 당숙(堂叔)이라고 한다. 당숙(堂叔)은 '집안 아저씨(아재)'란 말인데, 집안이란 팔촌(八寸)까지를 집안이라고 한다. 호칭어는 '아저씨'이다. 종숙이 아버지의 종형(從兄)이면 '큰아버지'라고 불러도 된다. 종숙(從叔)을 높여서 종숙부(從叔父)라고 하므로 큰아버지로 부를 수 있다.

2. 서방님이란 말

　시숙과 시동생을 '서방님'이라고 부르면 안 된다. 서방은 남편을 천하게 이르는 말이다. '기둥 서방, 셋 서방, 서방질'에 있는 '서방'은 천한 말이면서 '남편'을 뜻한다.
　또 예전에는 하인들이 상전의 젊은 아들을 '서방님'이라고 불렀다.
　시숙과 시동생에 대한 호칭어는 '아주버님(아지벰)'이다. 시동생이 미혼이고 어리면 '도련님'으로 부른다. 시동생이 결혼을 안 해도 나이가 많으면 '아주버님(아지벰)'으로 호칭해야 한다. 시숙과 시동생을 남편처럼, 또는 상전의 아들처럼 '서방님'이라고 부르면 안 된다.

3. 취객(娶客)에 대한 호칭

　취객(娶客)이란 '자기 집으로 장가온 사람(손님)'이란 뜻이다. '사위를 백년손님'이라고 하기 때문에 '손객(客)'자를 붙여서 '취객(娶客)'이라고 한다.
　한 집안이 아니고 범위를 문중(門中)으로 확대해서 볼 대는 취객(娶客)은 문객(門客)이 된다. 한 문중(門中)으로 장가온 사람들을 총칭하는 말이 문객이다. 영남지방(경북지방)에서는 취객과 문객이란 말이 일반화된 말인데 국어사전과 한문사전에 없다. 영남지방이 '언어 예절'이 밝은 곳이기 때문일 것이다.

　취객(娶客)이 장가온 지 얼마 되지 않고 젊었을 때는 'ㅇ 서방'으로 부른다.

성(姓)에 서방을 붙여 'ㅇ 서방'으로 부를 수 있는 사람은 장조부(丈祖父), 장조모(丈祖母), 장인(丈人), 장모(丈母), 손위처남, 처숙부(妻叔父), 처종조부모, 처종숙부 등 처가의 어른들이다.

그런데 취객(娶客)이 나이가 많거나 사회적 지위가 있을 때는 젊을 때처럼 'ㅇ 서방'으로 부르는 것은 적절하지 못하다. 처가 어른들과 취객(娶客)의 관계가 바뀐 것은 아니지만 때에 따른 호칭의 적절성이 문제가 된다.

장인장모는 자기 자식처럼 '아비냐?(아빈가?)' '너 왔느냐?(자네 왔는가?)'라고 말하는 것이 좋고, 손위처남은 '매부(妹夫)인가?' '동생인가?'라고 하고, 장조부모나 장종조부모는 '손서(孫壻)냐?' '손서(孫壻)인가?'라고 하면 될 것이다. 처숙부는 '질서(姪壻)인가?'라고 호칭하는 것이 좋다. 당내간(堂內間)을 벗어난 사람들은 사회적 관계로 호칭하는 'ㅇ 사장', 'ㅇ 선생', 'ㅇ 박사'로 호칭하면 될 것이다.

취객(娶客)을 평생 'ㅇ 서방'으로 부르는 것은 옳지 않다. 'ㅇ 서방'은 나쁜 말은 아니지만 존대하는 말도 아니다. 옛날에 하인들이나 장가 못 간 노총각 머슴꾼을 'ㅇ 서방'으로 불렀다. 사회적 지위가 있고, 나이가 많은 취객(娶客)을 'ㅇ 서방'으로 부르는 것은 적절한 호칭이 아니다.

4. '올케'란 말

오빠의 아내는 올케가 아니다. '새언니' 또는 '새형님', '형님'이라고 불러야 한다. 지칭어는 '오라버니 댁'이다. 그리고 동생의 아내도 올케라고 부르지 말고 '새댁'으로 불러야 한다. 손위 동시(同媤)가 손아래 동시를 부를 때도 역시 '새댁'으로 부른다. 보통 부르기 쉽게 '이'를 첨가하여 '새댁이[새대기]'라고 부른다. '올케'는 어느 지방의 호칭어인지 모르겠는데, 경상도에서는 듣기 싫어하고, 천하게 여기는 호칭어다.

5. 아저씨와 아재

(1) 아버지의 동생이 미혼일 때 '아저씨'라고 부른다. 아버지의 친형제 외에 아버지와 항렬(行列)이 같은 남자를 '아저씨'라고 부른다. 고모부(姑母夫)는 '새아저씨'라고 불렀고, 이모부도 '새아저씨'라고 불렀다.

전에는 고모부, 이모부가 지칭어였는데, 근래에는 고모부(님), 이모부(님)와 같이 호칭어로 쓰는 사람들이 대부분이다.

(2) 아저씨라는 호칭어는 혈연관계가 없는 남에게 사용하는 말이다. 나이든 남자를 형식적으로 대접하여 부르는 말이 '아저씨'이다. '엿장수아저씨', '배달부아저씨', '곰보아저씨' 등과 같이 혈연관계가 없는 남자를 예의로 높여서 '아저씨'라고 한다.

혈연관계에 있는 종숙=당숙(5촌), 재종숙=재당숙(7촌), 삼종숙(9촌), 사종숙(11촌)과 12촌 이상의 종친(宗親)으로서 자기보다 한 항렬 높은 남자를 아저씨라고 하면 표준어가 되겠지만, 경상도에서는 '아재'라고 부른다.

혈연관계에서 부르는 '아주머니', '할머니', '할아버지'와 혈연관계가 없는 남을 대접하여 부르는 '아주머니', '할머니', '할아버지'가 있다.

남남끼리 '아저씨', '아주머니', '할머니', '할아버지'라고 부를 때도

합당하게 불러야 한다. 가령 노인이 젊은 청년이나 새댁을 보고 '아저
씨', '아주머니'로 부르면 안 된다. 노인이 나이가 비슷한 안노인을 보
고 '할머니', 남자노인을 보고 '할아버지'라고 부르면 안 된다. 나이가
비슷한 노인끼리는 '아주머니', '형', '형씨' 또는 '아저씨'라고 불러야
한다.

6. 종처남(從妻男), 사촌처남

종처남(從妻男) 또는 사촌처남은 바른말이 아니다. 처종남(妻從男, 娚)이
바른 칭호이다. 종(從)이 사촌(四寸)이란 말도 아니고, 사촌처남은 '사촌
(四寸)의 처남'이란 말이 되기 때문이다.
처종남(妻從男)은 '아내의 사촌오빠나 사촌동생'의 뜻이므로 옳은 말
이다.

7. 올림과 드림

웃어른이나 남에게 편지를 보낼 때 편지를 다 쓰고 자기 이름 밑에
쓰는 말을 상서어(上書語)라고 하는데, 상서어는 여러 가지다. 요즘 가장
많이 쓰는 말에 '올림'이 있다. 올림은 순수한 우리말이지만 어원은 한
자어 상(上)에서 온 말이다. 줄여서 상(上)이라고 하지만 상(上)에 다른 말
이 첨가된 여러 가지 상서어가 있다.
상서(上書), 배상(拜上), 재배상(再拜上), 상장(上狀), 복배상(伏拜上), 근상(謹上)
등이 있고, 답장일 경우는 상답서(上答書)라고 한다.

물론 上(상) 자(字)가 들어가지 않는 상서어(上書語)도 있다. 재배(再拜), 곡배(哭拜), 읍배(揖拜), 경배(敬拜), 돈(頓), 돈수(頓首), 돈수재배(頓首再拜) 등이 있다. 물론 이들 말에도 상(上) 자(字)를 붙일 수 있다.

돈(頓)은 꾸벅하는 가벼운 절이고, 돈수(頓首)는 머리가 땅에 닿도록 절하는 것이며, 머리가 땅에 닿도록 두 번 절하면 돈수재배(頓首再拜)이다.

그런데 요즘 '드림'이라는 상서어(上書語)를 자주 본다. '드림'은 한자어 '정(呈)'에서 온 말인데, 편지를 보낸다는 말은 '올림(上)'이지 '드림(呈)'이 아니다. '드림(呈)'은 물건을 줄 때 쓰는 존대어다. '문안드리다', '인사드리다'라고 할 때의 '드리다'는 '정(呈) : 드리다'과 무관한 우리 고유어(固有語)다.

편지를 보낸다는 상서어는 상(上 : 올림)이다. 정(呈 : 드림)이 아니다.

편지를 쓰고 '드림'이라고 하는 사람들이 근래에 갑자기 많이 보인다.

제12장

국어사전에 없는 칭호어(稱號語)

국어사전에 등재(登載)되지 않은 칭호어(稱號語)는 100여 개나 된다.

친족은 8촌까지는 당내간(堂內間)으로 한 집안이며, 11촌까지는 가까운 친족이고, 12촌부터는 종친(宗親)이 된다.

외가(外家), 진외가(陳外家), 외외가(外外家), 매가(妹家), 고모가(姑母家), 이모가(姨母家), 처가(妻家) 등의 인척은 6촌까지를 근척(近戚)으로 본다.

인척은 6촌이 넘으면 관계가 소원(疏遠)해지고 호칭어를 사용할 일이 별로 없다. 6촌 안에 있는 친인척(親姻戚)을 가리키는 칭호(稱號)인 호칭어(呼稱語), 지칭어(指稱語)가 국어사전에 없는 것만 살펴보겠다.

【기호】: (장음 표시). =(같은 말). ↔ (상대어). ☆ (참고 말).

● 구부(舅婦) : 시아버지와 며느리.

● 구부간(舅婦間) : 시아버지와 며느리 사이. ↔ 고부간(姑婦間).

☆ 舅 : ①시아비(구) : 구부(舅婦) : 시아버지와 며느리.

②외삼촌(구) : 내구(內舅) : 외숙부(外叔父).

③장 인(구) : 외구(外舅) : 장인(丈人).

• 온서(媼壻) : 장모와 사위.

• 온서간(媼壻間) : 장모와 사위 사이. ↔ 옹서간(翁壻間).

☆ 媼 : 할미(온)↔ 翁 : 늙은이(옹)   壻=婿 : 사위(서).

• 외고(外姑) : 장모(丈母)를 이르는 문어(文語).

☆ 姑 : ①시어미(고) : 고부(姑婦) : 시어머니와 며느리.

②고 모(고) : 고모(姑母) : 고모. 아버지의 자매.

③장 모(고) : 외고(外姑) : 장모(丈母)를 이르는 문어(文語).

• 고서간(姑壻間) : 장모와 사위 사이. =온서간(媼壻間).

☆ 고서(姑壻)는 원래 고모부를 가리키는 말인데, 고서간(姑壻間)은 장모
와 사위 사이를 가리키는 말로 사용할 수 있다.

姑 : 장모(고).壻 : 사위(서).

• 종 : 반간(從班間) : 사촌 사이. =사촌간(四寸間).

• 중 : 수(仲嫂) : 중형(仲兄)의 아내.

• 종 : 동서(從同壻) : 아내의 종형제의 남편.

• 동시(同媤) : 형제의 아내끼리 서로 지칭하는 말.

• 종 : 동시(從同媤) : 종형제의 아내끼리 서로 지칭하는 말.

• 외 : 질(外姪) : 자매의 아들딸(문어) =생질(甥姪). 표질(表姪).

• 표질(表姪) : 자매의 아들딸. =생질(甥姪), 외질(外姪).

• 표종 : 제(表從弟) : 고종사촌 동생. =고종제(姑從弟), 외종—제(外從弟).

• 존고모(尊姑母) : 할아버지의 자매. =대고모(大姑母), 왕고모(王姑母).

• 존고종(尊姑從) : 존고모의 자녀. 중내숙(重內叔)이라고도 한다.

• 존고모부(尊姑母夫) : 존고모의 남편.

- 존고종 : 숙(尊姑從叔) : 존고종이 숙항(叔行)임을 분명히 나타내는 말.

- 존고종 : 숙모(尊姑從叔母) : 존고종숙의 아내.

- 존고종 : 고모(尊姑從姑母) : 존고모의 딸. 아버지의 고종자매.

- 존고재 : 종(尊姑再從) : 존고종숙의 자녀. =중표종(重表從)

- 증고모(曾姑母) : =증대고모(曾大姑母)

- 증대 : 고모부(曾大姑母夫) : 증대고모의 남편. 할아버지의 고모부.

- 증대 : 고종(曾大姑從) : 할아버지의 고종.

- 선대 : 고모(先大姑母) : 고조부 윗대 조상의 자매.

- 외 : 존고모(外尊姑母) : 어머니의 고모. 외조부의 자매.

- 처존고모(妻尊姑母) : 아내의 존고모.

- 시숙모(媤叔母) : 남편의 숙모.

- 종 : 시숙(從媤叔) : 남편의 사촌형.

- 시매부(媤妹夫) : 시누의 남편.

- 계 : 부(季夫) : 언니가 여동생의 남편을 이르는 말. =제부(弟夫).

- 증외 : 손(曾外孫) : 손녀의 아들딸. 아들의 외손.

- 현외 : 손(玄外孫) : 증손녀의 아들딸. 손자의 외손.

- 종 : 외손(從外孫) : 형제의 외손. ↔ 외종조부(外從祖父).

- 생손(甥孫) : 자매의 손자. 생질의 자녀. =이손(離孫).

- 이손(離孫) : 자매의 손자. =생손(甥孫).

- 생외 : 손(甥外孫) : 자매의 외손. ↔ 외외종조부(外外從祖父).

- 생종 : 외손(甥從外孫) : 생외손을 촌수로 지칭한 말.

- 이손(姨孫) : 여형제끼리 그들의 손자를 서로 이르는 말.

- 고서(姑壻) : ①고모부. ②장모와 사위. =온서(媼壻).

- 고종질(姑從姪) : ①고종의 아들. ②고종의 자녀.

● 고종질녀(姑從姪女) : 고종의 딸.

● 고종질부(姑從姪婦) : 고종질의 아내. 고종의 며느리.

● 고종질서(姑從姪壻) : 고종질녀의 남편. 고종의 사위.

● 고종손(姑從孫) : ①고종의 손자. ②고종의 손자손녀.

● 고종손녀(姑從孫女) : 고종의 손녀.

● 고종손부(姑從孫婦) : 고종손의 아내. 고종의 손부.

● 고종손서(姑從孫壻) : 고종손녀의 남편. 고종의 손서.

● 고외 : 가(高外家) : 고조모의 친정. 증조부의 외가.

● 증 : 외가(曾外家) : 증조모의 친정. 조부의 외가.

● 부제(夫弟) : 남편의 동생. 편지에서 형수에게 시동생이 자칭하는 말.

● 종 : 고종(從姑從) : 종고모의 자녀.

● 종 : 이종(從姨從) : 종이모의 자녀.

● 종 : 생질(從甥姪) : 종자매의 자녀.

● 종 : 생손(從甥孫) : 종자매의 손자손녀. ↔ 진외재종조부.

● 종 : 생질부(從甥姪婦) : 종생질의 아내. 종자매의 며느리.

● 종 : 생질녀(從甥姪女) : 종자매의 딸.

● 종 : 생질서(從甥姪壻) : 종생질녀의 남편.

● 종 : 이모(從姨母) : 어머니의 사촌여형제.

● 이종 : 질(姨從姪) : ①이종의 아들. ②이종의 자녀.

● 이종 : 질녀(姨從姪女) : 이종의 딸.

● 이종 : 질부(姨從姪婦) : 이종질의 아내. 이종의 며느리.

● 이종 : 질서(姨從姪壻) : 이종질녀의 남편. 이종의 사위.

● 시이종(媤姨從) : 남편의 이종.

● 처종 : 남(妻從娚) : 아내의 사촌오빠나 사촌동생.

● 처고조부(妻高祖父) : 아내의 고조부.

● 처고조모(妻高祖母) : 아내의 고조모

● 처증조부(妻曾祖父) : 아내의 증조부.

● 처증조모(妻曾祖母) : 아내의 증조모

● 처종 : 조부(妻從祖父) : 아내의 종조부.

● 처종 : 조모(妻從祖母) : 아내의 종조모

● 처종 : 숙(妻從叔) : 아내의 종숙.

● 처종 : 숙모(妻從叔母) : 아내의 종숙모

● 처외 : 조부(妻外祖父) : 아내의 외조부.

● 처외 : 조모(妻外祖母) : 아내의 외조모

● 처외 : 숙(妻外叔) : 아내의 외숙.

● 처외 : 숙모(妻外叔母) : 아내의 외숙모

● 처고종(妻姑從) : 아내의 고종(사촌).

● 처고모부(妻姑母夫) : 아내의 고모부.

● 처이모(妻姨母) : 아내의 이모

● 처이모부(妻姨母夫) : 아내의 이모부.

● 처이종(妻姨從) : 아내의 이종(사촌).

● 처이질(妻姨姪) : 처형이나 처제의 자녀.

● 처이질부(妻姨姪婦) : 처이질의 아내.

● 처이질녀(妻姨姪女) : 처형이나 처제의 딸.

● 취 : 객(娶客) : 자기 집으로 장가온 사람(손님).

● 문객(門客) : 자기 문중(집안)으로 장가온 사람.

● 처이질서(妻姨姪壻) : 처이질녀의 남편.

● 존이모(尊姨母) : 아버지의 이모 대이모 왕이모

● 존이종(尊姨從) : 아버지의 이종. 대이종. 왕이종.

● 외 : 외 : 증조부(外外曾祖父) : 어머니의 외조부.

● 외 : 외 : 증조모(外外曾祖母) : 어머니의 외조모.

● 증외 : 외 : 손(曾外外孫) : 외손녀의 아들딸. ↔ 외외증조부.

● 외 : 존이모(外尊姨母) : 어머니의 이모. 외왕이모. 외대이모.

● 외 : 존이모부(外尊姨母夫) : 어머니의 이모부. 외왕이모부. 외대이모부.

● 외 : 존이종(外尊姨從) : 어머니의 이종. 외대이종. 외왕이종.

● 외 : 존고모(外尊姑母) : 어머니의 고모. 외대고모. 외왕고모.

● 진외 : 증 : 조부(陳外曾祖父) : 아버지의 외조부.

● 진외 : 증 : 조모(陳外曾祖母) : 아버지의 외조모.

● 진외 : 종 : 숙(陳外從叔) : 아버지의 외사촌.

● 진외 : 종 : 숙모(陳外從叔母) : 진외종숙의 아내.

● 진외 : 종 : 고모(陳外從姑母) : 아버지의 외사촌자매.

● 진외 : 재 : 종형제자매(陳外再從兄弟姉妹) : 진외가의 재종형제자매.

● 사하생(查下生) : 사돈의 자녀나 며느리. ↔ 사장어른.

● 월삼성(越三姓) : 나의 성(姓)과 인척의 성(姓)과 인척의 딸이 결혼하여
또 다른 성(姓)을 가지게 되면 월삼성(越三姓)이 된다.

가령 나는 최(崔), 존고종고모는 엄(嚴), 존고종고모의 자녀가 권(權)이
면 월삼성(越三姓)이다. 칭호어로 보면 권(權)은 존고-종 : 고종(尊姑-從姑從
弟)이고, 나는 권(權)의 외외재종형(外外再從兄)이다. 촌수는 6촌이다. 월삼
성은 통혼이 가능하다고 했다.

● 팔고조(八高祖) : 고조부(高祖父)가 여덟 분이라는 말.

☆ 팔고조부는 조부의 조부, 조부의 외조부; 조모의 조부, 조모의 외
조부; 외조부의 조부, 외조부의 외조부; 외조모의 조부, 외조모의 외

조부이다.

● 계 : 촌도(系寸圖) : 혈연의 계통과 촌수를 나타낸 도표.

☆ 계촌(系寸)과 계촌(計寸)은 다르다. 계촌(系寸)은 촌수가 얽혀 있는 체계(體系) 즉 혈연이 얽혀 있는 상태를 말하는 것이고, 계촌(計寸)은 서로가 몇 촌이 되는가를 계산해 보는 것을 말한다.

국어사전에 올려야 할 호칭어에 대하여 대충 살펴본 바는 위와 같이 100여 단어이다. 우리에게 필요한 칭호(稱號)이므로 국어사전에 올려야 한다.

사물은 있는데 그 이름이 없다면 생활에 불편이 클 것이다. 두 사람의 관계를 나타내는 칭호어가 없으면 두 사람의 관계 정립(定立)이 안 되므로 두 사람의 관계를 여러 말로 설명해야 하는 번거로움이 있게 된다.

【호칭어, 지칭어에 덧붙이는 말】

필자가 주장하고, 설명하는 호칭어와 지칭어에 일부 독자들은 동의하지 못하는 부분이 있을 것이다. 처부모를 과거에는 장인어른, 장모님, 빙부(聘父)님, 빙모(聘母)님 등으로 불러왔는데 필자는 아버님, 어머님으로 부르는 것도 허용하고 있다. 또 아내의 남형제(男兄弟) 중에서 손위처남을 형님으로 호칭하고, 누나의 남편을 새형님 또는 자형으로 호칭하고 있으며, 동서간(同壻間)에도 손윗동서를 형님으로 호칭하도록 권장하고 있다.

과거의 우리 사회는 남성 중심 사회, 남존여비(男尊女卑) 사회, 부계(父系)혈통을 중시하는 유가(儒家)사회였다. 지금은 민주사회, 남녀동등 사회, 양성(兩性)평등 사회로 사회가 바뀌었다. 그리고 언어란 고정 불변하는 것이 아니고, 시대에 따라 변한다. 과거에 쓰던 호칭어를 꼭 고수(固守)해야 한다고 주장한다면 무리한 주장이다. 말이란 그 시대를 사는 사람들의 정서에 맞아서 생명력을 얻으면 그 말이 대중 속으로 확산되어가는 것이다.

처부모를 아버님, 어머님으로 부르고, 손위처남과 손윗동서를 형님으로 부르는 것을 부정하고 비난하는 기성세대가 경상도에는 아직 많다.

경상도에서도 젊은 사람들은 기호지방처럼 처부모를 아버님, 어머님으로 부르는 사람들이 있는데 매우 자연스럽다. 경상도 젊은이들이 장인, 장모를 아버님, 어머님으로 부르게 되는 것은 시간문제이다.

며느리들은 시부모를 아버님, 어머님으로 호칭하는데, 남자들은 처부모를 아버님, 어머님으로 호칭해서 안 될 이유가 없다. 친부모는 아버지, 어머니로 님을 붙이지 않고, 처부모 또는 시부모는 생부(生父), 생모(生母)가 아니기 때문에 '님'자를 붙이는 것이다.

혹자는 아버지와 장인이 한 자리에 앉아 있으면 어떻게 부르는가 라고 반문(反問)한다. 그럴 때는 구별이 되도록 장인에게는 장인어른, 빙부님 등으로 친아버지와 구별이 되도록 불러야 되는 것은 말할 필요도 없다.

과거에는 8세 연상의 처남에게 친구처럼 말을 놓고(하게체를 쓰고) 지냈다고 하는데, 오늘날 시각으로 보면 매우 버르장머리 없는 말버릇이다.

자기 집안 형들은 생일만 빨라도 존대어를 쓰며 깍듯이 존대하면서, 8세 연상의 처남에게 처남, 처남 하면서 말을 놓는다는 것은 지금은 용인할 수 없는 말씨이다. 손위처남이나 손윗동서는 자기 형에게 대하는 예(禮)로 존대해야 한다. 연하의 손위처남과 연하의 손윗동서는 법대로 형님으로 호칭하고, 말은 깍듯이 극존칭을 쓰지 않고 하오체를 써도 될 것이다.

여자가 결혼하면 시가(媤家)에서 남편과 동등한 대접을 받는다. 즉 나이와 항렬(行列)이 남편과 같아진다.

남자가 결혼하면 처가에서 나이와 항렬(行列)이 아내와 같아진다. 연상의 아내와 결혼하면 자기보다 나이가 많은 처남이 아내의 동생이라면 자기를 보고 형님, 또는 자형이라 호칭하게 된다. 연하의 아내와 결혼하면 자기보다 나이가 적은 아내의 오빠에게 형님이라 불러야 한다. 물론 처형의 남편(동서)이 자기보다 나이가 적어도 역시 형님으로 불러야 한다. 형님이라고 호칭하기가 거북하면 동서(同壻)라고 불러도 될 것이다.

고루(固陋)한 사상을 가진 사람들은 아직도 조선시대(朝鮮時代) 유가(儒家)사회에서 하던 대로 처가에서는 직계 어른(장인, 장모, 장조부, 장조모)만 어른으로 대접하고, 직계가 아닌 처남 등은 사회적 관계인 친구처럼 대우한다는 주장을 한다. 지금은 사회적 관계인 대인(對人) 호칭도 8년 연장(年長)이면 존대어를 써야 한다.

1) 팔고조(八高祖) 이야기

팔고조(八高祖)란 고조부가 여덟 분이란 말이다. 고조부가 여덟 분이란 말을 처음 듣는 분들은 의아스러울 것이다. 우리는 부계(父系) 직계 조상만 생각하기 때문에 고조는 한 분이라고 생각한다. 기己-부(父)-조(祖)-증조(曾祖)-고조(高祖)의 부계 조상에는 고조가 한 분이다. 모계(母系)의 직계 조상 중에도 고조가 있다는 것을 생각하면 고조는 한 분뿐이 아님을 짐작할 수 있다.

우리는 부계 중심으로 혈통이 이어진다고 생각하기 때문에 성(姓)도 부계(父系)를 따라 이어지는 것이다. 우리는 부모 중에서 아버지가 중요하고 상대적으로 어머니는 덜 중요하다 고 여기는 사람은 없을 것이다.

2) 팔고조도(八高祖圖) | : 고조부가 여덟 분이란 도표

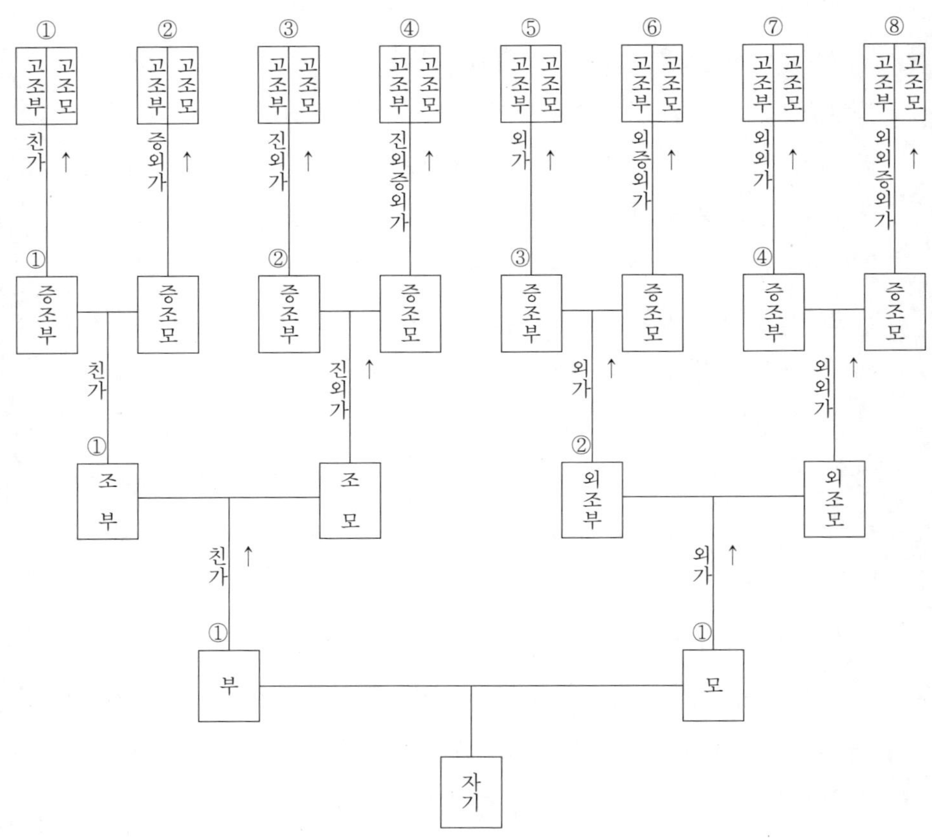

(1) 1부(一父)　　　　①아버지

(2) 2조(二祖)　　　　①조부,　②외조부

(3) 4증조(四曾祖)　①증조부,　②외증조부,　③진외증조부,　④외외증조부

(4) 8고조(八高祖)　①고조부,　②증외고조부,　③진외고조부,　④진외증외고

조부, ⑤외고조부, ⑥외증외고조부, ⑦외외고조부, ⑧외외증외고조부

• 8고조(八高祖) ①조부의 조부, ②조부의 외조부, ③조모의 조부, ④조모의 외조부, ⑤외조부의 조부, ⑥외조부의 외조부, ⑦외조모의 조부, ⑧외조모의 외조부.

• 고조부모는 16분인데, 1대 올라가면 5대조부모는 32분이다. 1대씩 올라가면 조상이 기하급수적(幾何級數的)으로 불어난다. 그래서 우리는 한 겨레, 모두 남이 아니다.

3) 팔고조도(八高祖圖)Ⅱ : 조상의 지칭어와 나의 외가

나	부	조부	증조부	○고조부	친가
				고조모	
			증조모	○증외고조부	4. 증외가
				증외고조모	
		조모	진외증조부	○진외고조부	2. 진외가
				진외고조모	
			진외증조모	○진외증외고조부	6. 진외증외가
				진외증외고조모	
	모	외조부	외증조부	○외고조부	1. 외가
				외고조모	
			외증조모	○외증외고조부	5. 외증외가
				외증외고조모	
		외조모	외외증조부	○외외고조부	3. 외외가
				외외고조모	
			외외증조모	○외외증외고조부	7. 외외증외가
				외외증외고조모	

맨 우측 칸에 있는 외가를 설명하면 다음과 같다.(첫째 칸은 친가이다.)

1. 외가(外家) : 어머니의 친정　　　　　　　　　←나의 외가
2. 진외가(陳外家) : 할머니의 친정　　　　　　　←아버지의 외가
3. 외외가(外外家) : 외할머니의 친정　　　　　　←어머니의 외가
4. 증외가(曾外家) : 증조모의 친정　　　　　　　←할아버지의 외가
5. 외증외가(外曾外家) : 외증조모의 친정　　　　←외할아버지의 외가
6. 진외증외가(陳外曾外家) : 진외증조모의 친정　←할머니의 외가
7. 외외증외가(外外曾外家) : 외외증조모의 친정　←외할머니의 외가
8. 고외가(高外家) : 고조모의 친정　　　　　　　←증조부의 외가
9. 선외가(先外家) : 고조모 위 모든 조모의 친정　←선조의 외가

위에 모든 외가가 있다. 외가, 진외가, 외외가는 누구나 알고 있어야 한다. 선외가는 무슨 말인지 알아야 한다. 증외가, 고외가까지 알면 더욱 좋다.

4) 나의 외가(外家)

사람들은 보통 외가(外家)는 하나밖에 없다고 생각한다. 우리의 외가는 하나가 아니고 여럿이다. 어머니가 성장하신, 어머니의 친정이 나의, 가장 가까운 외가이다. 할머니가 자라나신 할머니의 친정도 나의 외가인데, 그 외가를 진외가(陳外家)라고 한다. 외할머니가 성장하여 떠나오신 그 집은 나의 외외가(外外家)이다.

(나의) 외가(外家) : 어머니의 친정　　　　　←나의 외가
(나의) 진외가(陳外家) : 할머니의 친정　　　←아버지의 외가
(나의) 외외가(外外家) : 외할머니의 친정　　←어머니의 외가
(나의) 증외가(曾外家) : 증조모의 친정　　　←할아버지의 외가

    (나의) 고외가(高外家) : 고조모의 친정   ←증조부의 외가
    (나의) 선외가(先外家) : 고조모 이상 조모의 친정   ←선조의 외가

외가(外家)에서 가장 가까운 이는 외조부모로서 2촌이다. 진외가에서 가장 가까운 분은 진외증조부모로서 3촌이다. 외외가에서 가장 가까운 외외증조부모도 3촌이다. 증외가에서 가장 가까운 이는 증외고조부모로서 4촌이다. 고외가에서는 고외6대조가 가까운 어른인데 나와 5촌간이다.

이렇게 외가, 진외가(외외가), 증외가, 고외가 순으로 1촌씩 멀어짐을 알 수 있다.

외가, 진외가, 외외가, 증외가, 고외가, 선외가는 모두 나의 외가인데, 우리 생활에서 지금도 사용되고 있는 말이다. 알고 있어야 한다. 이 외가는 모두 나와 혈연관계가 있는 집들이다. 진외가를 아버지의 외가라고 뜻풀이하여 오해할 수 있지만, 진외가는 나에게 진외가이다. 할머니의 친정이며, 아버지에게는 외가이다.

처외가는 나와는 혈연관계가 없지만 아내의 외가이고 내 아이들에게는 외외가로서 혈연관계가 있다. 처외조부는 나를 외손서(外孫壻)라고 하고, 처외숙부는 내 아이를 생외손(甥外孫)이라고 하고 나를 생질서(甥姪壻)라고 하니 처외가는 나와 혈연관계는 없어도 남이 아니다.

경어법(敬語法)

1. 말의 등분(等分)

우리말은 상대(相對)에 따라 말을 높이고 낮추는 말의 등분(等分)이 다양하고 까다롭다. 서양에는 없는 표현법이다. 우리는 예의가 발달한 나라이기 때문에 경어법(敬語法)이 있다고 보아야 할 것이다.

우리말은 말을 높이고 낮추는 등분(等分)이 어떻게 되어 있는지, 어떤 점을 유의해야 하는지 구체적으로 알아보자.

높임의 등분	2인칭대명사	서술어	문체의 명칭
아주높임	어르신	있습니다.	합쇼체(하십시오체)
예사높임	당신	있소. 있어요	하오체(해요체)
예사낮춤	자네	있네.	하게체
아주낮춤	너	있다.	해라체
반말	어이, 이봐	있어. 있지.	해체(반말체)

1) 합쇼체(하십시오체)

가장 높이는 말이다. 어른이나 선생님, 사돈, 모르는 사람사이에 쓰이는 말이다. 어미(語尾) '~습니다'가 붙는 극존칭어(極尊稱語)이다.

2) 하오체(해요체)

'있소, 없소, 되오, 안 되오'가 하오체이다. 지금은 이런 어법은 별로 쓰이지 않는다. 지금의 '있어요', '없어요', '되요', '안 돼요'라고 하는 어법이 '하오체'에 속한다. 보통 높이는 말인데, '하오체'라고 하기보다는 '해요체'라고 할 만하다.

상대방에게 합쇼체를 쓰기가 곤란할 때 해요체를 쓴다. 해요체는 합쇼체와 하게체의 중간 높임말이라고 볼 수 있다. 연하자(年下者)나 동년배(同年輩)에게 쓸 수 있는 말이다. 처제(妻弟), 처질부(妻姪婦), 처질녀(妻姪女)에게는 합쇼체를 쓰지 않고 하오체를 쓰는 것이 전통 어법이다.

3) 하게체

예사낮춤의 말인 하게체는 평교간에 쓰는, 놓는 말이다. 존대어를 쓰던 사람들이 허교(許交)를 하게 되면 하게체로 말을 놓는다. 하게체를 쓰는 벗이 되면 말하기가 쉽고, 두 사람 사이가 한결 가까워진다.

이 하게체는 수하(手下) 존대어(尊待語)로도 사용된다. 제자(弟子)가 커서 사회생활을 하게 되면 지금까지 써오던 해라체를 하게체로 바꾼다. '너 왔느냐?'라고 하던 말을 '자네 왔는가?'라고 말한다. 이때 '자네 왔나?'라고 하면 호응(互應)이 맞지 않는다. 주어가 '자네'면 서술어는 하게체가 되어야 한다. 합쇼체, 하게체, 해라체를 섞어서 대화(對話)하면 무례(無禮)한 대화로 상대방에게 실례가 된다. 상대방을 불쾌하게 한다.

10년 이상 연령 차이가 있는 사람들이 자주 만나게 되면 연하자(年下者)는 연상자(年上者)에게 '말씀 낮추시지요.', '말씀 낮추세요.'라고 하면, 예의로 한번쯤 사양하고 나서 '그럼 말을 낮추겠네.' 또는 '그럼 말을 놓겠네.'라고 하고 '하게체'를 쓴다.

지금도 처제에게는 하오체를 쓰지마는 연하의 처질녀, 처이질녀(妻姨姪女)에게는 하게체를 쓰는 사람들이 있는데 비난할 수 없는 것이 현실이다. 예전에는 허용이 안 되었지만 지금은 많은 사람들이 처질녀와 처이질녀에게 하게체를 쓰고 있다.

여자는 결혼하면 시가(媤家)에서 시동생은 아무리 어려도 존대어를 쓰고, 조카나 질녀에게 해라체를 쓴다. 생질에게도 해라체를 쓴다.

남자가 결혼하면 처가의 모든 여자에게 존대어를 쓰는 것이 과거 우리의 어법이었다. 그러나 지금은 아내의 손아랫사람인 처질녀나 처이질녀가 자기보다 10년 이상 연하자(年下者)라면 하게체를 쓸 수 있다고 본다.

4) 해라체

자기 자녀, 어린아이, 성인이 되기 전의 친우에게 쓰는 말이다. '오너라', '가거라', '가자', '먹어라', '먹자' 등이 해라체이다.

백발이 성성한 연세 높은 분들이 친구끼리 해라체를 쓰는 것은 아름답지 못하다. 나이가 들면 평교간(平交間) 즉 친구사이에 해라체를 쓰지 말고 하게체를 쓰는 것이 좋잖다.

5) 반어체

주어와 서술어에서 말의 등분이 드러나지 않고 불분명하게 표현하는 말이다. 상대방의 호칭을 '어르신, 당신, 자네, 너'로 분명하게 호칭하지 않고 '어이(○선생), 이봐(이것 봐)'라고 하고, 서술어도 '있습니다, 있소, 있네, 있다'가 아니고, '있어(~어), 있지(~지)'로 표현하는 말투를 반말(半語)이라고 한다.

이 반말은 하게체를 쓰는 친구에게 쓸 수 있고, 나이가 비슷하면서 허교(許交)하지 않고 지내는 미더운 사이에 쓸 수 있는 말이다. 두 사람이 각별(恪別)한 사이가 아니면 반말은 무례한 말이다. 엉거주춤한 반말을 쓸 바에는 차라리 벗을 터서(허교를 해서) 하게체를 쓰는 것이 좋다. 부부간(夫婦間)의 말은 서로 경어(敬語)를 쓰는 것이 원칙이지만, 반어체(半語體)를 쓸 수 있다. '당신도 <u>같이 가</u>.', '당신도 이것 좀 <u>먹어 봐</u>.' 등이 반어체다.

6) '합쇼체'(=하십시오체) 사용법

용언이 여러 개가 나열될 때는 마지막 용언에 선어말어미 '시'를 넣어서 존대어를 만든다.

　　김 박사님은 혼자서 책을 <u>읽으시며 사색하십니다</u>. (×)
　　김 박사님은 혼자서 책을 <u>읽으며 사색하십니다</u>. (○)

　　그러나 다음 문장의 경우는 좀 다르다.
　　할아버지께서 오전에 <u>왔다가 가셨습니다</u>. (×)
　　할아버지께서 오전에 <u>오셨다가 가셨습니다</u>. (○)

2. 자네와 하게체

1. 2인칭대명사인 자네는 친구나 손아랫사람 또는 나이 적은 사람에게 대접하여 존대하는 호칭이다. 자네가 주어일 때 서술어는 하게체가 된다. '자네가 가는가?', '자네가 가게.' '자네도 가세.' 등으로 말한다. '자네 왔나?'라고 하면 주어(자네)와 서술어(왔나?)가 호응이 맞지 않는다. 주어를 '자네'라고 하면 서술어는 하게체가 되어야 한다. 즉 '자네 왔는가?'라고 해야 주어와 서술어의 호응이 맞다.

영남의 일부지방 사람들은 '하게체'나 '자네'는 손아랫사람에게 쓰는 말로 오해하는 사람들이 있다. 그래서 친구에게 '자네 왔는가?'라고 하면, 그 말을 들은 친구는 '네가 어째서 나보고 자네라고 하나?'라고 하면서 불쾌하게 여긴다. 자네에 대하여 오해하고 있다. 자네는 친구에게 높임의 뜻으로 대접하는 말이다. 똑같은 말이지만 제자에게 '자네 왔는가?'라고 하는 말과 친구에게 '자네 왔는가?'라고 하는 말은 다르다. 제자에게 쓰는 '자네 왔는가?'는 수하(手下) 존대어고, 친구에게 쓰는 '자네 왔는가?'는 평교(平交) 존대어다.

어릴 때는 친구끼리 서로 '너'라고 하지만, 성장하여 성인(成人)이 되면 친구끼리도 대접하여 서로 '자네'라고 한다.

선생님이 학생에게 어릴 때는 '너 왔느냐?'라고 해라체를 쓰지만, 학생이 성인이 되어 사회생활을 하게 되면 해라체의 말을 하게체의 말로 고쳐서 '자네 왔는가?'라고 말하게 된다.

백발이 성성한 노령인(老齡人)들이 아이들처럼 친구를 보고 '만식아, 너 오랜만이다.', '애, 성구야, 너 안 늙었다.', '어서 오너라.', '이리 앉아라.'라고 하며 해라체를 쓰는 것은 아름답지 못하다. 나이가 들고

성인(成人)이 되면 친구 사이에 서로 하게체를 쓰는 것이 점잖고 보기
좋다.

TV 연속극을 보면 장인이 사위에게 '김 서방, 자네 왔는가?'라고 한
다. 사위에게 '자네'라고 호칭하고, '하게체'를 쓰고 있다. TV 연속극
뿐만 아니라 많은 사람들이 사위에게 '자네'라고 하고, 하게체를 쓰고
있다. 사위는 딸과 동등(同等)한 위치에 있으므로 해라체를 쓰는 것이
마땅하다.

시부모는 며느리에게 해라체를 쓰는데, 처부모는 어째서 사위에게
하게체를 써야 하는가? 장모는 관습대로 사위에게 하게체를 쓰더라도
장인은 해라체를 쓰는 것이 옳다. 장인, 장조부는 사위 또는 손서(孫壻)
에게 해라체를 쓰는 것은 물론이고, 처숙부(妻叔父)도 질서(姪壻)에게 해
라체를 쓸 수 있다. 사위는 자식과 같은데 왜 사위에게 하게체를 써서
높여야 하는가?

장인은 사위에게 해라체를 쓴다. 사위에게 해라체를 쓰는 것이 옳기
때문이다. 해라체의 주어는 이인칭(二人稱) 대명사 '너'이다.

1) 동생과 하게체

형제간에 어릴 때는 해라체를 쓰지만 형이 성인이 되어 결혼을 하면
형에게 경어(합쇼체)를 쓰고, 형은 동생에게 해라체를 쓴다. 형제가 모두
회갑을 지나고 노령(老齡)이 되면 형이 동생에게 '하게체'를 쓰고 '자네'
라고 부르게 된다.

그런데 평소 늘 해라체를 쓰던 형이 동생에게 '하게체'를 쓰고 '자
네'라고 부르면 분위기가 어색해진다. 마음이 편하지 않고 정이 뜨게

된다. 과거에는 나이 많은 동생에게 하게체를 쓰고, 자네라고 했더라도 현대에는 그렇게 하지 않는 것이 좋을 듯하다. 형은 어릴 때처럼 동생에게 해라체를 쓰고, '너'라고 부르는 것이 더 정이 나고 우애가 돈독해질 것이다.

동생에게 하게체를 쓰고 '자네'라고 부르는 것은 동생도 자녀가 성장하여 며느리, 사위가 있고, 손자들이 있게 되면 동생의 체면과 권위를 인정하여 '자네'란 호칭과 하게체를 쓰는 것이다. 체면과 권위보다 형제간의 변함없는 우애가 더 소중하므로 형은 동생에게 평생 해라체를 쓰고 '너'라고 부르는 것이 좋을 것이다. 동생이 아무리 나이가 많아도 형과 동생의 관계는 변함이 없기 때문이다. 형은 언제나 형이고, 동생은 언제나 동생이기 때문이다. 우애(友愛)란 형제가 서로 벗처럼 가까이하며 사랑한다는 뜻이다. 어릴 때처럼 변함없이 우애 있게 지내려면 형은 노인이 되어도 동생에게 해라체를 쓰는 것이 좋다.

2) 조카와 하게체

조카가 나이가 많아지면 숙부가 조카에게 하게체를 쓰고 자네라고 부르는 사람들이 많다. 숙질간은 부자간(父子間)과 비슷한 관계이다. 그래서 편지에서 숙부는 유부(猶父)라고 하고 조카는 유자(猶子)라고 자칭(自稱)한다. 유(猶)는 '흡사 ～같다'는 뜻이다. 유부(猶父) 유자(猶子)는 '흡사 아버지 같고, 흡사 자식(아들)과 같다.'는 뜻이다.

옛날에 조혼(早婚)을 할 때는 숙부보다 조카가 나이가 많거나 나이가 비슷한 경우가 흔했다. 조카가 숙부보다 나이가 많을 때는 조카에게 하게체를 쓰는 사람도 있었다.

조카는 나이가 많아도 위계(位階)가 숙부보다 낮은 사람이다. 당내(堂

內)의 연하(年下) 조카에게는 해라체를 쓴다. 연하의 조카에게 '자네'와 '하게체는 부당하다. 그러나 당내가 아닌 족숙질간(族叔姪間)은 경우가 다르다. 족질(族姪)이 연하자(年下者)라도 성인이 된 족질에게는 하게체를 쓰는 것이 맞다.

3) 부부간 하게체

무덤에서 출토된 언간(諺簡)-한글 편지-에 의하면 조선 중기에는 부부끼리 서로 '자네'라고 했었던 것 같다. 남편이 아내에게 '자네'라고 했고, 아내 역시 남편에게 '자네'라고 한 것 같다. 부부가 서로 하게체를 쓴 듯하다. 부부는 주종관계나 상하관계가 아니고 평등한 관계이다. 부부가 서로 하게체를 썼다면 예의에 어긋나지 않았다고 생각된다.

요즈음 많은 젊은 부부는 남편은 아내에게 하인처럼 해라체를 쓰고, 아내는 남편을 상전처럼 합쇼체(하십시오체)를 쓰는 것은 보기에도 천하고 언어예절에 어긋난다. 부부는 서로 경어를 쓰는 것이 마땅하다. 그러나 부부끼리는 반어(半語)-반말-도 허용된다. 어쨌든 부부의 언어는 평등해야 한다.

3. 허교(許交)

20년 이상 연장자는 아버지처럼 대하고, 10년 이상 연장자는 형처럼 대하고, 5년 연장자는 친구로 대한다.

위로 8년 아래로 8년을 벗으로 한다. 8년의 근거는 5년 장과 10년 장의 중간은 7.5세인데 8세로 보는 것이다. 그래서 위로 8년 아래로 8

넌까지는 벗으로 허교(許交)할 수 있다는 말이다. 현대의 시각으로 보면 무리한 기준이다. 지금은 6년 정도의 연하자는 연장자가 허락하면 허교가 가능하다. 허교(許交)란 벗을 트는 것인데, 벗이 되면 말을 놓는다. 말을 놓는다는 말은 '하게체'를 쓴다는 말이다. 현대는 위아래 6년을 기준으로 허교(許交)를 해야 되지 않을까 싶다. 허교에 나이가 절대적 기준은 아니고, 사람에 따라 나이 차가 다르게 적용될 수 있는 것이다.

학교에서 1년 선후배간에 선배는 후배에게 해라체를 쓰고 후배는 선배에게 합쇼체를 쓰는 것은 잘못이다. 졸업하면 일반 사회인 기준으로 허교를 하는 것이 마땅하다.

4. 친족과 말의 등분(等分)

당내간(堂內間)에는 항렬(行列)이 나이보다 우선하고, 면복(免服)이 되면 항렬보다 나이가 우선한다. 사람이 죽으면 팔촌까지 복(服)을 입으므로 면복(免服)이 된다는 것은 팔촌이 넘었다는 뜻이다.

면복이란 옛 제도에서 친족이 죽었을 때 상복을 입는 것을 복(服)을 입는다고 하는데 팔촌이 넘으면 상복 입는 것을 면하게 되는데 이것을 면복(免服)이라고 한다.

촌수가 가까운 집안이 아닌 동성동본의 일가는 항렬과 나이를 고려해서 말의 등분이 결정된다. 항렬이 낮아도 나이가 자기보다 많으면 존대어를 써야 한다. '나이가 많다 적다'고 하는 기준은 과거에는 팔세(八歲)를 기준으로 했다. 지금은 말을 높이고 낮추는 잣대를 꼭 팔세로 하는 것은 아니다. 말을 높이고 낮추는 데는 융통성이 있지만, 지금은 자기 나이를 기준으로 상하 6세를 표준으로 삼는 것이 적당할 것 같은 생각이 든다.

나이와 항렬이 말의 등분을 결정하는 조건이지만, 나이와 항렬의 관계가 상대에 따라, 가문에 따라, 지역에 따라 차이가 있다. 모범이 될 만한 원칙을 정리해보면 대체로 다음과 같다.

1. 부부간(夫婦間)에는 서로 경어를 쓰는 것이 원칙이다. 반어체(半語體)를 써도 무방하다.

2. 영남지방에서는 할머니, 어머니, 고모, 누님에게 하게체 또는 해라체를 쓰는 곳이 많은데 잘못이다. 상스럽다. 극존칭인 '합쇼체'를 써야 한다.

3. 당내(堂內)가 아니라도 동항의 형과 누님에게는 존대어를 써야 한다.

4. 당내(堂內)의 숙질(叔姪) 사이는 숙부(叔父)가 나이가 적어도 조카에게 해라체를 쓰고, 조카는 숙부에게 극존칭(極尊稱)인 '하십시오체'를 쓴다. 고모(姑母)와 조카 사이도 같다.

5. 종숙(從叔)은 나이가 적어도 종질에게 하게체를 쓰고, 종질(從姪)은 존대어를 쓴다. 종고모(從姑母)도 종질(從姪)에게 하게체를 쓰고, 종질은 존대어를 쓴다.

6. 재종숙(再從叔)과 재종고모(再從姑母)는 나이가 많은 재종질(再從姪)에게 하게체를 쓰고, 재종질(再從姪)은 하오체를 쓴다.

7. 고모(姑母)는 질부(姪婦)에게 하게체를 쓰고, 질부는 고모에게 극존칭인 '합쇼체'를 쓴다. 종고모(從姑母)와 종질부(從姪婦) 사이도 같다.

8. 시숙(媤叔)은 제수(弟嫂)와 종수(從嫂)에게 합쇼체를 쓴다. 수숙간(嫂叔間)에는 극존칭어를 쓰는 것이 원칙이다.

9. 족숙(族叔)은 나이 많은 족질(族姪)에게 합쇼체를 쓰고, 족질(族姪)은 연하(年下)의 족숙에게 하오체를 쓴다.

10. 족조(族祖)는 나이 많은 족손(族孫)에게 하오체를 쓰고, 연상(年上)의 족손(族孫)은 족조(族祖)에게 합쇼체를 쓴다.

11. 오라버니댁은 시누에게 하게체를 쓴다. 시누도 오라버니댁에게 하게체를 쓴다.

12. 손위 동시(同壻)가 손아래 동시(同壻)에게 하게체를 쓴다. 당내(堂內)가 아니면 서로 존대어를 쓴다.

13. 외숙부(外叔父), 외숙모(外叔母)는 생질부(甥姪婦)에게 하게체를 쓴다.

14. 고모부는 처질부(妻姪婦), 처질녀(妻姪女)에게 하오체를 쓴다. 요즈음은 처질녀(妻姪女), 처이질녀(妻姨姪女)에게 하게체를 쓰는 사람도 있다.

15. 이모부는 처이질부(妻姨姪婦)와 처이질녀(妻姨姪女)에게 하오체를 쓴다. 지금은 연하의 처이질녀(妻姨姪女)에게는 하게체를 쓰는 사람도 많다.

16. 내외종의 아내(외사촌과 고종사촌의 아내)끼리는 서로 존대어를 쓴다.

17. 내외종간(內外從間)에는 형은 아우에게 하게체를 쓰고, 아우는 형에게 존대어를 쓴다.

18. 처남 등 처족(妻族)에게는 10살까지는 벗처럼 대하며 하게체를 쓴다고 하는 사람들이 있다. 그렇게 하면 안 된다. 처족에게 쓰는 말은 친족에 쓰는 말에 준해야 한다.

19. 장인(丈人)과 장조부(丈祖父)는 사위·손서(孫壻)에게 해라체를 쓴다. 과거에는 사위에게 하게체를 썼고, 지금도 방송극에서는 하게체를 쓰는데, 잘못이다. 사위는 딸과 동격이므로 해라체를 쓰는 것이 마땅하다. 처숙부는 질서(姪壻)에게 해라체를 써도 된다. 그

러나 하게체를 쓰는 사람들이 많다.

20. 장모(丈母), 장조모(丈祖母), 장종조모(丈從祖母)는 사위나 손서(孫壻), 종
    손서(從孫壻)에게 하게체를 쓴다.

21. 처외조부(妻外祖父)와 처외숙부(妻外叔父)는 외손서(外孫壻)·생질서(甥
    姪壻)에게 해라체를 쓴다. 그러나 처외숙부는 생질서에게 하게체
    를 쓰는 사람들이 대부분이다.

22. 동서간(同壻間)에는 10살까지 친구처럼 하게체를 쓴다고 하는 이
    들이 있는데, 10년장 동서에게 하게체를 쓰는 것은 무례하다. 동
    서간(同壻間)의 존대어(尊待語)는 형제간에 쓰는 말에 준해야 한다.
    과거 처남이나 동서에게 10살까지 하게체를 썼다는 것은 남존여
    비의 사고(思考)가 지배하던 유가사회(儒家社會)의 폐습(弊習)이다.

23. 사돈간(査頓間)에는 서로 경어(敬語)를 쓰는 것이 원칙이다. 영남지
    방에서는 사돈이 되면 하게체를 쓰던 친구간에도 말을 고쳐 존
    대어를 쓰고, 기호지방(畿湖地方)에서는 사돈간(査頓間)에 하게체를
    쓴다고 한다.

5. 예절 언어와 비례(非禮)의 언어

대화에서 사용하는 언어가 예의에 맞는 적합한 언어를 사용해야 한
다. 상대방에 따라서 평어(平語)와 존대어를 가려서 써야 한다. 비어(鄙
語)는 쓰지 않아야 한다. 경우에 따라서 자기를 낮추는 겸양어(謙讓語)를
써야 할 때도 있다. 평어(平語), 존대어(尊待語), 겸양어(謙讓語), 비어(鄙語)를
가려서, 적절한 언어 선택을 해서 상대방과 대화해야 한다.

1) 평어(平語)와 존대어(尊待語)

　존대어(尊待語)는 대화에 있어서 매우 중요하다. 존대어 사용은 겸손한 자세로 자기를 낮추고 남을 높이는 언어습관이 몸에 배어 있어야 한다.

　존대어(尊待語) 또는 비어(卑語)에 대한 상식이 있어야 실수 없는 대화를 할 수 있을 것이다. 다음에 있는 존대어는 주로 남에게 쓰는 존대어인데 자기 존속(尊屬)-자기의 어른들-에게 쓰는 존대어도 많으니 잘 분간해야 한다.

【평어平語】	【존대어尊待語】
말	말씀 ☆ 제가 드린 '말씀'은 자기 말을 낮추는 겸양어다.
나이	연세(年歲), 춘추(春秋).
얼굴	신관　☆ 신관은 한자어가 아니다.
성질(性質)	성품(性品)　☆ 아버지는 성품이 급하셔서 그렇습니다.
밥	진지　☆ 메는 제사상에 올리는 밥을 높이는 존대어다.
떡	편(籩)　☆ '사돈, 편도 좀 드시지요.'　籩 : 떡(편).
생일(生日)	생신(生辰) ☆ 생신(生身)이라고 쓰면 망발(妄發)이다.
병(病)	병환(病患), 환후(患候).
아내	부인(夫人), 영부인(令夫人), 합부인(閤夫人).
	☆ 대통령부인만 영부인이 아니다. 누구의 아내라도 영부인으로 높여 말해도 된다. 영부인(令夫人)의 '영(令)'은 '착하다', '아름답다'는 뜻의 접두사다. 자기 아내를 '부인(夫人)'이라고 하면 망발이다. 부인(夫人)은 남의 아내를 높이는 말이다.

할아버지	조부님, 할아버님, 조부장(祖父丈), 왕대인(王大人).
할머니	조모님, 할머님, 왕대부인(王大夫人).
아버지	아버님, 춘부장(椿府丈), 존대인(尊大人), 영존(令尊).
어머니	어머님, 영당(令堂), 자당(慈堂), 훤당(萱堂), 북당(北堂).
맏형	백씨(伯氏), 백씨장(伯氏丈).
둘째형	중씨(仲氏), 중씨장(仲氏丈).

☆ 셋째형, 넷째형도 중씨(仲氏)이다.

| 누나 | 자씨(姊氏) ☆ 자기 누나도 자씨(姊氏)라고 한다. |
| 동생 | 계씨(季氏), 제씨(弟氏). |

☆ 계씨(季氏)가 제씨(弟氏) 격이 높은 말이다.

| 여동생 | 매씨(妹氏). |
| 술 | 약주(藥酒). |

☆ 남편에게 '또 술 먹었어요?'보다, '또 약주 한 잔했어요?'라고 하면 남편이 듣기에 좋다.

| 아들 | 아드님, 영식(令息), 영랑(令郎). |

☆ 윤자(胤子)＝윤주(胤胄) : 맏아들. 胄 : 맏아들(주).

딸	따님, 영애(令愛).
숙부(叔父)	완장(阮丈), 백완장(伯阮丈), 큰아버님, 백부(伯父)님, 중부(仲父)님, ＝중완장, 숙부(叔父)님. ＝숙완장.
종숙(從叔)	당완장(堂阮丈), 당숙부(堂叔父)님. 종완장(從阮丈), 종숙부(從叔父)님.
외숙(外叔)	외숙부님, 외완장(外阮丈), 내구주(內舅主).
조카	조카님, 함씨(咸氏).
사위	서랑(壻郎), 서군(壻君), 옥윤(玉潤).

☆ 옥윤(玉潤)은 사위의 미칭. 교객(嬌客)은 자기 사위를
친근하게 이르는 말.

의견(意見)	고견(高見), 탁견(卓見).
진찰(診察)	고진(高診).
탈것(차, 수레)	존가(尊駕).
이(齒)	치아(齒牙).
머리	두상(頭上).
얼굴	안면(顔面).
집	댁(宅).
친우(親友)	외우(畏友).
벗(친우)	아형(雅兄), 대형(大兄), 인형(仁兄), 외형(畏兄).
	사형(師兄), 사형(詞兄), 경형(庚兄).
	☆ 위는 편지에서 친구에게 쓰는 호칭어.
편지	옥함(玉函), 혜함(惠函)), 존찰(尊札), 옥서(玉書).
원고(原稿)	옥고(玉稿).
숟가락	간자, 수저. ☆ 시저(匙箸)는 제사상에 놓는 수저.
이름	존함(尊銜＝尊啣), 명함(名銜), 함자(銜字).
☆ 이름	휘(諱). ☆ 휘(諱)는 돌아가신 어른의 이름을 높이는 말.
자다	주무시다.
누구	어느 분.
어떤 사람	어느 분.
～가. ～이	～께서.
	☆ 아버지가 → 아버지께서. 선생님이 → 선생님께서.
～에게. ～한테	～께 　☆ 어머니께. 선생님께.

누굽니까?	누구십니까?
말하다	여쭈다, 여쭙다(여쭈옵다). ☆ 할아버지께 여쭈고 가거라.
묻다	여쭈다, 여쭙다.
	☆ 모르는 것은 선생님께 여쭈어 보아라.
죽다	돌아가시다. 별세하다. 세상 버리다. =기세(棄世)하다.
먹다	잡숫다. ☆ 드시다는 잡숫다보다 낮은 존대어.
	흠향(歆饗)하다. ☆ 흠향 : 차려놓은 음식을 신이 잡숫다.
있다	계시다.
보다	뵙다. ☆ 그는 은사님을 찾아뵙고 미국으로 출국했다.
가다	가시다.
	☆ 선어말어미(先語末語尾) '시'를 어간과 어미 사이에 넣으면 높임말이 된다. 오다 → 오시다.
하세요	하십시오.
	☆ '~하십시오'가 '~하세요'보다 정중한 말이다.
시키다(명령)	분부(吩咐/分付)하다.
알리다	아뢰다, 사뢰다.
	☆ 아뢰다=사뢰다 : 웃어른께 말씀드리다.
꾸중하다	걱정하시다.
	☆ 할아버지 물건을 만지지 마라. 할아버지 걱정하신다.
야단치다	걱정하시다.
	☆ 할아버지께서 보시면 걱정하신다. 빨리 있던 제자리에 갖다놓아라.
데리다	모시다. ☆ '뫼시다'는 예스럽고 정중하다.

안 되습니다   그건 어렵습니다.(완곡한 거절)

2) 평어(平語)와 비어(卑語)

대화에서 비어(卑語, 鄙語)는 삼가야 된다. 비어(卑語)에 대한 상식(常識)이 없으면, 평어(平語)와 비어(卑語, 鄙語)를 구별하지 못하고 비어를 써서 망발(妄發)할 수 있다.

【평어平語】	【비어卑語 · 鄙語】
할아버지	할아비.　☆네 할아비가 그렇게 가르쳤느냐?
할머니	할미, 할망구.　☆이 할미(할망구)가 미쳤나?
아버지	아비(애비).　☆네 아비가 그렇게 시키더냐?
어머니	어미.　☆네 어미가 네 아비보다 더 나쁘다.
	☆편지에서 '할아비, 할미, 아비, 어미'는 손자 또는 자식에게 자신을 낮추는 겸칭(謙稱)이다. 겸칭(謙稱)은 겸양어(謙讓語)고 비어(卑語)가 아니다.
남편	사내.　☆사내나 계집이나 똑같다.
아내	계집.
	☆계집 때린 날 장모 온다. (여성에게 모욕적인 속언俗言이다.)
아내	여편네.　☆여편네가 활수하면 벌어도 시루에 물 붓기다.
여자	계집.　☆그 사람은 계집에 미쳤다.
이(齒)	이빨.　☆이빨은 짐승의 이를 낮추어 하는 말이다. 악어 이빨. 개 이빨. 말 이빨 등과 같다. 짐승의 이를 꼭 낮추어서 비어(卑語)로 말해야 되는 것은

아니다. '이빨이 아파서 치과에 갔다.'는 말은 '눈깔이 아파서 안과에 갔다.'는 말과 같다. '이빠디(방언)'도 비어(卑語)다.

【주의】 이빨이 비어(卑語)인 줄 모르는 사람이 대단히 많다.

목	모가지('목안지'는 모가지의 경상도사투리).
	☆ 이번에 모가지 뗀다. 모가지를 비틀어 죽여 버리겠다.
	【주의】 목안지(모가지)가 비어인 줄 모르는 사람들이 많다.
손목	손모가지.　☆ 이 손모가지가 탈이다.
발목	발모가지.
	☆ 한번만 거기 더 가면 발모가지를 부러뜨린다.
얼굴	낯짝.
집	집구석.
머리	대가리, 대갈통.
입	아가리, 주둥이, 주둥아리.
눈	눈깔.
배	배때기.
코	코빼기.
콧마루	콧잔등이.
태우다	싣다
	☆ 어머니는 제가 동대구역에 실어다드렸습니다.
	수학여행 학생들을 싣고 가던 버스가 전복되었다.
	☆ 물건은 싣고, 사람은 태운다고 말해야 한다.
	'태우다'의 존대어는 '모시다'이다.
(∼하는) 이	(∼하는) 자

☆ 여기에 들어오는 자(者)는 엄벌한다. 3일 이상 결석한 자. 하천의 토사를 무단 채취한 자. 즉 관형어의 수식을 받는 의존명사 '자(者)'는 비어(卑語)로 보아야 한다. 졸업자, 당선자와 같은 접미사 자(者)는 비어가 아니다. 규정이나 법률 조문에 있는 의존명사 '자(者)'는 사람을 나타내는 불완전명사 '이' 또는 명사 '사람'으로 고쳐야 한다.

3) 평어(平語)와 겸양어(謙讓語)

겸손하게 자기를 낮추는 말을 겸양어(謙讓語)라고 한다. 대화에서 겸양어도 중요하다. 존대어(尊待語)와 함께 겸양어 사용도 체질화 되어 있어야 한다. 자기를 낮추어 이르는 말을 겸칭(謙稱)이라고 한다. 할아버지가 손자에게 자신을 '할아비'라고 하는 것이 겸칭(謙稱)이다. 편지에서 자식이 부모에게 소자(小子), 불초자(不肖子), 불효자(不孝子)라고 하는 것도 겸칭(謙稱)이다. 겸칭도 겸양어(謙讓語)이다.

【평어平語】	【겸양어謙讓語】
할아버지	할아비 ☆ 조부가 편지에서 손자에게 자신을 낮추는 말.
할머니	할미 ☆ 조모가 편지에서 손자에게 자신을 낮추는 말.
아버지	아비 ☆ 부친이 편지에서 자식에게 자신을 낮추는 말.
어머니	어미 ☆ 어머니가 편지에서 자식에게 자신을 낮추는 말.
	☆ 편지에서 부모나 조부모가 자식이나 손자에게 반드시 겸칭을 써야 되는 것은 아니다. 평칭을 써도 된다
아들 · 딸	소자(小子), 불초자(不肖子), 불효자(不孝子).

	소녀(小女), 불초여식(不肖女息), 불효여식(不孝女息).
손자 · 손녀	소손(小孫), 불초손(不肖孫), 불효손(不孝孫).
말	말씀.

☆ 제가 드린 '말씀'은 좋다는 뜻입니다.(말씀은 겸양어)
아버지께서 하신 '말씀'이 옳았습니다. (말씀은 존대어)

나	저, 소생, 소인, 불초(不肖), 시생(侍生), 소직(小職), 불녕(不佞). ☆ 불녕(不佞) : 재주가 없는 사람의 뜻으로 자기를 낮추는 겸양어. 모두 존자(尊者)에게 쓰는 겸양어다.

☆ 과인(寡人)←寡德之人(과덕지인) : 임금이 자신을 낮추는 말

☆ 소직(小職, ＝小官)은 관리가 자기를 낮추는 말 ＝저.

우리(들)	저희(들)
우리 집	누거(陋居), 누처(陋處) ↔ 고당(高堂).
우리 회사	폐사(弊社) ↔ 귀사(貴社).
우리 집안	비문(鄙門) ↔ 귀문(貴門).
일가 사람	비족(鄙族) ↔ 귀족(貴族).
우리 학교	비교(鄙校) ↔ 귀교(貴校).
우리나라	폐국(弊國), 폐방(弊邦) ↔ 귀국(貴國).
아버지	가부(家父), 가친(家親).
어머니	가모(家母), 노모(老母).
아내	형처(荊妻), 내자(內子), 실인(室人), 산처(山妻).
아들	우리아이, 가아(家兒), 가돈(家豚), 돈아(豚兒).

☆ 가돈, 돈아는 현대는 부당한 말이다. 豚 : 돼지(돈).

숙부(叔父)	사숙(舍叔), 가숙(家叔).
형(兄)	사형(舍兄), 가형(家兄).
제(弟)	사제(査弟), 가제(家弟).
조카	질아(姪兒), 가질(家姪), 사질(舍姪).
제자(弟子)	문생(門生), 문하생(門下生), 문인(門人), 제자(弟子).
제(弟)	제(弟), 우제(愚弟).

☆ 제(弟), 우제(愚弟)는 편지에서 자기를 낮추는 말.

여동생	가매(家妹).
의견(意見)	우견(愚見), 관견(管見), 졸견(拙見) ↔ 탁견(卓見).

☆ 관견(管見)은 대롱을 통하여 본다는 뜻이니 자기의 생각을 낮추어 '좁은 소견'이라는 뜻이다.

필적(筆跡)	졸필(拙筆) ↔ 명필(名筆), 달필(達筆).
저서(著書)	졸저(拙著) ↔ 명저(名著).
작품(作品)	졸작(拙作) ↔ 명작(名作).
원고(原稿)	졸고(拙稿) ↔ 옥고(玉稿).
편지	폐찰(弊札) ↔ 혜함(惠函), 존찰(尊札).
중(스님)	소승(小僧) ↔ 고승(高僧).

4) 압존법(壓尊法)

말하는 사람에게는 높은 분이라도 그분보다 더 높은 분 앞에서 그를 말할 때는 존대하는 것을 억제하고 오히려 낮추어 말하는 것을 압존법(壓尊法)이라고 한다. 즉 말을 듣는 사람이 아주 높은 상대자일 경우 그분보다 덜 높은 주체자(主體者)를 낮추어 표현하는 말이다. 쉽게 말하면 할아버지와 대화하면서 아버지를 높여서 말하지 않는다는 것이다. 요

즈음은 압존법이 완화되어 가는 경향이다. 그래도 압존법은 존대(尊待)
를 표현(表現)하는 규칙이라고 볼 수 있으므로 언어 예절과 관계가 깊다.

    ㉠   아버지, 형님이 나를 때리셔요. (×)

    ㉠′ 아버지, 형이 저를 대려요. (○)

    ㉡   할아버지, 장에 가신 아버님이 오십니다. (×)

    ㉡′ 할아버지, 장에 간 아버지가 옵니다. (○)

    ㉢   사장님, 과장님이 오십니다. (×)

    ㉢′ 사장님, 과장이 옵니다. (○)

    ㉣   어머님, <u>아비</u>가 어머님 용돈 드리라고 두고 출근했습니다. (○)

☆ ㉡ 할아버지, 장에 가신 <u>아버지가</u> 오십니다. (○)←가능한 표현

   ㉢ 사장님, 과장님이 옵니다. (○)←가능한 표현. 압존법이 완화되
어 감.

5) 주체존대(主體尊待)

말하고 듣는 당사자가 아닌, 문장의 주어가 되는 제삼자(第三者)를 높
이는 존대어를 주체존대어(主體尊待語)라고 한다. 주어(主語)가 되는 제삼
자가 대화자(對話者)보다 높은 분, 즉 존자(尊者)이기 때문에 존대어를 쓰
게 되는 것이다.

    ㉠ 성재야, 할머니 <u>계시냐</u>? (주어-할머니)

    ㉡ 어머니, 할아버지는 사랑에서 <u>주무십니다</u>. (주어-할아버지)

    ㉢ 김 선생님, 정 교수님은 아주 <u>건강하십니다</u>. (주어-정 교수님)

    ㉣ 정 교수님 사모님께서 <u>하시는</u> 말씀은 늘 <u>자상하십니다</u>. (주어-사

모님)

위의 ㉠~㉣에서 밑줄 친 곳이 주체존대어이다. 각 문장의 주체(주어)가
된 이를 높이는 말이기 때문에 주체존대어(主體尊待語)라고 하는 것이다.
㉠의 계시다(계시냐?) ㉡주무시다(주무십니다.)는 본래 존대어이고, ㉢의
건강하시다(건강하십니다.) ㉣의 하시다(하시는) 존대의 뜻을 나타내는 선
어말어미(先語末語尾) '시'가 들어간 것이다.

6. 대화의 유의점

가정이나 직장이나 사회에서 말 때문에 언짢게 될 때가 많다. 우리
생활에서 오가는 말이 대단히 중요하다. 그래서 말에 대한 격언(格言)도
많다.

1) 조심해서 말한다

- 오는 말이 고와야 가는 말이 곱다.
- 말 한 마디로 천 냥 빚을 갚는다.
- 말이 고우면 비지 사러 갔다가 두부 사 온다.
- 말은 할수록 거칠어지고, 가루는 칠수록 고와진다.
- 혀 밑에 도끼 들어 있다.
- 낮말은 새가 듣고, 밤말은 쥐가 듣는다.
- 말은 보태고 떡은 뗀다.
- 말은 해야 맛이고 고기는 씹어야 맛이다.

- 말은 할 탓이다.
- 말은 청산유수다.
- 말 많은 집은 장맛도 쓰다.
- 말이 많으면 쓸 말이 적다.
- 말이 많으면 실언(失言)이 많다.
- 말 속에 말 들었다.
- 말이 앞서면 되는 일이 없다.
- 말이 씨 된다.
- 말이 말을 만든다.
- 말이 아니면 갚지 말라.

2) 재산, 소유물, 자식, 남편(아내)자랑을 하지 않는다

‘자식 자랑은 반 미친놈, 계집(사내)자랑은 온 미친놈’이란 말이 있다.

3) 상대방에게 열등감이나 감정을 건드리는 이야기를 피한다

4) 상대방의 말을 단정적으로 부정하지 않는다

완곡하게 자기 의견을 말함으로써 간접적으로 상대방의 말에 동의(同意)하지 않는다.

5) 상대방이 관심도 없고, 도움이 되지 않는 전문분야를 이야기하지 않는다

6) 자기만 계속 이야기하지 말고, 상대방도 대화에 참여하도록 유도한다

7) 남의 허물이나 결점을 열 올려 매도(罵倒)하지 않는다

☆ 남의 흉 한 가지면, 제 흉은 열 가지다.

제14장

이름, 자(字), 호(號), 시호(諡號), 택호(宅號)

우리나라 사람들은 태어나면 이름을 가지게 되고 성년식(成年式)인 관례(冠禮)·계례(笄禮)를 올린 후에는 자(字)를 가지게 된다. 또 호(號)를 지어 가지는 사람도 있고, 국가에 공로가 있는 사람은 죽은 뒤 시호(諡號)도 받게 된다. 왕은 사후(死後)에 묘호(廟號)와 능호(陵號)가 있다.

묘호(廟號)는 왕이 죽으면 생전의 공적에 따라 왕에게 붙여주는 칭호이다.

묘호(廟號)는 공왈(功曰) 조(祖)요, 덕왈(德曰) 종(宗)이다. 태조(太祖), 세조(世祖)는 공(功)이고, 세종(世宗), 성종(成宗)은 덕(德)이다.

능호(陵號)는 임금이나 왕후의 무덤 이름이다. 세종(世宗)의 능호(陵號)는 영릉(英陵)이고, 단종(端宗)의 능호(陵號)는 장릉(莊陵)이다.

일반 국민들은 자(字)나 호(號)를 다 가진 것은 아니다. 지금도 극소수의 가정에서 관례와 계례를 행하고 자녀에게 자(字)를 지어주고 있다.

자와 호를 가지게 된 원인은 이름을 소중히 여기는 존명사상(尊名思想) 때문이다. 그래서 성인(成人)이 된 사람의 이름을 마구 부르지 않는다.

왕의 이름을 부르지 않는 것을 국휘(國諱)라고 한다. 조선의 일대(一代) 왕의 본명은 이성계(李成桂)였는데 개명하여 단(旦)이라고 했다. 그래서 조선에서는 '旦 : 아침(단)'을 '旦 : 아침(조)'로 읽었다. 국휘 때문이다.

성인(聖人-공자孔子)-의 이름을 부르지 않는 것을 성휘(聖諱)라고 한다. 군주제도가 폐지되었으니 임금 이름을 피휘(避諱)할 일은 없어졌지만, 지금도 공자의 이름인 공구(孔丘)가 문장 속에 나오면 공구(孔丘)를 공모(孔某)라고 읽는다. 대구를 大丘로 쓰지 않고 大邱로 표기하는 것은 공자의 이름이 丘(구)이므로 丘(구)자(字)를 피하여 丘의 오른쪽에 邑(사람이 모여 사는 곳을 뜻함)을 더하여 大邱(대구)로 표기하는 것이다.

공자뿐만 아니라, 우리나라 선현(先賢)의 이름 대신에 호를 부르거나 존경의 뜻을 나타내기 위하여 피휘(避諱)한다. 문장에서 이언적(李彦迪)을 이모(李某), 이황(李滉)을 이모(李某), 송시열(宋時烈)을 송모(宋某)로 읽는다.

자기 존속(尊屬)의 이름을 부르지 않는 것을 가휘(家諱) 또는 사휘(私諱)라고 한다. 지금도 자기 부조(父祖)의 이름을 마구 부르지 않고 ○자○자라고 하는 것은 가휘(家諱)이다.

☆ 邑이 (우부)방으로 쓰일 때는 邱의 오른쪽에 있는 글자처럼 쓴다.

1. 이름(名)

출생하면 아이의 이름을 짓는다. 부모나 조부모가 길상(吉祥)한 한자(漢字)를 가려서 이름을 짓는다. 아이 때는 누구나 이름을 부를 수 있지만 어른이 되면 군사부(君·師·父)만이 이름을 부를 수 있었다. 성인(成人)이 되었는데도 맨이름을 부르는 것은 그를 업신여기는 것으로 생각했다. 본인이 자기 이름을 부르는 경우는 극히 겸손하게 자기를 낮추는 경우에만 불렀다.

돌아가신 분의 이름을 높여서 휘(諱)라고 하는데, 생존한 사람의 이름을 마구 부르지 않고 조심하고 꺼린다는 뜻으로 피휘(避諱)라고 한다.

호적에 올려 있는 이름을 관명(官名)이라고 하는데 이것이 본인의 공적(公的) 이름이다. 호적명(戶籍名)이라고 할 만하다. 관명(官名)은 항렬에 따라서 짓고 이 이름이 족보에도 올라간다.

관명(冠名)이란 말도 있는데, 국어사전에서 '관례(冠禮) 후에 항렬에 따라서 짓고 족보에 올라가는 이름이라'고 했다. 잘못된 뜻풀이다. 예나 지금이나 관례를 하는 사람은 소수이고, 관례 후에는 자(字)를 지어서 부르는데, 자(字)는 항렬에 따라 짓지 않는다. 관명(冠名)이 '관례(冠禮) 후에 항렬에 따라서 짓고 족보에 올라가는 이름이라'고 한다면 관례 전에는 공적(公的)인 이름(名)이 없었단 말인가?

호적에 올라가지 않고 아이 때 부르는 이름을 아명(兒名)이라고 한다. 아명은 아이가 건강하게 잘 크기를 바라면서 항렬에 따라서 짓지 않고 좀 천하게 이름을 짓는 경우가 많았다.

한문(漢文) 문화권(文化圈)에서는 좋은 글자를 가려서 이름을 짓고, 이름이 함유하고 있는 뜻을 생각하며 인격 수양에 힘쓰기를 바라는 말이 고명사의(顧名思義)다. 그래서 자기 이름을 빛내는 명예(名譽)란 말을 우리는 소중하게 생각한다.

요즈음은 한자(漢字)로 이름을 짓지 않고, 우리 고유어로 이름을 짓는 경우가 있다. 고유어로 이름을 지어도 이름을 아름답고 고상하게 지으려고 노력하는 것은 역시 고명사의(顧名思義)의 정신이라고 볼 수 있다.

2. 자(字)

　남자는 관례(冠禮)를 하고, 여자는 혼인을 약속하면 계례(筓禮)를 하고 자(字)를 지어 준다. 이름을 부르는 것을 피하기 위하여 자(字)를 짓는다.
　관례를 할 때 빈(賓 : 주례자)이 자(字)를 지어준다. 관례를 하지 않아도 부조(父祖)가 자(字)를 지어주기도 했다.
　여자들은 거의 자(字)가 없었는데 유명한 황진이(黃眞伊)의 자는 명월(明月)이고 허난설헌(許蘭雪軒)의 자는 경번(景樊)이다. 허난설헌(許蘭雪軒)의 명은 초희(楚姬)이다.
　여자가 결혼하면 이름을 부르지 않고 '김실(金室)이', '박실(朴室)이'라고 하는 것은 이름 부르는 것을 피하는 방법이다. 'ㅇㅇ이 어미'라고 부르는 간접 호칭도 피휘(避諱)라고 볼 수 있다.
　자(字)는 존장(尊丈)이나 친구들이 주로 불렀고 재하자(在下者)는 자(字)를 부를 수 없다. 자(字)도 명(名)과 함께 피휘(避諱)하게 되어 호(號)를 지어 부르게 되었다. 자기 자신을 겸손하게 낮출 때는 이름을 부를 수는 있지만 자신의 자(字)를 부르는 경우는 없다.
　'김실(金室)이'라고 할 때 '김(金)'은 남편의 성(姓)이고 '실(室)'은 '아내'란 뜻이다. 즉 '김실(金室)'은 김씨 성을 가진 사람의 아내란 뜻이다.
　'김실(金室)이'에서 '이'는 발음을 쉽게 할 수 있도록 하는 조성모음(調聲母音)이다. 그냥 '김실(金室)'이라고 해도 된다. 그러나 말할 때는 절로 '김실(金室)이'라고 말하게 된다.

3. 호(號)

자(字)와 이름(名)을 피휘(避諱)하게 되니 호(號)를 지어서 부르게 되었다. 호는 누구나 부를 수가 있기 때문이다.

호는 자기가 지을 수도 있고 친구나 스승, 제자가 지을 수 있다. 아호(雅號)는 문인(文人)이나 예술가들이 자기 작품에 이름 대신으로 쓰는 호(號)인데 호(號)를 높여서 우아한 호라는 뜻으로 아호(雅號)라고 한다. 문인, 예술가뿐 아니라 정치가, 학자 등 사회활동을 하는 인사(人士)들도 호를 지어서 사용했다.

아호(雅號)라고 하는 것은 아(雅)는 우아하다, 고상하다의 뜻이므로 남의 호를 높여서 아호라고 할 수 있지만, 자기 호를 아호라고 하면 망발이다.

별호(別號)는 그 사람의 성격이나 용모의 특징을 들어서 타인이 붙인 호(號)로서 별명(別名)과 같은 말이다. 별호는 본인의 인격에 반(反)하는 경우가 많으므로 삼가야 되는 호칭이다. 본인이 없는 데서는 쓰는 호칭이다.

당호(堂號)가 있는데 당호(堂號)는 '당우(堂宇)의 명칭'인데, 그 당우에 사는 주인의 호(號)로 사용되는 경우가 많다. 성삼문(成三問)의 호 매죽헌(梅竹軒), 정극인(丁克仁)의 호 불우헌(不憂軒), 다헌(茶軒), 허난설헌(許蘭雪軒)의 난설헌(蘭雪軒) 등은 당호(堂號)에서 온 아호(雅號)로 보인다.

광의(廣義)의 호(號) 속에 불가(佛家)의 법명(法名 : 승명僧名)이나 카톨릭교의 세례명(洗禮名)도 호(號)로 볼 수 있다.

호는 복수로 여러 개를 가지기도 한다. 이황(李滉)은 퇴계(退溪), 퇴도(退陶), 도수(陶叟)를 호로 썼고, 서예가 김정희(金正喜)는 추사(秋史). 완당(阮堂)

등 수십 개의 호를 썼다고 한다. 그런데 지식인으로서 사회활동을 하
는 사람들이 호를 사용했고, 예나 지금이나 호가 없는 사람이 더 많다.

호는 자기의 인생관(人生觀)을 반영하기도 하고 자기가 사는 지방, 고
향 등과 관계 깊은 호가 많다.

여성들은 호가 거의 없다. 이율곡의 어머니 신사임당(申師任堂)의 ‘사
임당(師任堂)’과 허균(許筠)의 누님 허난설헌(許蘭雪軒)의 ‘난설헌(蘭雪軒)’이
호이다. 현대의 인물로는 이화여대총장이었던 김활란(金活蘭) 여사(女士)
의 호(號)는 우월(又月)이다. 남성에 비하여 여성의 호는 매우 드물다. 여
성의 사회활동이 적었기 때문일 것이다.

4. 시호(諡號)

왕이 죽으면 묘호(廟號)를 짓고, 나라에 공적이 있는 고관이 죽으면
죽은 후에 국왕이 붙여주는 칭호(稱號)가 시호(諡號)이다. 시호를 받은 사
람의 자손들은 영광으로 여겼다.

문신들은 호(號)를 많이 사용했고, 호 사용자가 가장 많던 때도 무신
(武臣)들은 호(號) 사용자가 50 퍼센트 미만이었다고 한다. 그러나 시호
(諡號)는 문신(文臣)보다 무신(武臣)들이 더 많은 시호를 받았다고 한다.

문신의 시호에는 문(文)자가 들어가고 무신의 시호에는 충(忠)자가 들
어갔다. 이언적(李彦迪)의 시호는 文元(문원)이고 이황(李滉)의 시호는 文純
(문순)이고 유성룡(柳成龍)의 시호는 文忠(문충)이고 이이(李珥)의 시호는 文成
(문성)이고 송시열(宋時烈)은 文正(문정)이다. 이순신(李舜臣)의 시호는 忠武(충
무)며 권율(權慄)은 忠莊(충장)이고 김시민(金時敏)의 시호도 충무(忠武)이다.

벼슬을 하지 않았던 처사(處士)들에게 시호를 줄 때는 증직(贈職)한 후에 시호(諡號)를 주었다. 벼슬하지 않았던 남효온(南孝溫)에게 이조판서(吏曹判書)를 추증(追贈)하고 文貞(문정)의 시호를 주었고, 서경덕(徐敬德)에게 우의정(右議政)을 추증(追贈)하고 文康(문강)의 시호를 주었고, 조식(曺植)에게 영의정(領議政)을 증직(贈職)하고 文貞(문정)의 시호를 주었다.

5. 사시(私諡)

학덕(學德)과 공적(功績)이 뛰어난 사람이 사망했는데도 시호(諡號)가 없는 경우에 문도(門徒)나 향인(鄉人)들이 시호를 지어 바치는 일이 있었다.

중국에서는 동한(東漢 : 後漢) 때 주숙(朱叔)에게 문하인(門下人) 진계규(陳季珪) 등이 忠文子(충문자)란 사시(私諡)를 지어 바친 것이 최초의 기록이다. 도잠(陶潛 : 陶淵明)이 죽은 뒤 문인(門人)들이 靖節先生(정절선생)이란 사시(私諡)를 올렸다.

우리나라에서는 고려 때 오세재(吳世才)가 처음이다. 오세재는 35년 연하(年下)의 이규보(李奎報)와 망년지교(忘年之交)로 교유(交遊)했고, 이규보가 문인(文人)으로 대성할 수 있도록 이끌어준 공으로 이규보는 오세재에게 玄靜先生(현정선생)이란 사시(私諡)를 바쳤다.

사시(私諡)는 국시(國諡)에 대응되는 말로 극히 드물게 시행되었다.

한국 한문학(漢文學)의 일인자(一人者)인 방은(放隱) 성낙훈(成樂熏.1910~1976) 선생에게 문하생(門下生)들이 문장(文長)이란 사시(私諡)를 바친 것은 아름답고 매우 보기 드문 일이었다. 博學多聞(박학다문) 曰(왈) 文(문)이요, 敎誨不倦(교회불권) 曰(왈) 長(장)이라. 그래서 文長(문장)이란 사시(私諡)를 올렸다.

☆ 博學多聞(박학다문) : 많이 알고 견문이 넓다. 敎誨不倦(교회불권) : 가르치는 데 권태(倦怠)를 느끼지 않는다.

6. 택호(宅號)

대부분의 사람들은 자(字)와 호(號)가 없다. 또 성인(成人)의 이름이나 자(字)를 아랫사람들은 부를 수가 없다. 그래서 누구나 부를 수 있는 평범한 칭호(稱號)인 택호(宅號)를 쓰게 되었다.

결혼을 하여 부부(夫婦)가 되면 택호(宅號 : 집 이름)를 가지게 된다. 택호는 부인(婦人)이 출생, 성장한 곳이나 친정(親庭) 마을 또는 고을 이름을 따서 집안 어른들이 지어주는 것으로 영원한 이름이 된다.

남편이 벼슬을 하게 되면 벼슬 이름이 택호가 되는 경우가 있는데, 그 전통은 현대에도 이어지고 있다. 장관댁, 군수댁, 교장댁, 면장댁으로 부르는 택호가 지금도 사용되고 있다.

처음에 쓰던 택호가 바뀌는 경우가 있다. 경주로 결혼한 사람이 나중에 승지가 되었다면 택호가 바뀌게 된다.

- 남자(男子) - 경주어른, 경주할아버지, 경주아저씨, 경주형님
  → 승지어른, 승지할아버지, 승지아저씨, 승지형님
- 여자(女子) - 경주댁, 경주할머니, 경주아주머니, 경주누님
  → 승지댁, 승지할머니, 승지아주머니, 승지누님

연하자(年下者)는 택호(宅號)에 들어가는 관직 또는 지명에 '어른'이란

말을 붙이면 바깥어른의 호칭이 된다. 이를테면 승지어른, 군수어른, 안동어른, 춘천어른이라고 하면 바깥어른을 호칭하는 말이 된다. 부인의 경우는 군수댁 할머니, 안동댁 아주머니, 춘천댁 안어른 등으로 호칭한다.

연장자(年長者)나 친구들은 (이)군수, (정)면장, 안동이(安東+이), 춘천이(春川+이), 경주(慶州), 김해(金海)라고 하면 바깥주인의 호칭이 된다.

그냥 승지댁, 군수댁, 면장댁, 안동댁, 춘천댁이라고 하면 그 집 택호(宅號)인 동시에 그 집 부인(婦人)에 대한 호칭이 된다.

부인의 호칭으로서 '안동댁'을 주어, 목적어로 쓸 때는 '이'를 접미어로 첨가하여 '안동댁+이'에 격조사 '이/가, 은/는, 을/를'을 붙여서 주어나 목적어를 만든다. 부를 때 '안동댁'이라고 불러도 되지만, 보통 '안동댁+이'[안동때기]라고 조음소(調音素) '이'를 첨가하여 부른다.

조음소(調音素) '이'를 첨가해서 불러야 발음이 매끄럽고 쉽게 된다.

친인척(親姻戚) 관계에 있는 사람들은 택호(宅號)에 들어가는 관직이나 지명에다가 자기와의 관계어(關係語)인 '할머니', '할아버지', '아저씨', '아주머니', '형님', '누님', '동생' 등의 칭호를 덧붙여서 호칭한다.

어떤 단체에 들어가려면 가입(加入) 지원서(志願書)에 자(字)와 호(號)를 쓰는 난(欄)이 있다. 자와 호가 없는 사람들은 난처하다. 전통문화를 계승하려는 뜻을 가진 단체에서 자와 호를 요구하지만 이 시대를 살아가는 현대인 중에 자와 호를 기진 사람은 많지 않다.

백발이 성성(星星)한 노령인(老齡人)의 이름을 부르는 것은 좋지 않다. 그래서 사람마다 택호(宅號)를 지어 부르고, 그 택호를 호(號)처럼 사용하면 좋을 것이다. 택호는 짓기도 쉽고 누구나 부를 수 있으므로 현대에도 택호는 필요하다. 택호(宅號)는 내외(內外)를 모두 호칭(지칭)할 수 있고, 이름, 자(字), 호(號)와 다르게 누구나 부를 수 있어서 쓰기에 편하다.

한국의 역사 위에 반짝이는 큰 별, 박정희 대통령은 고령박씨(高靈朴氏) 종친회(宗親會)에서 '中樹(중수)'라는 아호(雅號)를 지어 드리니 겸손하게 '박정희 이름 석 자면 족합니다.'라고 했다고 한다. 中樹(중수)라는 호는 좋은 호(號)이다. 새삼스럽게 박 대통령에게 자(字)를 지어 올리면 망동(妄動)이다.

'박 대통령(朴大統領)'이란 호칭은 이름(名)과 자(字)와 호(號)와 택호(宅號)와 시호(諡號)를 모두 함유(含有)하는 위대한 칭호(稱號)이다.

박정희(朴正熙) 대통령의 영애(令愛) 박근혜(朴槿惠) 님이 2012년 12월 18일 제18대 대통령에 당선되어 부녀(父女)가 대통령이 되었으니 그 이름이 대한민국 역사 위에 길이 빛날 것이다.

박근혜 대통령의 아호(雅號)는 '청사(靑史)' 또는 '효산(孝山)'이 어떨까?

잘못 표현하는 예절 언어

1. 축하드립니다

- 축하드립니다. (×)
- 축하합니다. (○)
- 영전을 축하합니다. (○)
- 생신을 축하합니다. (○)
- 당선을 축하합니다. (○)
- 새해를 경축합니다. (○)

2. 감사드립니다

- 감사드립니다. (×)
- 감사합니다. (○)

- 고마움 드립니다. (×)
- 고맙습니다. (○)

감사(感謝)한 것은 내 마음을 표현하는 것일 뿐, 상대방에게 무엇을 드리는 것이 아니다. 인사와 문안은 드린다고 한다.

'감사드립니다'란 말은 '고마움드립니다'란 말과 같다. 과공(過恭)은 비례(非禮)라고 한다. 너무 지나친 공경은 상대방을 불편하게 해서 실례가 된다는 뜻이다. 지나치게 공경함을 표현하기 위하여 '축하드립니다', '감사드립니다'란 표현이 나온 것 같다. 지나친 공경은 이렇게 말을 잘못되게 만들기도 하지만, 과공(過恭)은 아부(阿附)하는 행위이고, 비굴(卑屈)한 처신(處身)임을 알아야 한다. 과거에는 '축하드립니다, 감사드립니다'라는 표현이 없었다. '축하합니다', '감사합니다'라고 했다. 잘못된 말이라도 세상 사람들이 모두 사용하면 바른말처럼 통용되는 것이 말의 속성이다. 그러나 옳은 말과 잘못된 말을 알고는 있어야 할 것이다.

3. 어머니, 사랑합니다

- 어머니, 사랑합니다. (×)
- 어머니, 존경합니다. (○)
- 어머니, 좋은 아들(딸) 되겠습니다. (○)

자식을 사랑하고, 동생을 사랑하고, 애인을 사랑할 수 있지만, 존속

(尊屬)을 사랑한다는 말은 버르장머리 없는 말이다. '치 대접 내리 사랑'이란 말이 있다. 손아랫사람에게 사랑한다는 말을 할 수 있다. 사랑한다는 말이 아무리 올라가도 애인(愛人) 또는 아내·남편까지가 상한선(上限線)이다. 조부모(祖父母), 부모(父母), 선생님 등 어른들을 존경할 수는 있어도, 사랑한다고 하는 말은 한국인의 언어예절에 어긋난다. '아버지, 어머니 사랑합니다.'란 말은 자식이 부모와 동등한 위치에 서는 말이다. 우리의 윤리로 보면 부모와 자식 사이에는 위계(位階)가 다른데, 친구처럼 빤히 쳐다보며 '아버지, 사랑합니다.', '어머니, 사랑합니다.'라고 하면 위계질서를 무너뜨리는, 버르장머리 없는 말이다. '어머니, 사랑합니다.'란 말은 윤리 도덕을 무너뜨리는 패륜(悖倫)의 언어이다.

한국인이 한국의 언어 예절에 맞게 한국어를 올바르게 사용해야 한다. '어머니, 사랑합니다.'란 말이 아이들 입에서 자연스럽게 나오도록 한 책임은 방송국에 있다. 이런 말이 나오면 방송에서 수정해 주어야 한다.

예수님이 세상 사람을 사랑하고, 내가 지존하신 예수님을 사랑할 수는 있어도 자식이 아버지를 사랑한다고 하면 안 된다. 부모를 사랑한다는 말을 방송에서 많이 듣기 때문에 사람들은 아이가 할아버지를 사랑한다고 해도 귀에 거슬리지 않는 것 같다. 한문(漢文)에도 애친경장(愛親敬長)이란 말이 있지마는 이 애친(愛親)은 '부모를 소중하게 여긴다는 뜻'이지 부모를 사랑한다는 뜻이 아니다.

사랑한다는 말이 나쁜 말은 아니지만, 아무나 보고 사랑한다고 하면 안 된다. 이웃 아주머니가 예쁘다고 사랑한다고 하면 되겠는가? 사랑한다는 말이 좋은 말이라도 쓸 수 있는 곳에 써야 한다.

혹자(或者)는 사랑에는 에로스 사랑과 아가페 사랑이 있느니 하며 엉

뚱한 소리를 한다. 에로스 사랑, 아가페 사랑이란 말이 들어오기 전부터 우리에게는 '치 대접, 내리 사랑'이란 언어 예절이 있었다.

4. 한자를 몰라서 잘못하는 말

언어와 예의 관계를 따져보면, 사투리는 비례(非禮)의 언어이고 표준어가 예절 언어이다. 틀린 말은 비례의 언어이고 바른말이 예절 언어이다.

다음에 예시한 말들은 모두 한자(漢子)의 뜻을 바로 알지 못하거나, 한자에 대한 기초 지식이 부족하여 잘못 사용하는 말들이다. 예시된 내용은 방송에서 청취한 말이 많고, 신문이나 일반인의 대화에서 들은 말이다.

【기호】 잘못된 말(×). 바른말(○).

- 접수(接受)받다(×) → 접수(接受)하다.(○)
- 제휴(提携)를 맺다(×) → 제휴(提携)하다.(○)
- 계약(契約)을 맺다(×) → 계약(契約)하다.(○)
- 예방 접종(接種)을 맞고(×) → 예방 주사를 접종(接種)하고.(○)
- 취업(就業) 난이 어렵다(×) → 취업(就業)이 어렵다.(○)
- 하차는 뒷문으로 내리세요(×) → 하차는 뒷문으로 하세요.(○)
- 작명(作名)을 짓다.(×) → 작명하다.(○) 이름을 짓다.(○)
- 수비(守備)를 잘 막아냈습니다(×) → 수비(守備)를 잘 했습니다.(○)
- 접빈객(接賓客)을 맞이하다(×) → 접빈객(接賓客)을 하다.(○)

- 실감(實感)을 못 느끼고(×) → 실감(實感)을 못 하고.(○)
- 독서(讀書)를 읽고(×) → 독서(讀書)를 하고.(○)
- 오촌 당숙(堂叔)을 만났다(×) → 당숙(堂叔)을 만났다.(○)
- 면접(面接)본다.(×) → 면접(面接)한다.(○)
- 발화(發火)가 일어나다.(×) → 발화(發火)하다.(○)
- 박수(拍手)치다(×) → 박수하다.(○) 손뼉을 치다.(○)

☆ 중국 조선족 예식장에서 '우리 모두 박수(拍手)합시다.(○)'라고 했다.

- 출혈(出血)이 난다.(×) → 출혈(出血)한다.(○)
- 집필(執筆)을 쓴다.(×) → 집필(執筆)한다.(○)
- 선생님은 진료(診療)보십니다.(×) → 선생님은 진료(診療)하십니다.(○)
- 염색(染色)을 들이다.(×) → 염색(染色)하다.(○)
- 일출(日出)이 떠오르다.(×) → 일출(日出)이 시작되다.(○)
- 채식(菜食)을 먹는다.(×) → 채식(菜食)을 한다.(○)
- 식사(食事)를 먹고 있는데, (×) → 식사(食事)를 하고 있는데, (○)
- 과반수(過半數)를 넘었다.(×) → 과반수가 되었다.(○)
- 수입산(×) → 외국산(外國産)(○)
- 현미(玄米)쌀(×) → 현미(玄米)(○)
- 생수(生水)물(×) → 생수(生水)(○)
- 재난방재과(災難防災課)(×) → 방재과(防災課)(○) 재난(災難) 방지과(○)
- 현대 복장을 입은 고종황제(×) → 현대 복장을 한 고종황제.(○)

위에 예시(例示)된 말들은 한자(漢字) 내지 한자어(漢字語)의 뜻을 이해하지 못하고 있기 때문에 말을 잘못 하는 경우이다.

'접수(接受)받다'는 접수(接受)의 '受'가 '받는다는 뜻'이고 동사이므로

‘접수(接受)받다’가 아니고 ‘접수(接受)하다’가 바른 말이다. 병원에 가 보면 간호사가 ‘선생님은 진료(診療)보고 계십니다.’라고 하는데, 진료(診療)의 뜻을 잘 모르고 하는 말이다. 진료(診療)는 진찰(診察)하고 치료(治療)한다는 뜻이므로 ‘진료(診療)하고 계십니다.’라고 해야 한다.

‘계약을 맺다’란 말을 가끔 듣는데, 계약(契約)의 약(約)이 맺는다는 뜻이므로 ‘계약하다’라고 해야 한다. ‘독서(讀書)를 읽다. 집필(執筆)을 쓰다.’란 말에 이르러서는 기가 차서 말문이 막힌다. 1950년대에는 ‘생남 낳고, 식사 먹고, 이발 깎고’란 우스갯소리가 유행한 적이 있다. 이제는 그것이 농담(弄談)이 아니고 진담(眞談)으로 쓰는 사람들이 지식인 층에도 있다. 말이 고정불변(固定不變)하는 것은 아니고 변할 수 있지만, 말도 안 되는 말을 인정해야 할까? 그래서는 안 된다. 그래서 국어 교육이 필요하다.

현미(玄米)의 미(米)가 쌀인데 현미쌀(玄米-)이라고 하고, 생수(生水)가 물인데 생수물이라고 말하는 사람들은 한자를 모르는 계층이거나, 바른 국어 사용에 극히 무관심한 사람들일 것이다.

‘어머니 오촌 당숙을 만났다.’는 말은 저명한 소설가의 글에서 보았다.

당숙(堂叔) 속에 오촌이란 말이 포함되어 있다. 오촌(五寸)이란 숫자를 드러내지 않고 당숙(堂叔)이라고 하는 것을 모르고 쓴 글이다. 우리는 당내간(堂內間)이나 친척(親戚)의 촌수(寸數)가 드러나지 않는 지칭어를 사용할 줄 알아야 한다.

외국에서 들어온 물건은 수입산(輸入産)이 아니고 수입품(輸入品)이다. 산(産)자를 붙이려면 외국산(外國産)이라고 해야 한다. 수입산(輸入産)의 대립어는 수출산(輸出産)인데, 이런 말들은 우리말에 없는 말이다.

방재과(防災課)라고 하면 충분한데, 재난방재과의 재난은 불필요한 말이다.

5. 국어사전의 발음 기호(發音記號)

국어사전에는 한국 [한국], 한글 [한글], 광복절 [광복절]로 발음 표시가 바르게 되어 있다. 아나운서는 한국 [한 : 국], 한글 [한 : 글], 광복절 [광 : 복절]로, 국어사전과 다르게 잘못 발음하는 아나운서가 많다.

국어사전에 발음표시가 되어 있는데, 또 국어발음사전이 몇 가지 출판되었다. 발음사전이 따로 나온다는 것은 국어사전의 발음표시를 못 믿는다는 뜻이다. 국어사전 쪽에서 보면 발음사전의 발음은 어찌 믿을 수 있겠는가?

요컨대 한자어의 장음, 단음은 한자의 사성(四聲)을 표준으로 삼아야 한다. 사성(四聲)을 표준으로 장음·단음을 결정할 수 없는 말은 예외로 취급하여 별도로 사정(查定)하여 장음(長音), 단음(短音)을 결정하면 될 것이다.

학교에서 한자어의 장단음을 지도하지 않고(못하고), 국어사전과 국어발음사전의 발음표시가 서로 다르며, 방송인은 국어사전의 발음표시와 다르게 방송하고 있다. 지금 이 시각에도 국어의 장음, 단음은 혼란(混亂)을 향하여 전진하고 있을 것이다. 영어 발음이 이 정도로 혼란한 상태라면 큰일 났다며, 대책을 수립한다고 야단일 것이다.

국어 발음은 아무렇게나 해도 되는 것이 아니다. 한자(漢字)의 상성(上聲)과 거성(去聲)은 장음(長音)이고, 평성(平聲)은 단음(短音)이고, 입성(入聲)은

장음도 단음도 아닌 중간 소리다. 【사실은 입성은 장음에 가깝다.】 이
원칙에 따라 한자어의 장단음을 정하고 국민을 계도해야 한다.

우리말의 장음(長音)·단음(短音)

우리의 고유어(固有語)에도 장음(長音)과 단음(短音)이 있고, 장음(長音), 단음(短音)의 발음에 따라 뜻이 달라지는 말이 있다. 예시(例示)해 보겠다.

'발(足)과 발ː(簾)', '밤(夜)과 밤ː(栗)', '눈(眼)과 눈ː(雪)', '말(馬)과 말ː(言)' 등이 있는데. 이런 말의 장단음(長短音) 구별은 초등학교에서 이미 다 배워서 잘 하고 있다.

그런데 한자어는 장음(長音)·단음(短音)에 따라 뜻이 달라지는 말이 고유어에 비하여 매우 많으므로 한자어(漢字語)는 장음과 단음을 잘 구별하여 발음해야 한다. 다시 말하면 한자어는 동음이의어(同音異義語)가 많기 때문에 장음(長音), 단음(短音)을 구별해서 발음을 정확하게 해야 한다.

자전(字典)을 보면 글자마다 사성(四聲) 표시가 되어 있다. 평성(平聲), 상성(上聲), 거성(去聲), 입성(入聲)의 사성(四聲)이 표시(表示)되어 있는데, 이 사성(四聲)은 한자(漢字)의 표준발음(標準發音)을 위해서 표시해 놓은 기호(記號)이다.

장음(長音)·단음(短音)은 첫음절에서 분명하게 드러나고 2음절 이하에서는 다소 불분명하다.

지금 학교에서는 국어시간에 발음교육을 하지 않고 있다. 학교에서 한자어(漢字語)의 장음(長音), 단음(短音) 교육을 하지 않고 있으니, 일반 국민은 말할 것도 없고, 방송국 아나운서나 기자(記者)들도 발음을 많이 잘못하고 있는 것이다. 이대로 두면 국어의 장음(長音)·단음(短音)의 혼란은 더 심해질 것은 불을 보듯 뻔하다. 국어 교사부터 발음이 틀리지 않도록 노력하고, 담당기관에서는 교사들을 재교육을 해야 한다. 교사 양성기관과 대학의 국어국문과에서 지금부터라도 발음 문제를 방치하지 말고, 바른 장단음(長短音)을 가르쳐야 한다.

선생님들과 제주도 여행을 갔었는데, 천지연폭포 아래 장어가 보였다. 어떤 선생님이 '아, 장 : 어 봐라.' 소리쳤다. 길게 생긴 물고기 장어 [장어]를 [장 : 어]로 발음했다. [장 : 어]라고 하면 길이가 긴 물고기가 아니고, 어른물고기, 대장물고기의 뜻이 된다. 의사소통에 지장이 없더라도 바르게 발음해야 한다. 이것이 바른 국어 교육이다.

1. 한자어의 장음과 단음(短音)

한자(漢字) 사전(자전, 옥편)을 보면 글자마다 네모표시(□)를 해 놓고 네모서리의 한 곳에 ○표를 해놓았다. ₒ□=평성(平聲)은 왼쪽 아래에 표가 있고, °□=상성(上聲)은 왼쪽 위쪽에 ○표가 있고, 거성(去聲)은 오른쪽 위에 ○표가 있고 □°, 오른편 아래에 ○표가 있는 것은 입성(入聲)=□ₒ이다. 이것을 사성(四聲)이라고 하는데 한자(漢字)의 발음기호이다.

(1) ∘□평성(平聲) : 낮고 짧은 소리로서 단음(短音)이다.

(2) °□상성(上聲) : 낮은 데서 올라가며 길게 발음하는 장음(長音)이다.

(3) □°거성(去聲) : 높은 상태에서 시작하여 길게 지속되는 장음(長音)이다.

(4) □∘입성(入聲) : 받침이 'ㄱ, ㄹ, ㅂ'인 한자는 모두 입성(入聲)이다.

　　　　　　　　입성은 긴소리도 짧은소리도 아닌 중간소리이다.

☆ 사실은 입성은 장음(長音)에 가깝다.

2. 장음 · 단음 두 가지 발음 한자

장(長), 강(强), 중(重), 행(行)의 두 가지 발음

(1) 長(장)

① 長(장)은 '길다'의 뜻으로 쓰일 때는 단음(短音)으로 발음한다.

　　장시간(長時間), 장어(長魚), 장수(長壽)의 장(長)은 단음으로 발음한다.

② 長(장)이 '어른'의 뜻으로 쓰일 때는 장음(長音)으로 발음한다.

　　장 : 관(長官), 장 : 로(長老), 장 : 자(長子), 장 : 유유서(長幼有序)의 장(長)

　은 장음(長音)으로 발음해야 한다.

(2) 强(강)

① 强(강)은 '힘세다'의 뜻일 때는 단음(短音)으로 발음한다.

　　강풍(强風), 강력(强力), 강국(强國), 강자(强者)의 강(强)은 단음(短音)이다.

② 强(강)이 '억지로'의 뜻일 때는 장음(長音)으로 발음한다.

　　강 : 탈(强奪), 강 : 간(强姦), 강 : 점기(强占期), 강 : 매(强賣, 强買), 강 : 권

(强勸), 강제(强制) 등의 강(强)은 장음으로 발음한다.

(3) 重(중)

① 重(중)은 '무겁다'의 뜻으로는 장음(長音)으로 읽는다.

　　중：량(重量), 중：후(重厚), 중：요(重要), 중：대(重大)의 중(重)은 장음
(長音)으로 발음한다.

② 重(중)이 '거듭'이란 뜻으로는 쓰일 때는 단음(短音)으로 발음한다.
　　중수(重修), 중건(重建), 중상(重喪), 중간본(重刊本), 중출(重出)의 중(重)은
단음이다.

(4) 行(행)

① 行(행)이 평성(平聲)일 때는 단음(短音)으로 읽는다.
　　행동(行動), 행위(行爲), 항렬(行列), 항오(行伍)의 行(행·항)은 평성이므로
단음으로 읽는다.

② 행：장(行狀), 행：실(行實)의 행(行)은 상성(上聲)이므로 장음(長音)으로
읽는다.

3. 평성(平聲)은 짧은 소리

평성(平聲)은 낮고 짧게 발음하는 짧은소리다. 다음에 예시한 단어의
첫음절은 평성(平聲)이므로 짧게 발음해야 한다.

광우병(狂牛病), 고속도로(高速道路), 가감(加減), 마약(痲藥), 가전제품(家電製

品), 비극(悲劇), 비리(非理), 비례(非禮), 비범(非凡), 성인병(成人病), 방화수(防火水), 광주(光州), 창원(昌原), 가장(家長), 건조(乾燥), 감사원(監査院), 장어(長魚), 장수(長壽), 자본(資本) 등.

　위의 말들은 첫음절이 단음(短音)인데도 장음(長音)으로, 방송에서 잘못 발음하는 것을 정리한 것이다. 독자들은 위에 있는 단어의 두음(頭音) 즉첫음절을 단음(短音)으로 발음해야 한다.
　다음은 첫음절이 평성(平聲)인 어휘들이다. 단음(短音)으로 읽는다.

　가무(歌舞), 가수(歌手), 가곡(歌曲).
　가전제품(家電製品), 가정(家庭), 가족(家族).
　개정(開廷), 개항(開港), 개국(開國).
　귀가(歸家), 귀국(歸國), 귀성(歸省).
　대장(臺帳), 대사(臺詞), 대간(臺諫).
　동의(同意), 동의서(同意書).
　동몽선습(童蒙先習), 동무(童舞), ☆童 : 아이(동)은 평성이다.
　미생물(微生物), 미적분(微積分), 미물(微物).
　사고(思考), 사모(思慕), 사상(思想), 사료(思料).
　사자(獅子), 사자후(獅子吼).
　상쟁(相爭), 상호(相互), 상대(相對).
　성혼(成婚), 성인(成人), 성인병(成人病).
　수학(修學), 수학여행(修學旅行).
　명복(冥福), 명부(冥府), 명복(冥福)을 빈다.
　시비(詩碑), 시인(詩人).

아첨(阿諂), 아부(阿附), 아형(阿兄), 아비규환(阿鼻叫喚).

영구차(靈柩車), 영혼(靈魂).

영세민(零細民), 영점(零點), 영락(零落).

영부인(令夫人), 영애(令愛), 영식(令息).

우국(憂國), 우려(憂慮), 우심(憂心).

원성왕(元聖王), 원단(元旦), 원일(元日).

원예작물(園藝作物), 원예학과(園藝學科).

원화(源花), 원천(源泉), 원류(源流).

자정(子正), 자시(子時), 자오선(子午線).

장수(長壽), 장어(長魚).

장자(莊子), 장원(莊園), 장엄(莊嚴), 장중(莊重).

전통(傳統), 전달(傳達), 전언(傳言), 전수(傳授), 전수(傳受).

전원도시(田園都市), 전답(田畓).

전인교육(全人敎育), 전신(全身).

전임강사(專任講師), 전공과목(專功科目).

전임자(前任者), 전직(前職), 전산(前山).

조식(曺植), 조만식(曺晩植).

한국(韓國), 한국어(韓國語), 한국인(韓國人).

한글 [한글]. 한글날.

향가(鄕歌), 향교(鄕校), 향우회(鄕友會), 향촌(鄕村).

현감(縣監), 현령(縣令).

현수막(懸垂幕), 현수교(懸垂橋), 현상금(懸賞金).

공중전화(公衆電話), 공중도덕(公衆道德), 공익(公益), 공정(公正).

자금(資金), 자본(資本), 자질(資質) 등.

4. 상성(上聲)은 장음(長音)

상성(上聲)은 낮은데서 올라가는 긴소리다. 다음에 예시한 단어의 첫 음절은 상성이므로 장음으로 발음한다.

해 : 양(海洋). 거 : 절(拒絶). 상 : 류(上流). 저 : 항(抵抗). 인 : 내(忍耐). 행 : 운(幸運). 고 : 찰(考察). 사 : 료(史料). 이 : 발소(理髮所). 강 : 점기(强占期) 등.

'행운(幸運). 고찰(考察). 사료(思料). 이발소(理髮所). 강점기(强占期)'의 두음(頭音)은 상성(上聲)이므로 장음(長音)인데, 단음(短音)으로 발음하는 사람들이 많다.

● 첫음절이 상성(上聲)인 장음(長音)의 어휘(語彙)

강 : 점기(强占期). 강 : 요(强要). 강 : 제(强制). 강 : 탈(强奪).

개 : 정(改定). 개 : 선(改善). 개 : 악(改惡). 개 : 헌(改憲). 개 : 편(改編).

경 : 덕왕(景德王). 경 : 복궁(景福宮). 경 : 개(景槪). 경 : 치(景致).

금 : 상첨화(錦上添花). 금 : 강(錦江).

금 : 수강산(錦繡江山). 금 : 의환향(錦衣還鄕).

당 : 원(黨員). 당 : 비(黨費). 당 : 수(黨首).

부 : 담(負擔). 부 : 채(負債). 부 : 급(負笈).

☆ 부 : 급(負笈) : 책 상자를 지고 타향으로 공부하러 떠남.

사 : 료(史料). 사 : 적(史蹟). 사 : 기(史記). 사 : 학과(史學科).

사 : 림(士林). 사 : 림파(士林派). 사 : 족(士族).

사 : 신(使臣). 사 : 동(使童). 사 : 동 : 사(使動詞). 사 : 역(使役).

사 : 례(謝禮). 당선-사 : 례(當選-謝禮). 사 : 은회(謝恩會).

사 : 직(社稷). 사 : 회(社會). 사 : 단법인(社團法人).

선 : 덕왕(善德王). 선 : 행(善行). 선 : 도(善導).

수 : 리(數理). 수 : 학(數學).

양 : 식(養殖). 양 : 어(養魚). 양 : 돈(養豚). 양 : 계(養鷄).

어 : 절(語節). 어 : 학(語學). 어 : 순(語順). 어 : 법(語法).

어 : 문학(語文學). 어 : 문교육(語文敎育). 어 : 문정책(語文政策).

유 : 식(有識). 유 : 기적(有機的). 유 : 무상통(有無相通).

음 : 식(飮食). 음 : 료수(飮料水). 음 : 복(飮福).

음 : 주(飮酒). 음 : 주문화(飮酒文化). 음 : 주운전(飮酒運轉).

자 : 색(紫色). 자 : 금성(紫金城). 자 : 외선(紫外線).

재 : 적(在籍). 재 : 소자(在所者). 재 : 일동포(在日同胞).

조 : 기(早起). 조 : 퇴(早退). 조 : 실부모(早失父母).

조 : 기(早期). 조 : 기방학(早期放學). 조 : 기진 : 단(早期診斷).

조 : 실부모(早失父母). 조 : 숙(早熟)하다. 조 : 혼(早婚)하다.

조 : 선(造船). 조 : 폐(造幣). 조 : 청(造淸).   ☆ 조 : 예(造詣)의 造는 거성.

조 : 폐공사(造幣公社). 조 : 형예 : 술(造形藝術).

조 : 총(鳥銃). 조 : 감도(鳥瞰圖). 조 : 류(鳥類). 조 : 족지혈(鳥足之血).

현 : 충사(顯忠祠). 현 : 미경(顯微鏡). 현 : 고학생부군(顯考學生府君).

5. 거성(去聲)은 장음(長音)

거성(去聲)은 높은 데서 지속되는 장음(長音)이다. 다음에 예시한 단어들은 첫음절을 길게 발음한다.

대 : 표(代表). 가 : 면(假面). 건 : 강(健康). 대 : 중(大衆). 경 : 사(慶事).
음 : 식(飮食). 음 : 료수(飮料水) 경 : 애(敬愛). 주 : 사(注射).
회 : 식(會食). 행 : 실(行實). 행 : 장(行狀) 등

'주 : 사(注射). 회 : 식(會食)'의 두음(頭音)을 단음(短音)으로 발음하는 사람들이 많다. 주 : 목(注目). 주 : 시(注視). 주 : 입(注入) 등을 발음해보면 注 : 물댈(주)가 장음임을 알 수 있다. ☆ 注 : 물댈(주)는 거성이다.

회 : 의(會議). 회 : 담(會談). 회 : 순(會順)의 會 : 모일(회)가 장음으로 발음되는 것처럼 회 : 식(會食)의 會(회)도 장음이다. ☆ 會 : 모일(회)는 거성이다.

행 : 실(行實). 행 : 장(行狀)의 '行'은 거성이므로 장음이다. ☆ 행동(行動), 행로(行路) 등의 '行'은 평성(平聲)이므로 단음(短音)이다.

● 거성(去聲)으로 장음인 어휘

경 : 조(慶弔). 경 : 사(慶事). 경 : 축(慶祝).

계 : 시(啓示). 계 : 명대학교(啓明大學校).

교 : 재(敎材). 교 : 육청(敎育廳). 교 : 학상장(敎學相長).

노 : 적(露積)가리. 노 : 지(露地). 노 : 출(露出). 노 : 천(露天).

사 : 료(飼料). 사 : 육(飼育).

서 : 명(署名), 서 : 장(署長). 서 : 리(署理).

성 : 리학(性理學). 성 : 품(性品). 성 : 비(性比).

신 : 중(愼重). 신 : 독(愼獨). 신 : 씨(愼氏).

연 : 구(研究). 연 : 수(研修). 연 : 수원(研修院). 연 : 찬(研鑽).

정 : 부(政府). 정 : 책(政策). 정 : 치(政治). 정 : 당(政黨).

정 : 착(定着). 정 : 가(定價). 정 : 원(定員).

정 : 체(正體). 정 : 체성(正體性). 정 : 체불명(正體不明). ☆ 정월(正月)은 단음.

조 : 명(照明). 조 : 사(照射). 조 : 회(照會). 조 : 도(照度). 조 : 준(照準).

증 : 직(贈職). 증 : 여(贈與). 증 : 정(贈呈).

화 : 면(畵面). 화 : 가(畵家). 화 : 실(畵室). 화 : 백(畵伯).

화 : 학(化學). 화 : 석(化石). 화 : 학작용(化學作用). 화 : 합(化合).

회 : 식(會食), 회 : 원(會員). 회 : 의(會議). 회 : 장(會長). 회 : 취(會聚).

회 : 명(晦冥). 회 : 명(晦明). 회 : 일(晦日). 회 : 삭(晦朔). 회 : 재(晦齋).

☆ 회 : 재(晦齋) : 이언적(李彦迪 1491-1553)의 호. 조선 중종 때 성리학자.

6. 입성(入聲)은 중간 소리

'ㄱ, ㄹ, ㅂ' 받침의 한자는 모두 입성(入聲)인데, 중간 길이의 소리다.
☆ 사실은 입성(入聲)은 긴소리[장음]에 속한다.

ㄱ받침 : 학자(學者). 박사(博士). 식품(食品). 학교(學校).
ㄹ받침 : 불교(佛敎). 갈증(渴症). 물질(物質). 설산(雪山).
ㅂ받침 : 입학(入學). 입식(立式). 답사(踏査). 답변(答辯).

입성(入聲)은 장음(長音)도 단음(短音)도 아닌, 중간 길이의 소리다. 표준
어에서는 장음(長音)·단음(短音)만 있고 중간 길이의 소리는 인정하지

않고 있다. 그러나 입성(入聲)을 발음해보면 단음(短音)과 장음의 중간소리임을 알 수 있다.

보기에 있는 ㄱ받침의 학자(學者), 박사(博士); ㄹ받침의 불교(佛敎), 갈증(渴症); ㅂ받침의 입학(入學), 답사(踏査)를 실제로 발음해보면 장음(長音)도 단음(短音)도 아닌 중간 길이의 소리임을 알 수 있을 것이다.

☆ 사실은 입성(入聲)은 장음(長音)에 가깝다. 학자(學者)의 '학'을 발음해보면 [학-]에서 휴지(休止) 시간이 있다.

한자어의 장음(長音), 단음(短音)은 한자의 사성(四聲)에서 결정되는데, 이것을 아는 국어교사가 적다. 국어사전의 장단음(長短音) 표시도 불일치(不一致)의 상태며, 아나운서의 발음도 국어사전과 다르다. 국어사전이 있는데 발음사전이 나오는 등 한자어의 장단음(長短音)이 일정하게 고정되어 있지 않고 혼란이 심하다는 증거이다.

자전(字典)에 있는 대로 발음해야 한다. 평성(平聲)은 짧은 소리, 상성(上聲), 거성(去聲)은 긴소리, 입성(入聲)은 중간소리로 발음해야 한다.

7. 유의해야 할 성씨(姓氏)

1) 장음(長音)과 단음(短音)의 구별

남의 성(姓)은 장음과 단음을 구별하여 바르게 발음해야 상대방(相對方)에게 실례(失禮)가 안 된다. 성(姓)의 장·단음은 지식인(知識人), 무식인(無識人)인을 막론하고 혼란의 정도가 심하다. 다음 표에서 특히 유의해서 발음해야 성(姓)을 예시해보았다.

	공	구	금	변	성	신	유	임	장	전	정	조	진	채	하	현
장음	孔	具	·	卜	·	愼	柳庚	·	蔣	錢	鄭	趙	晉	蔡	夏	·
단음	公	丘	琴	邊	成	申辛	兪劉	任林	張	全田	丁	曺	陳秦	·	河	玄

● 방송에서 탁구선수 현정아를 늘 [현 : 정아]라고 했다. 지나간 일
이지만 현승종(玄勝鐘) 국무총리를 [현 : 총리]라고 하니, 현재의 총
리인지, 현총리(玄總理)인지 구별이 안 되었다. 가수 현철은 [현 :
철]이 아니고, [현철]이다.

● 연예인 [채 : 시라]를 [채시라]로 발음하는 사람이 많다. 2008년
12월에 숭례문에 불지른 방화범은 [蔡채 :]가(哥)인데, 방송사마다
[채]라고 하니, 사람들이 그 발음을 따라서 [채]라고 했다. 채(蔡)는
사성으로 보면 거성(去聲)인데, 거성은 높은 소리로 지속되는 장음
이다. 사성으로 설명할 것도 없이 蔡[채 :]로 발음하는 것은 상식
이다. 2013년 전격 사퇴한 검찰총장은 [채 : 동욱]이다.

● 국사교수(國史敎授)가 다산(茶山) 정약용丁若鏞을 [정 : 약용]이라고,
[丁정]을 [鄭정 :]으로 바꾸는 것을 보았다. 과거 민주당 대표 정
(丁)세균 대표를 방송국마다 한결같이 [정 : 세균]으로 발음했다. 정
(丁)을 정 : (鄭)으로 성을 바꾸어도 방송국에 항의하지 않는 것 같
았다.

● 대구시장은 조해녕(曺海寧)씨였는데, 방송국에서 조시장曺市長을 사
뭇 [조 : 시장趙市長]으로 성을 바꾸어 방송했다. 말의 전문가며 말
로 먹고 사는 아나운서의 발음이 이렇다.

● 고등학교 동기생 중에 변사장(邊社長)이 있었는데, 동기회 때 '저 사람은 [변 : 사장(卞社長)]이 아니고, [변사장(邊社長)]입니다.'라고 말 해도 계속 [변 : 사장(卞社長)]으로 친구의 성을 바꾸는 동기생들이 많았다.

● 대학교동기생 중에 신 : (愼)교장이 있는데, 국어교사 내지 국어국 문과 교수들이 [신 : (愼)교장]으로 바르게 발음하지 않는 사람들이 있었다. 국어교육을 맡았던 사람들의 발음이 이 정도이다. [신 교 장]은 [신(申) 교장] 또는 [신(辛) 교장]이 된다.

● 任(임)은 거성(去聲)으로 장음이다. [임 : 명(任命)], [임 : 무(任務)]와 같 이 장음(長音)이다. 그러나 성씨로 부를 때는 [임(任)]으로, 단음(短音) 으로 발음해야 한다. 林(임)씨와 발음이 같다. 임씨(任氏) 문중의 결정 이다. 유명한 아나운서 임택근을 [임 : 택근]이라고 하는 사람은 없 었다.

● 경북 봉화(奉化) 금(琴)씨는 [금 :]으로 (장음으로) 발음하면 안 된다. 금(琴)은 단음이다. 琴(금)씨 문중에서는 단음(短音)으로 맞게 발음하 는데, 남들이 琴(금 :)으로 잘못 발음하고 있다.

● 맹(孟)씨는 자기들 성(姓)을 낮추어 말하기 위해서 '맹(孟)가'라고 하 지 않고 '맹씨'라고 한다. 맹자(孟子)의 본명이 '맹가(孟軻)'이기 때문 이다.

● 이(李)씨의 일부에서는 개를 쫓을 때 '이 개'라고 하지 않고 '요 개'라고 한다. 사육신(死六臣)의 한 사람인 '이개(李塏)'가 있기 때문 이다.

물리학을 공부했든, 영어를 공부했든, 무슨 공부를 했든지 간에 한 국의 지성인(知性人)이라면 남의 성(姓)을 바르게 부를 수 있어야 한다.

2) 표기할 때 유의점

(1) 성주(星州) '려(呂)'씨는 口(입구)를 상하로 두 개를 놓고 가운데 붙는 획을 없게 쓴다. 두 개의 口(입구) 사이에 붙이는 획이 있으면 입을 맞추는 것처럼 보이기 때문이다. 유의해서 써야 한다.

(2) 창녕(昌寧) '曺(조)'씨는 曹(무리조)로 쓰지 않고 '曺'字로 쓴다. 우리나라 曺植(조식)과 중국의 曹操(조조)의 성(姓)은 다르게 표기한다.

(3) 鄭(정)씨를 쓸 때 '奠'자의 윗부분의 '八'을 뒤집어서 쓰지 않는다. '八'자를 뒤집어서 쓰면 당나귀의 귀처럼 위가 쫑긋하기 때문이다.

(4) 거창 愼 [신 :]씨를 쓸 때는 '忄+眞'으로 쓰지 않고 '忄+直+八'로 쓴다. 즉 '愼'자로 써야 한다. 匕(비수 비) 자를 피한다는 뜻이다.

(5) 경주 배씨(裵氏)는 두 가지로 표기한다. 즉 裵와 裴로 표기한다. 이른바 꼭지 있는 裵와 꼭지 없는 裴로 다르게 표기한다.

꼭지 없는 裴의 윗대 조상이 과거 시험에서 답안지에 이름을 빠뜨리고 제출할 뻔해서 급히 '裵三盆'을 빨리 흘려서 쓰니 '衰之盖'와 비슷하게 되었다. 시관(試官)이 합격자를 호명하는데 '쇠지개, 쇠지개'라고 불렀다. 응시자 '裵三盆'이 자기가 이름을 빨리 쓰느라고 그렇게 되었다고 하니 앞으로는 '衰'와 혼동되지 않도록 꼭지 없는 배(裴)로 쓰라고 했다. 그래서 그 집 후손들은 꼭지 없는 배(裴)로 써 왔다. 그러다가 영조(英祖) 때 족보를 하면서 裵(배)로 통일하였다. 아직도 모르고 裴(배)로 쓰는 집도 있는 것 같다. 裵와 裴는 같은 글자이다.

(6) 柳(버들 류), 呂(음률 려), 羅(벌일 라)는 맞춤법에 있는 두음법칙(頭音法則) 규정에 의하여 유(柳), 여(呂), 羅(나)로 적어오다가 이들 성씨(姓氏)의 문중(門中)에서 원음대로 류(柳), 려(呂), 라(羅)로 표기하기로 결정하여 종중(宗中)의 결정대로 표기하고 있다. 맞춤법 규정에 두음법칙이 없어진 것은

아니지만 각 문중에서 결정한 표기법을 존중하는 것이 현실이므로 한글로 적을 때는 '류(柳), 려(呂), 라(羅)'로 표기해야 한다.

李(자두나무 리)도 여기에 해당되나 이씨(李氏)는 '이(李)'로 표기한다. 단, 이승만(李承晩) 대통령은 '리승만'으로 표기했었다.

【두음법칙】

① 단어의 첫소리에 'ㄹ'이 오지 않는다. 'ㄹ → ㅇ' 또는 'ㄹ → ㄴ'이 된다.

<보기> 량심 → 양심. 류행 → 유행; 락원 → 낙원. 로인 → 노인. 래일 → 내일.

② 단어의 첫소리에 '냐, 녀, 뇨, 뉴, 니'가 오지 않는다. 'ㄴ → ㅇ'이 된다.

<보기> 녀자(女子) → 여자. 니토(泥土) → 이토 ☆ 泥 : 진흙(니).

(7) 木 : 나무(목)자가 들어간 성(姓)을 쓸 때는 木의 가운데 획을 삐쳐 올리지 않는다. 朴 林 權 柳 李 朱 桂 楊 梁 宋… 등에 있는 木의 가운데 획을 꼬부려 올려 쓰는 것은 잘못이다. 붓글씨 쓰는 사람들이 습관적으로 꼬부려 올려 쓴다. 木에 있는 밑의 세 획은 뿌리인데 뿌리가 땅으로 내려가지 않고 왜 꼬부라져서 되올라오겠는가.

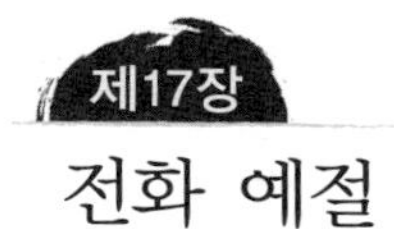

전화 예절

　전화를 걸고, 전화를 받는 것은 우리 생활의 일부분을 차지하고 있다.

　요즈음은 많은 사람들이 휴대전화를 가지고 다니므로 수시로 전화를 받기도 하고 걸기도 한다.

　전화는 전화기를 통해서 대화하므로 얼굴을 마주보고 대화할 때와 다른 점이 있다. 그러나 전화도 대화(對話)한다는 점에서는 마주보고 하는 대화와 크게 다를 것이 없다. 전화 예절이라고 특별한 것이 아니고, 대화할 때의 예절과 같다고 생각하면 된다. 다만 시간이 제한되어 있으므로 간결하게 말하면서도 하고 싶은 말을 다해야 하므로 전화를 할 때는 미리 메모를 해서 전화를 하는 것이 좋다.

　대화 예절의 요체(要諦 : 가장 중요한 것)는 친절한 말과 겸손한 태도인데, 전화 예절에 있어서도 마찬가지다.

　친절한 말과 겸손한 태도를 바탕으로 하여 전화 예절을 세부적으로 나누어서 구체적으로 살펴보자.

1. 전화를 받을 때

(1) 전화벨이 울리면 벨이 오래 울리도록 두지 말고 곧 전화를 받는다.

(2) 전화 받는 쪽에서 먼저 말을 한다.

보통 '여보세요.'란 말을 먼저 하는데, '여보세요.' 대신에 '네/예'로 고쳐야 한다. '여보세요.'는 주로 사람을 부를 때 쓰는 말이고, '네/예'는 대답할 때 쓰는 말이다. 전화벨이 따르릉 울리는 것은 사람을 부르는 소리이므로 '네/예'라고 대답하는 것이 옳다. 요즈음은 '네/예'로 많이 고쳐졌다.

그냥 '네/예'라고 하면 간결하기는 한데, 상대방에게 쌀쌀맞다는 느낌을 줄 수도 있으므로, '네/예, 효자동입니다.', '네/예, 잠실 시영아파트입니다.', '네/예, 이몽룡입니다.'라고 하는 것이 친절하고, 통화 시간도 절약된다.

(3) 회사 같으면 '네, ○○전자입니다.'라고 한다. 회사의 경우는 '네' 대신에 '감사합니다.'로 바꾸어서 '감사합니다. ○○전자입니다.'라고 해도 좋은 응대(應待)이다.

(4) 누구에게나 친절하게 전화를 받아야 하는데, 좋지 않은 태도로 전화를 받다가 상대방의 신분을 알고 나서, 깜짝 놀라며 정중하게 받는 태도를 취하는 것은 예의범절이 좋지 않은 사람이다.

(5) 상대방이 볼 수 없는 전화라고 해도 다리를 탁자 위에 걸치거나, 자리에서 상체를 비스듬하게 누운 자세로 전화를 받거나, 전화를 걸면 안 좋다.

(6) 전화기 옆에는 메모지와 적을 수 있는 펜을 비치해 두는 것이 좋다.

2. 전화를 걸 때

(1) 전화를 걸 때, 상대방의 응답이 있으면 '안녕하십니까? 저는 정삼돌입니다.' 또는 '여기는 대한 중학교입니다. 최길수 선생님 계십니까?'라고 한다.

전화를 거는 사람은 인사를 하고, 자기 신분을 밝히는 것이 기본 예의다.

(2) 나이 어린 사람의 경우, 어른이 전화를 받았을 때 '안녕하십니까? 저는 ○○이 친우입니다. ○○이 있습니까?'처럼, 통화하고 싶은 사람과 어떤 관계인가를 밝히는 것이 예의에 맞다.

보통 '저는 ○○이 친구입니다.'라고 하겠지만, 친구의 부모 앞에서는 '○○이 친우(親友)입니다.'라고 하는 것이 예의에 맞는 말이다. '아버지, 친구(親舊)가 전화하셨습니다.'라고 할 때의 '친구'는 잘못된 말이 아니다. 아이들은 어른들 앞에서 벗을 친우(親友)라고 하는 것이 좋다.

(3) 만약 전화를 건 쪽에서 상대방을 먼저 확인할 필요가 있을 때는 '안녕하십니까? ○○○씨 댁입니까?'라고 할 수 있는데, 질문을 할 때는 상대방이 '네' 또는 '아닌데요.'로 대답할 수 있도록 물어야 한다. 즉 '거기가 어디지요?'라고 물으면 '네' 또는 '아닌데요.'로 간단히 답할 수 없게 된다. '거기가 잠실 주공 아파트입니까?'라고 물으면 '네/예.', '아닌데요.'로 간단히 답할 수 있게 된다.

(4) 친척이나 어른에게 전화를 걸 때 상대방이 나오면 자기부터 밝히고, 상대방의 이름을 부르지 않고, 호칭을 불러서 확인한다. 가령 '안녕하십니까? 외삼촌이세요? 대구 ○○입니다.'라고 해야지, '여보세요. 거기 김상국 씨 댁입니까?'라고 했을 때 '네/예, 제가 김상국입니

다.'라고 전화를 받는다면, 조카(생질)가 전화를 잘못 건 것이다. 만약 잘못 걸리는 경우가 있더라도 호칭을 해서 '안녕하십니까? (외)숙부님이세요? 대구 ○○입니다.'라고 해야 한다. (5) 교환을 통해서 전화를 걸 때도 '안녕하십니까? ○○번 좀 부탁합니다. 또는 ○○과 좀 부탁합니다.'처럼 정중하게 말해야 한다.

3. 잘못 걸려온 전화

(1) 집에서나 직장에서나 전화가 잘못 걸려 왔을 때 불친절하게 받는 경우를 가끔 본다. 잘못 걸려온 전화라도 퉁명스런 목소리로 '아닌데요.'하고 금방 딸가닥 끊지 않는다. 제대로 확인도 안 된 상태에서 퉁명스럽게 말하고 딸가닥 끊으면, 다시 걸어서 확인하기가 어렵고, 전화 건 사람이 난감해진다. 이런 불친절한 태도에서 상대방의 기분이 상하게 되고 난처하게 된다는 것을 안다면 잘못 걸려온 전화도 정중하고, 친절하게 응대해야 할 것이다. 남을 배려하는 것이 곧 나를 위하는 것이다.

(2) '아닙니다. 전화가 잘못 걸린 것 같습니다.' 또는 '아닙니다. 여기는 650국에 8585번입니다.'라고 친절하게 응대해야 한다.

(3) '전화 잘못 거셨습니다.' '잘못 거셨습니다.'라는 말을 하면, '전화도 제대로 못 거느냐'라고 무시하는 느낌이 들어 전화 건 사람의 자존심을 건드릴 수 있으므로 이런 말은 피하는 것이 좋겠다. '전화가 잘못 걸린 것 같습니다.'와 '전화 잘못 거셨습니다.'는 느낌에 차이가 있다.

4. 전화를 바꾸어 줄 때

(1) 집에서나 직장에서 걸려온 전화를 다른 사람에게 바꾸어 주어야 할 때는 '네/예, 잠시(잠깐, 조금) 기다려 주시겠습니까?', '바꾸어 드리겠습니다.'

(2) 대체로 전화를 건 사람이 자기 신분을 밝히겠지만, 자기를 밝히지 않았다면 '누구시라고 전해 드릴까요?'라고 물어 볼 수 있다.

(3) 상대방이 찾는 사람이 없을 때는 '지금 안 계십니다. 뭐라고 전해드릴까요?'라고 정중하고, 친절하게 응대해야 한다.

(4) 특히 직장에서는 그때그때 상황에 따라 '지금 자리에 안 계십니다. ○분 또는 ○시간 후에 다시 걸어 주시겠습니까?' 혹은 '정 ○○ 님은 출장 갔는데, 오후 3시쯤 되어야 돌아옵니다.' 등 친절하고 정중하게 응대한다.

(5) 특히 가정에서 남편에게 전화가 왔을 때 '집에 안 계십니다.', '출장 가셨습니다. 내일 돌아오십니다.' 등 남편을 존대해서 말하지 않는 것이 우리의 언어 예절이다.

'지금 집에 없습니다.', '그이는 출장 갔습니다. 내일 돌아옵니다.'라고 말해야 한다.

남편을 높여서 '계신다', '잡숫는다', '주무신다', '가신다', '오신다'란 존대어를 쓰지 않는다. 부부는 평등한 관계이기 때문이다.

5. 대신 거는 전화

직장에서 전화를 대신 거는 경우도 있다. 이런 경우는 '안녕하십니까? 여기는 서울시청입니다. 김○○ 씨 좀 부탁합니다.'라고 해서, 전화가 연결되면 '안녕하십니까? 저는 서울시청 총무과 이○○입니다. 김○○ 님의 전화인데요, 전화 바꾸겠습니다.'처럼 분명하고, 정중하게 말한다.

6. 전화를 끊을 때

대화를 다하고 전화를 끊을 때는 '안녕히 계십시오.', '고맙습니다. 안녕히 계십시오.', '이만 끊겠습니다. 안녕히 계십시오.'라고 인사를 하고 끊는 것이 예의에 맞다. '들어가세요.'라는 인사도 하지만, 명령형이고 상스런 느낌을 줄 수 있다고 화법 표준화 위원들은 이런 말은 피하는 것이 좋다고 했다.

7. 휴대 전화(携帶電話) 걸고 받기

우리 한국은 휴대 전화 기술이 세계에서 1등가는 나라이다. 따라서 휴대 전화를 가진 사람도 인구 비율로 보면 세계에서 높은 편일 것이다.
소형 전화기를 몸에 지니고 사니까 전화를 걸거나, 오는 전화를 받는 데는 매우 편리하다. 그러나 휴대 전화를 걸고 받는 데 문제점도 있다.

(1) 거의 사람마다 휴대 전화를 소지하고 있으므로 전화벨이 울려서는 안 될 장소에서 벨이 울리는 경우가 있다. 그런 곳에서는 진동으로 놓아둔다.

(2) 전화로 대화하는 것은 사생활이므로 그것이 다른 사람의 기분을 거스르거나 생활에 불편을 주어서는 안 된다.

지금 한국인들이 휴대 전화를 거는 예절이 매우 안 좋다. 공공의 장소나, 지하철에서, 버스 안에서 버럭버럭 소리 지르며, 허허허 웃으며, 욕지거리로 싸우며 주위 사람을 무시하고 큰 소리로 전화를 걸고 받는다. 이 휴대 전화가 한국을 예의지국(禮儀之國)에서 무례지국(無禮之國)으로 전락시키고 있다.

(3) 상당한 수의 가정에서는 부모 전화 요금보다 아이 전화 요금이 더 많다. 적게 낳아 잘 키우는 게 아니라, 많이 낳아 마구 키울 때보다 버릇없는 아이들을 만들고 있다. 가족 수대로 전화기를 가진 가정이 많다. 아직 어린 아이들은 전화를 가지지 않는 것이 좋을 것 같다.

수례(修禮) 서식(書式)

수례(修禮)란 예의를 닦음, 체면을 닦음의 뜻이고, 서식(書式)은 경조사 (慶弔事)에서 쓰는 글 또는 글의 형식을 말하는 것이다. 남의 경조사에 부조금을 봉투에 넣거나 물건을 줄 때에 봉투나 물건에 경조(慶弔)의 문구를 쓴다. 이럴 때 쓰는 문구가 수례 서식, 또는 수례 용어라고 한다.

남의 경조사(慶弔事)에 경조(慶弔)의 뜻을 나타내는 말에는 어떤 것이 있는가 알아보자.

1. 경사(慶事)

1) 혼인(婚姻)

- 축결혼(祝結婚) • 축혼인(祝婚姻) • 축화혼(祝華婚) • 축화촉(祝華燭)
- 축하혼인(慶賀婚姻) • 축백년가약(祝百年佳約) • 축만복지원(祝萬福之源)
- 결혼을 축하합니다.

2) 돌

- 수(壽) : 수명이 길기를.
- 수부귀(壽富貴) : 수명이 길고, 잘 살고, 귀한 사람 되기를 빕니다.
- 축수의(祝壽儀) : 생일잔치를 축하함.
- 축 첫돌 : 첫돌을 축하합니다.
- 축 돌잔치 : 돌잔치를 축하합니다.

3) 생일(生日)

- 축생신(祝生辰) : 생신을 축하합니다.
☆ 생신(生辰)은 어른의 생일을 높이는 말. '生身(생신)'으로 쓰면 실수다.
- 축생일(祝生日) : 생일을 축하함.
- 축수연(祝晬宴) : 생일잔치를 축하함. 또는 회갑 잔치를 축하함.
- 축수강(祝壽康) : 오래 살고 건강하기를 빕니다.
☆ 61세 : 회갑(回甲), 환갑(還甲), 화갑(華甲), 주갑(周甲)
- 축회갑(祝回甲) : 회갑을 축하함.
- 축화갑(祝華甲) : 화갑을 축하함.
☆ 華 : 빛날(화), 꽃(화). '華' 자에 '十(십)' 자가 6개가 있다.
- 축수연(祝壽宴) : 생신잔치를 축하함.
- 축수강(祝壽康) : 오래 살고 건강하기를 빕니다.
- 축익장(祝益壯) : 나이가 들어도 더욱 건장하기를 빕니다.
- 수비남산(壽比南山) : 수명이 저 남산과 같기를 빕니다.
☆ 62세 : 진갑(陳甲). 진갑은 進甲(진갑)으로도 쓴다.
- 축진갑(祝陳甲) : 진갑을 축하함.

☆ 회갑(回甲)과 같이 축수연(祝壽宴), 축수강(祝壽康), 축익장(祝益壯), 수비남산(壽比南山)이라고 쓰면 된다.

● 축고희연(祝古稀宴) : 고희 잔치를 축하함.

☆ 70세 : 고희(古稀), 칠순(七旬)

고희(古稀)←인생칠십고래희(人生七十古來稀) : 옛날부터 70을 사는 사람은 드물다는 뜻. 당나라 두보(杜甫)의 시 「곡강(曲江)」에서 나온 말이다.

● 축희수(祝稀壽) : 70세를 축하함.

● 축희연(祝稀宴) : 70세 잔치를 축하함.

● 축희수(祝喜壽) : 77세를 축하함.

☆ 희수(喜壽) 77세. 喜 : 기쁠(희)를 초서로 쓰면 七자가 두 개 들어간다.

● 축수강(祝壽康) : 오래 살고 건강하기를 빌다.

● 축노익장(祝老益壯) : 늙어도 더 씩씩하기를 빌다.

　　　　　　　　늙어도 건장한 것을 축하하다.

● 수비남산(壽比南山) : 수명이 저 남산과 같기를! (바라다, 빌다.)

● 축팔순(祝八旬) : 80세가 된 것을 축하함.

● 축팔질(祝八耋) : 80세가 된 것을 축하함.

☆ 80세 : 팔순(八旬), 팔질(八耋). 耋 : 늙은이(질).

● 수비송백(壽比松柏). 수명이 저 송백(松柏)과 같기를!

● 축모수연(祝耄壽宴) : 90세 잔치를 축하함.

☆ 90세 : 구순(九旬), 구질(九秩), 모수(耄壽) 耄 : 늙은이(모)

● 축수강(祝壽康) : 오래 살고 건강하기를 빈다.

● 축백수연(祝白壽宴) : 99세 잔치를 축하함.

☆ 百(백)에서 一이 부족하면 白(백)이 된다. 즉 99세가 白壽(백수)이다.

2. 연령(年齡)의 별칭(別稱) 1

- 66세 : 미수(美壽) ← 두 개의 六을 마주 포개면, 美자와 비슷하다.(日本)
- 77세 : 희수(喜壽) ← '喜'를 초서로 쓰면 七이 두 개가 들어간다.(日本)
- 80세 : 산수(傘壽) ← 파자(破字)다. 八＋十 → 傘 : 우산(산)자이다.(日本)
- 81세 : 반수(半壽) ← 파자(破字)다. 八十一 → 半 : 반(반) 자이다.(日本)
- 88세 : 미수(米壽) ← 파자(破字)다. 八十八 → 米 : 쌀(미) 자이다.(日本)
- 90세 : 졸수(卒壽) ← 九＋十 → 卒 : 마칠(졸)자의 약자(略字)이다.(日本)
- 99세 : 백수(白壽) ← 백(百)에서 一이 부족하니까 白자가 된다.(日本)
- 망칠(望七) : 61세. 이제 칠십(七十)을 바라본다는 뜻.
- 망팔(望八) : 71세. 이제 팔십(八十)을 바라본다는 뜻.
- 망구(望九) : 81세. 이제 구십(九十)을 바라본다는 뜻.
- 망백(望百) : 91세. 이제 백(百)을 바라본다는 뜻.

3. 연령(年齡)의 별칭(別稱) 2

- 7, 8세(歲) : 초츤(齠齔)←이를 갈 나이의 어린이.

☆ 설문(說文)에 남팔월생치, 팔세초(男八月生齒, 八歲齠) : 남자는 8개월에 이가 나고, 8세에 이를 간다.

여칠월생치, 칠세츤(女七月生齒, 七歲齔) : 여자는 7개월에 이가 나고, 7세에 이를 간다.

齠 : 이갈(초). 齔 : 이갈(츤).

- 10세(歲) : 유학(幼學)

☆ 유학(幼學)은 '글을 배우는 어린아이'의 뜻.

예기곡례(禮記曲禮)에 인생십년왈유학(人生十年曰幼學)

사람이 나서 열 살이 되는 것을 유학(幼學)이라 한다.

● 15세(歲) : 지학(志學), 성동(成童)

☆ 지학(志學)

논어위정편(論語爲政篇)에 자왈오십유오이지우학(子曰 吾十有五而志于學) :

공자께서 말씀하시기를 '나는 열다섯에 배움에 뜻을 두었다.'

성동(成童) : 다 큰 아이란 뜻.

● 파과(破瓜) : 파과지년(破瓜之年)의 준말. '瓜'를 파자하면 八八이 된다.

八＋八＝16세는 여자의 나이, 八×八＝64세는 남자의 나이.

● 20세(歲) : 약관(弱冠), 성인(成人).

☆ 약관(弱冠)은 예기곡례(禮記曲禮)에 이십왈약관(二十曰弱冠) : 二十을 약관

이라 한다.

성인(成人)은 '아이가 아니고 어른이 되었다'는 뜻.

● 30세(歲) : 이립(而立), 장(壯).

☆ 이립(而立)

논어위정편(論語爲政篇)에 삼십이입(三十而立) : (공자께서) '나는 삼십이

되어 바로 섰다.'

장(壯)은 예기곡례(禮記曲禮)에 삼십왈장 유실(三十曰壯 有室) : 삼십을 장(壯)

이라 하고, 아내를 둔다.

● 40세(歲) : 불혹(不惑), 부동심(不動心), 강(强)

☆ 불혹(不惑)

논어위정편(論語爲政篇)에 사십이불혹(四十而不惑) : (공자 가로대) "사십이

되어서 의혹됨이 없었다."

☆ 부동심(不動心) : 마음이 흔들리지 않다. 불혹과 비슷한 의미이다.

☆ 강(强)

예기곡례(禮記曲禮)에 사십왈강 이사(四十曰强 而仕) : 사십을 강(强)이라고 하고, 벼슬에 나아감.

● 48세(歲) : 상년(桑年) 桑 : 뽕나무(상)의 파자. '桑'에 十이 4개 八이 1개다.

● 50세(歲) : 지명(知命)

☆ 지명(知命) 논어위정편(論語爲政篇)에 오십이지천명(五十而知天命) : (공자 가로대) 오십이 되어서 천명(天命)을 알았다.

● 60세(歲) : 이순(耳順)

☆ 이순(耳順)

논어위정편(論語爲政篇)에 육십이이순(六十而耳順) : (공자 가로대) 육십이 되어서 무슨 말이나 들으면 알 수 있었다.

● 하수(下壽) : 60세. 중수(中壽) : 80세. 상수(上壽) : 100세.

☆ 60세(歲) : 하수(下壽) ← 최치원 낭혜화상비명(崔致遠 朗慧和尙碑銘).

☆ 80세(歲) : 중수(中壽) ← 최치원 낭혜화상비명(崔致遠 朗慧和尙碑銘).

☆ 100세(歲) : 상수(上壽) ← 최치원 낭혜화상비명(崔致遠 朗慧和尙碑銘).

● 70세(歲) : 고희(古稀)

☆ 고희(古稀)

두보(杜甫)의 곡강(曲江)이란 시(詩)에 인생칠십고래희(人生七十古來稀) : 칠십을 사는 사람이 예로부터 드물다.

☆ 종심(從心)

논어위정편(論語爲政篇)에 칠십이종심소욕불유구(七十而從心所欲不踰矩) : (공자 가로대) 칠십이 되어서 마음대로 해도 법도에 어긋나지 않았다.

● 100세(歲) : 상수(上壽). 기(期)

☆ 상수(上壽)

최치원 낭혜화상비명(崔致遠 朗慧和尙碑銘).

☆ 기(期)

예기곡례(禮記曲禮)에 백년왈기(百年曰期) : 백 살을 기(期)라고 한다.

4. 장수(長壽)의 별칭(別稱)

● 만수(萬壽)　● 만수(曼壽)　● 대수(大壽)　● 대춘지수(大椿之壽)

● 춘수(椿壽)　● 영수(永壽)　● 학수(鶴壽)　● 귀령(龜齡)　● 송수(松壽)

● 하년(遐年)　● 미수(眉壽)　● 구여수록(九如壽祿)

☆ 구여수록(九如壽祿) : 시경소아(詩經小雅)에 구여수록(九如壽祿) :
수록(壽祿)이 저 아홉 가지와 같기를! 如(여) 자(字)가 아홉 개이다.

● 여산여부(如山如阜) : 산과 같고, 언덕과 같다.

● 여강여릉(如岡如陵) : 산등성이와 구릉과 같다.

● 여천지만지(如川之萬至) : 만 갈래 시냇물이 한 곳에 모인 것 같다.

● 여월지항(如月之恒) : 저 달과 같이 변함이 없다.

● 여일지승(如日之昇) : 저 떠오르는 해와 같다.

● 여남산지수(如南山之壽) : 저 남산의 수명과 같다.

● 여송백지무(如松柏之茂) : 소나무와 잣나무가 무성한 것 같다.

5. 일반 수례 용어

1) 사례(謝禮)

감사하다는 예의를 나타내는 말이다. 돈이나 예물 물목(物目)을 봉투
에 넣었을 때 봉투 겉에 쓰는 문구(文句)이다. 예물을 드리는 개인이나
단체의 이름을 쓴 밑에 아래와 같은 문구를 쓴다.

- 박례(薄禮) : 예가 약하다. 예의가 약함.
- 박사(薄謝) : 사례(謝禮)가 약하다.
- 예정(禮呈) : 예의로 조금 드린다.
- 미성(微誠) : 성의 표시가 적다. 적은 성의 표시.
- 미충(微衷) : 작은 속마음(성의)의 표시이다.
- 비품(菲品) : 변변치 못한 물품이다.

☆菲 : 엷을 (비), 보잘 것 없다. 微 : 작을·적을 (미). 衷 : 속마음 (충).
謝 : 사례할 (사). 薄 : 엷을 (박). 呈 : 드릴 (정). 誠 : 정성 (성).

2) 송별(送別)

서로 헤어질 때, (봉투에 쓰는) 예(禮)를 표시하는 문구(文句)이다.

- 신의(贐儀) : 전별(餞別)하는 의식(儀式).
- 신송(贐送) : 전별하여 보냄.
- 신전(贐錢) : 전별금.
- 전의(餞儀) : 헤어지는 의식.

• 석별(惜別) : 헤어짐을 애석하게 여긴다.

• 촌지(寸志) : 작은 뜻. (적은 돈)

• 비의(菲儀) : 보잘 것 없는 표시.

• 비품(菲品) : 보잘 것 없는 물품.

☆ 贐 : 전별할(신 :). 餞 : 전별할(전 :). 惜 : 아낄·아까울(석). 菲 : 엷을(비)

3) 정년퇴임(停年退任)

• 송공(頌功) : 쌓은 공(功)을 기립니다.

• 축치사(祝致仕) : 퇴임을 축하합니다.

• 축입덕(祝立德) : 쌓은 공덕(功德)을 축하합니다.

• 송축(頌祝) 치사(致事) : 퇴직을 기리고 축하합니다.

• 퇴직 후 보람 있는 생활을 바랍니다.

☆ 치사(致仕) : 관직을 내놓고 물러남. 치사(致仕)＝치사(致事).

4) 위문(慰問)

병(病), 화재, 수재, 교통사고 등에 쓰는 말.

• 기원쾌유(祈願快癒) : (병이) 쾌차(快差)하기를 빕니다.

• 병위로(病慰勞) : 병 중에 있음을 위로합니다.

• 재난위로(災難慰勞) : 재난을 당함을 위로합니다.(수재, 화재. 교사고 등)

☆ 쾌차(快差) : 병이 완전히 나음. 差 : 병 나을 (차)

祈 : 빌(기). 癒 : 병 나을(유). 慰 : 위로할(위). 災 : 재앙(재).

5) 개업(開業), 개원(開院)

● 축발전(祝發展) : 발전하기를 빕니다.
● 축개원(祝開院) : 개원을 축하합니다.
● 축창립(祝創立) : 새 사업을 축하합니다.
☆ 院 : 집(원). 創 : 비롯할(창).

6) 입택(入宅)

집들이에 쓰는 말. 입택(入宅) : 새집에 들어감.

● 축입택(祝入宅) : 새집에 들어감을 축하합니다.
● 축신영입택(祝新營入宅) : 새집을 지어서 들어감을 축하합니다.
● 축성조(祝成造) : 새집을 이룩함을 축하합니다.
● 축설산(祝設産) : 새로 살림을 차림을 축하합니다.
☆ 신영(新營) : 새로 짓다. 營 : 경영할 (영).
성조(成造) : 지어 만들다. 설산(設産) : 살림을 차림.

7) 기타(其他)

● 축입학(祝入學) : 학교에 들어간 것을 축하합니다.
● 축합격(祝合格) : 합격한 것을 축하합니다.
● 축영전(祝榮轉) : 영전한 것을 축하합니다.
● 축당선(祝當選) : 당선된 것을 축하합니다.
● 축진급(祝進級) : 진급(승진)을 축하합니다.
● 축수상(祝受賞) : 상을 받은 것을 축하합니다.

• 축우승(祝優勝) : 우승한 것을 축하합니다.

• 축장도(祝壯途) : 큰 뜻을 품고 떠남을 축하합니다. (유학, 군 입대)

• 기성취(祈成就) : 일이 이루어지기를 빕니다. 성공을 빕니다.

• 기원건투(祈願健鬪) : 건강한 몸으로 싸워 이기기를 빕니다. (군 입대)

• 기원무운(祈願武運) : 무공(武功)을 세우기를 빕니다. (군 입대)

☆ 祈 : 빌(기) 祝 : ①빌(축) ②축하할(축)

장도(壯途) : 장한 뜻을 품고 길을 떠남.

6. 연말(年末), 연시(年始)

1) 연말에 선물을 보내면서

• 세의(歲儀) : 새해를 맞이하면서 드리는 인사(선물).

• 세찬(歲饌) : 새해를 축하하며 드리는 반찬.

• 박례(薄禮) : 예물이 보잘 것 없습니다.

• 새해를 맞이하며 작은 예물로 인사드립니다.

☆ 歲 : 해(세). 儀 : 의식(의). 饌 : 반찬(찬). 薄 : 엷을(박).

2) 연하장(年賀狀)에 쓰는 말

한 해를 보내고 새해를 맞이하면서 집안 어른들이나 친인척(親姻戚), 친구, 지인(知人)에게 새해를 경축하는 말을 써서 보내는 엽서나 카드, 편지를 연하장(年賀狀)이라고 한다.

우체국에서 연하장을 제작하여 팔고 있으므로 이것을 사서 쓰는 것이 가장 쉬운 방법이다. 그리고 인터넷을 하는 사람들은 전자우편으로 연하장을 제작하여 보내면 빠르고 편리하다.

개인이나 단체에서 특별히 제작하여 보내는 연하장은 개성적이고 성의(誠意)가 나타나서 좋은 점은 있지만 제작에 비용과 어려움이 따른다.

카드나 엽서, 편지, e메일로 보내는 연하장 말고, 전보로 연하(年賀)의 뜻을 보낼 수 있다.

연하장을 보내지 않고 연말연시에 안부 전화 겸 새해를 경축하는 전화를 해도 연하장을 보내는 것과 같은 효과를 가진다.

연하장은 고사하고 일 년에 안부 전화 겸 새해를 경축하는 전화 한 통도 하지 않는다면 인정이 소원(疏遠)해질 것이다. 전화는 연하장처럼 주고받는 것도 아니고, 서로 통화하므로 다 해결된다. 꼭 연하장만이 새해 인사를 하는 방법이라고 생각해서는 안 된다.

연하장에 쓰는 말은 대체로 다음과 같은 말을 많이 쓰고 있다.

● 근하신년(謹賀新年) : 삼가 새해를 하례(賀禮)합니다.

● 하정(賀正) : 새해를 축하합니다.

● 송구영신(送舊迎新)에 강녕(康寧)과 행운(幸運)을 빕니다.

● 새해를 경축(慶祝)합니다.

● 새해를 축하(祝賀)하며 건강(健康)을 빕니다.

☆ 송구영신(送舊迎新) : 묵은해를 보내고 새해를 맞이함.

송(送)↔영(迎). 신(新)↔구(舊).

舊 : 예(구). 康 : 편안할(강). 賀 : 하례(하). 健 : 건강할(건).

7. 결혼기념(結婚紀念)

- 1주년 : 지혼식(紙婚式).
- 2주년 : 고혼식(藁婚式).
- 3주년 : 초혼식(草婚式).
- 4주년 : 혁혼식(革婚式).
- 5주년 : 목혼식(木婚式).
- 7주년 : 화혼식(花婚式).
- 10주년 : 석혼식(錫婚式).
- 12주년 : 마혼식(麻婚式).
- 15주년 : 동혼식(銅婚式). 또는 수정혼식(水晶婚式).
- 20주년 : 도혼식(陶婚式).
- 25주년 : 은혼식(銀婚式).
- 30주년 : 진주혼식(珍珠婚式).
- 35주년 : 산호혼식(珊瑚婚式).
- 40주년 : 홍옥혼식(紅玉婚式).
- 50주년 : 금혼식(金婚式).
- 60주년 : 금강혼식(金剛婚式).

☆ 한국인의 결혼 60주년 기념식을 회혼례식(回婚禮式)이라 한다.

수례(修禮) 용어(用語)는 봉투에 쓸 수도 있고, 봉투에 써도 종이에 단자(單子)를 써서 봉투 속에 넣으면 좋다.

돈을 표시하는 말은 전문(錢文), 전화(錢貨), '돈'이라고 쓴다. 일금(一金) 또는 금(金)은 좋지 않다. 금(金)보다 '돈'이라고 쓰는 것이 옳다. 2음절

한자어로 쓰려면 전문(錢文)이나 전화(錢貨)로 쓰면 된다. 전문(錢文), 전화(錢貨)는 '돈'이란 뜻이다.

실용문(實用文)

실용문(實用文)이란 편지, 청첩, 부고, 공문, 이력서, 신고서, 법문(法文), 제문(祭文), 축문(祝文) 등 생활에 사용되는 글을 말한다. 예술문(藝術文)의 상대어(相對語)이다. 학교에서는 실용문을 거의 가르치지 않고 있다. 우리 생활과 밀접한, 몇 가지 실용문에 대하여 살펴보자.

1. 혼례(婚禮) 청첩(請牒)

결혼 청첩이 청첩의 대명사처럼 되어 있지만 청첩은 다양하다. 회갑 잔치, 고희(古稀) 잔치, 희수(喜壽) 잔치 등 생일을 자축하는 데 초청하는 청첩이 있다. 건물을 짓고 낙성식(落成式)에 초청하는 청첩도 있고, 기념 일에 초청하는 청첩이 있고, 조상의 묘소에 입석(立石)을 하고 초청하는 청첩 등 청첩은 다양하다.

「표준국어대사전」을 보면 '청첩장(請牒狀) : 결혼 따위의 좋은 일에 남을 초청하는 글을 적은 것'으로 20음절로 되어 있다. '請 : 청할(청).
牒 : 편지(첩)'의 두 글자의 한자를 똑똑히 알면 '청첩(請牒) : 초청하는
편지'라고 짧게 뜻풀이해도 20음절로 뜻풀이한 「표준국어대사전」보다
뜻이 분명해진다.

그리고 '청첩(請牒)＝청첩장(請牒狀)'으로 되어 있다. 청첩은 청첩장에
서 나온 말이 아니다. 청첩이 원형(原形)이고 청첩장이 청첩에서 나온
파생어다.

일제(日帝) 시대에 쓴 심훈의 소설 상록수에 '청첩'이라 했고, '청첩
장'이라고 하지 않았다. 우리 앞 시대 사람들은 모두 청첩(請牒)이라고
했다.

'牒 : 편지(첩)' 자(字)를 잘 모르는 사람들이 알기 쉬운 '狀 : 문서(장)'
자(字)를 덧붙여서 청첩장(請牒狀)이 된 것이다. 현미를 '현미쌀'이라고
하는 아낙네들이 있다. 청첩장은 현미쌀과 같은 구조이다. 아는 사람
들은 '청첩'이라고 할 뿐 '청첩장'이라고 말하지 않는다.

청첩은 '좋은 일에 남을 초청하는 편지'이다. 같은 내용으로 여러
사람에게 보내기 때문에 예의에 어긋나지 않게 써야 하는 까다로운 편
지이다.

세간(世間)에 돌고 있는 혼례 청첩을 보면 바르게 쓴 청첩이 없다. 혼
례 청첩에 나타난 잘못된 내용을 정리해 보면 대체로 다음과 같은 것
들이다.

1) 청첩의 잘못된 내용

(1) 청첩은 형식이 있는 편지인데, 일정한 형식이 없고 구구각색이다.

(2) 편지는 기필(起筆), 시후(時候), 인사, 사연, 결미의 형식이 있다. 어

떤 청첩은 인사말도 없이 바로 용건을 말하는 청첩이 있다.

(3) 청첩을 보낸 날짜가 없는 청첩이 대부분이다. 편지는 쓴 날짜가
있다.

(4) 청첩을 보낸 사람이 없는 것이 대부분이다. 편지는 발신인이 있다.

(5) 꼭, 부디 참석하기를 바란다는, 무례한 청첩이 있다.

(6) 일시, 장소 등 핵심 내용을 하단 난외에 둔 청첩이 많다.

(7) 시집, 장가가는 당사자가 작성한 무례한 청첩이 대단히 많다. 시
집, 장가가는 당사자가 청첩을 쓰면 문장(글)이 제대로 되지 않
는다.

(8) 청첩장 [청첩짱]은 격음(ㅊ, ㅋ, ㅌ, ㅍ)과 경음(ㅉ, ㄲ, ㄸ, ㅃ, ㅆ)이 연
속되어 어감이 너무 강하고 당당하다. 축의금을 받으면 청첩장이
란 제목은 좋지 않다. '아뢰는 말씀', '드리는 말씀', '모시는 말
씀' 정도가 무난하다.

(9) 혼례를 주관하고, 혼인을 성립시키는 주례가 청첩에 나타나야
한다. 예식장 전속주례든 초빙주례든 주례의 이름이 나타나야
한다. 청첩에 나타나 있는 주례는 사정에 따라 바뀔 수도 있다.

(10) 축의금을 접수할 때는 주례의 이름으로 청첩을 작성하는 것이
합리적이다. 주례의 이름으로 청첩을 작성해도 편지봉투에는
혼주의 이름으로 발송한다. 그렇게 해야 어느 가정에서 보낸 청
첩인지 쉽게 알 수가 있다.

(11) 친족대표 또는 우인대표가 청첩 발송인이 되어 있는 청첩을 가
끔 보는데, 사리에 맞지 않다. 남의 잔치에 일가나 친구가 손님
을 초청하는 청첩을 보내는 것은 부당하다. 주례는 말 그대로
혼례를 주관하고 혼인을 성립시키는 사람이니 주례(主禮)의 이름

으로 청첩을 작성하는 것은 여러모로 합리적이다.

(12) 호상(護喪)의 이름으로 부고를 작성하는 것처럼 주례의 이름으로
혼례 청첩을 작성하는 것은 옳은 일이고 이치에 맞다.

2) 모범 혼례 청첩 (예시)

● 주례가 청첩 발송인이 된 청첩 (예시 1)

아뢰는 말씀

새봄을 맞이하여 고당에 좋은 일이 많이 있기를 기원합니다.
아래와 같이 혼례식이 있사오니, 오셔서 자리를 빛내 주시고 축복해
주시면 고맙겠습니다.

신랑 박 성 철 군 : 박 두 희 · 김 정 순 님의 장남
신부 정 미 연 양 : 정 성 문 · 전 상 희 님의 삼녀

때 : 2013년 4월 21일 12시 (음력 3월 12일)
곳 : 귀빈예식장 1층 귀빈실
　　동대구역 남쪽 500미터. 전화 : (053)756-7771
피로연 : 송강식당. 예식장 뒤편 50 미터쯤에 있습니다.

2013년 3월 20일
주례 정 덕 례 올림

김 갑 동 님 ①

'김갑동 님'①은 청첩을 받을 사람 이름인데 생략해도 된다. 봉투에
수신인이 '김갑동'이므로 여기서는 생략해도 된다. 전통적인 편지 형

식에는 '김갑동 님'이 꼭 있었다. ①에는 '김갑동'은 생략하고 '님'자만 두어도 된다. 초청받은 사람의 이름 쓸 자리만 표시한다는 뜻이다.

한때는 '김갑동 님' 밑에 '동 영부인(同 令夫人)'이라고 쓰기도 했다. '김갑동'과 함께 '김갑동'의 영부인(令夫人)도 함께 초청한다는 뜻이다. 광복(光復) 후 한동안 이렇게 썼는데 미국식이라고 볼 수 있다.

'김갑동 님'은 차라리 안 쓰는 것이 좋겠다. 전통적인 편지 형식을 아는 사람도 거의 없고, 외관상 깔끔하지 않고 복잡하기 때문이다.

● 양가 혼주가 함께 청첩을 보내는 경우의 (예시 2)

드리는 말씀

새봄을 맞이하여 귀댁에 좋은 일이 많이 있기를 기원합니다.
드릴 말씀은 저희들 아들과 딸이 혼례를 올리게 되었습니다.
오셔서 자리를 빛내 주시면 저희들에게는 큰 영광이 되겠습니다.
신랑 : 박 성 철(장남)
신부 : 정 미 연(삼녀)

주례 : 정 덕 례 박사
때 : 2013년 4월 21일 12시(음력 3월 12일)
곳 : 귀빈예식장 1층 귀빈실
　　동대구역 남쪽 500미터. 전화 : (053)756-7771
피로연 : 송강식당. 예식장 뒤편 50미터쯤에 있습니다.

2013년 3월 20 일
신부 부모 : 정 성 문 전 상 희
신랑 부모 : 박 두 희 김 정 순 올림

(1) 청첩에 초청받은 사람의 이름을 쓰는 것이 옳지만, 봉투의 수신
인이 초청받은 사람이므로 청첩에 이름을 생략해도 된다.
(2) 위 예시(2)는 양가 혼주가 함께 청첩을 보내는 경우이다.
봉투에는 양가 혼주의 이름을 각각 써서 발송해야 한다. 그래야
어느 집 혼사인지 쉽게 알 수가 있다.

● 신랑의 부모가 보내는 혼례 청첩 (예시 3)

드리는 말씀

새봄을 맞이하여 귀댁에 건강과 행운이 있기를 기원합니다.
드릴 말씀은 저희 장남 재우와
정 성 문 님·전 상 희 님의 삼녀 정 미 연 양의 혼례식이
다음과 같이 있습니다.
오셔서 자리를 빛내 주시면 저희에게 영광이 되겠습니다.

때 : 2013년 4월 21일 12시(음력 3월 12일)
곳 : 귀빈예식장 1층 귀빈실
    동대구역 남쪽 500미터. 전화 : (053)756-7771
주례 : 정 덕 례 박사
피로연 : 송강식당. 예식장 뒤편 50미터쯤에 있습니다.

2013년 3월 20일
박 두 희·김 정 순 올림

☆ 혼주가 청첩을 보낼 때는 양가 혼주가 각각 청첩을 작성해서 보내
야 한다. 양가 혼주가 각각 청첩을 작성해야 문장이 제대로 된다.

• 신부 부모가 보내는 청첩 (예시 4)

드리는 말씀

새봄을 맞이하여 귀댁에 건강과 행운이 깃들이기를 기원합니다.
드릴 말씀은 저희 삼녀 미연의 혼례식이 다음과 같이 있습니다.
오셔서 자리를 빛내 주시면 저희들에게는 영광이 되겠습니다.

신랑 : 박 재 우 군 (장남)
부모님 : 박 두 희 님 · 김 정 순 님

때 : 2013년 4월 21일 12시(음력 3월 12일)
곳 : 귀빈예식장 1층 귀빈실

　　동대구역 남쪽 500미터. 전화 : (053)756-7771

주례 : 정 덕 례 박사
피로연 : 송강식당. 예식장 뒤편 50미터쯤에 있습니다.

2013년 3월 20일
정 성 문 · 전 상 희 올림

(1) 예시 (3)과 (4)는 양가 혼주가 각각 청첩을 발송하는 경우이다.

(2) 예시 (2), (3,)(4)는 축의금을 받지 않을 때 적합한 형식이다. 축
　　의금을 접수하는 경우에는 주례가 청첩을 작성하는 예시 (1)이
　　가장 합리적이다.

● 국립국어원의 「표준 언어 예절」에 있는 결혼 청첩
(예시 1−발송 주체가 혼주일 때)

여기 두 사람이 사랑으로 만나 한 가정을 이루려 합니다.
아끼고 돌봐 주신 여러 어르신과 친지를 모시고 혼인의 서약을 맺고
자 하오니 축복해 주시면 고맙겠습니다.

서상무, 송회연의 장남 상권
박형수, 정영미의 차녀 기선

일시 : ○○○○년 ○월 ○일
장소 : 국립국어원 1층 대강당

「표준 언어 예절」에서 '청첩장도 편지의 일종이라 편지와 비슷한 형식으로 쓰면 된다.'라고 했다. 청첩은 **초청하는 편지**다. 편지는 전통적으로 갖추어야 할 형식이 있다. 위 편지(청첩)에는 (1) 제목이 없다. (2) 인사말이 없다. (3) 편지를 작성한 날짜가 없다. (4) 편지를 쓴 사람이 없다.

① '발송 주체가 혼주일 때' 작성하는 청첩의 모범을 예시했는데, 청첩을 쓴 주체가 혼주라는 것을 알 수가 없다.
② '청첩(장)', '아뢰는 말씀' 등 글의 제목이 있어야 한다.
③ 용건이 중요해도 인사하는 예의는 갖추어야 한다. 인사말이 없다.
④ 편지는 작성한 날짜를 반드시 쓰는데, 작성 날짜가 없다.
⑤ 편지 작성인을 밝혀야 편지 형식에 맞는데 작성인이 없다.
⑥ 「혼인의 '서약을 맺고자' 하오니」에서 '서약을 맺고자'는 말이

안 되는 표현이다. '서약(誓約)을 하고자'라고 해야 된다. 한자(漢字) 지식 부족에서 연유한 잘못된 표현이다. 어문(語文)을 관리하는 국어원의 문장이 이래서는 안 된다.

「표준 언어 예절」에 청첩 3개를 예시했는데 하나를 더 보겠다.

● 국립국어원의 「표준 언어 예절」에 있는 결혼 청첩
  (예시 2－발송 주체가 결혼하는 당사자일 때)

저희 두 사람 산길을 걸을 때나 봄날 꽃밭에 있을 때나 물을 건너뛸 때나 두 손 잡고 함께하기로 약속하였습니다. 그래서 여러분 모신 자리에서 촛대에 불을 밝히며 출발의 예를 드리고자 합니다. 부디 오셔서 축복해 주시면 힘이 되고 감사하겠습니다.

김창윤의　　　아들　나우
송지웅, 서나리의차녀　유진

일시 : ○○○○년 ○월 ○일 오후 ○시
장소 : 국립국어원 1층 대강당

위 청첩을 읽어보면 글 쓴 주체가 결혼 당사자임을 알 수 있다. 그러나 청첩이 초청하는 편지라고 볼 때 형식상 미비점이 많다. (1) 글 쓴 사람이 명시되지 않았다. (2) 글 쓴 날짜가 없다. (3) 부모 존함을 존칭 없이 부르고 있다. 결혼 당사자가 청첩을 쓰면 문장이 제대로 될 리가 없다. (4) '부디 오셔서'란 말은 부담을 주는 말이므로 청첩에 삼가야 되는 말이다. 「표준 언어 예절」의 청첩 작성 요령에도 언급되어 있는 말이다.

(5) '출발의 예를 드리고자 합니다.'는 '출발의 예를 올리고자 합니다.'로 표현해야 된다. '드리고자'와 '올리고자'는 전혀 다른 말이다.

(6) 결혼식만 있고 피로연이 없다. 피로연 장소가 있어야 한다.

글을 개성적으로 쓰려고 노력했지만 무례, 무형식의 글이다. 세간에 돌고 있는 잘못된 청첩을 국어원에서 계도하는 모범 청첩을 써야 함에도 그렇지 못하다. 몰라서 무례, 무형식으로 쓰는 젊은이들(결혼 당사자)이 쓰는 청첩과 다르지 않다. 아무렇게나 청첩을 쓰면 되는 것이 아니다. 글쓰기가 쉬운 것이 아니다. 국립국어원에서 이렇게 청첩을 쓰면 주견(主見) 없는 지식인들은 국어원을 따라서 무례, 무형식의 청첩을 쓰게 될 것이다. 국가기관에서 이런 글을 쓰니 인성교육이 안 되고, 제 편리한 대로 행동하고, 세상이 무질서해진다. 돈이 넉넉하다고 잘 사는 게 아니다. 부족해도 예의와 체면을 알면 질서가 서고, 질서가 서면 세상이 바르게 된다.

2. 결혼에 덧붙이는 말

1) 청첩(請牒)과 축의금(祝儀金)

옛날이나 지금이나 경제가 인간 생활에서 가장 중요한 것은 사실인데, 우리나라가 산업사회로 되면서 가정이나 학교, 사회, 국가가 경제 일변도(一邊倒)로 나가고 있다. 그래서 잘사는 사람도 가난한 사람도 경제에 최고의 가치를 둔다.

청첩도 예(禮)와 비례(非禮)를 따지지 않고 얼마의 청첩을 발송하여 얼마나 많은 하객(賀客)을 모시는가에 정신을 기울이는 것이 요즈음의 세태(世態)가 아닌가 싶다.

점잖은 분들은 청첩을 보낼 만한 자리에도 청첩을 보내지 않고, 내빈(來賓)의 범위를 일가친척으로 한정하는 사람도 있고, 어떤 사람들은 청첩을 아예 없애는 사람들도 있다.

십시일반(十匙一飯)으로 남의 대사(大事)를 돕는 것은 미풍양속(美風良俗)이지만 청첩을 극히 제한적으로 발송해야 한다. 연수(硏修) 동기(同期)라고 청첩을 보내는 등 청첩을 많이 발송하여 후일에 서로 민망한 일은 없게 해야 한다. 생활에 여유가 있으면 자녀 혼례 때도 회갑연(回甲宴), 고희연(古稀宴)처럼 축의금을 받지 않는 것이 좋다. 그것이 옳지 않나 싶다.

그러나 세상에는 여유 있게 사는 사람보다 부족하게 사는 사람이 더 많으므로 자녀 혼례 때 축의금(祝儀金)을 받게 된다. 결혼한 자식이 살 수 있는 아파트(주택) 한 채를 사 줄 수 있는 여유가 있는 사람들은 축의금을 받지 않는 것이 좋다. 축의금을 안 받는 사람이 한 사람 두 사람 늘어나면 그것이 더 확산되어갈 것이다.

내가 한 부조금을 되찾아먹겠다고, 자기가 한 부조 내용을 하나하나 적어두었다가 자녀 결혼 때, 장부에 적힌 대로 빠짐없이 청첩을 보내는 사람도 있다고 한다. 내가 받은 축의금 기록은 집에 남아 있으니, 부조할 때 참고로 확인해 볼 수 있을 것이다. 받은 부조는 빠짐없이 챙겨서 실례하는 일이 없어야 할 것이다. 그러나 내가 한 부조는 잊어버리는 것이 좋다.

부조는 품앗이처럼 주고받는다는 관습이 있지만, 그것은 우리가 못 살 때의 이야기가 아닐까? 부조는 헌금(獻金)과 같은 성격이 있다. 헌금을 하면 되찾을 것을 생각하지 않듯이 부조도 한 번 하면 잊고 되받을 것을 생각하지 않아야 할 것이다.

부조가 대사를 치르는 비용에 보탬이 될 사람들은 부조를 받아야 한다. 부좃돈이 절실하지 않은 사람들은 청첩을 일가친척에만 보내거나, 몰래 혼사를 치르면 섭섭하게 생각할 사람으로 한정해서 청첩을 보내야 한다. 축의금보다 오신 손님을 접대하는 데 더 정성을 기울여야 할 것이다.

2) 결혼의 의미

결혼은 인생일생(人生一生)의 대사(大事)이다. 일생에 결혼보다 더 기쁜 일은 없다. 또 인생(人生)에 이보다 더 막중한 일이 없다. 잘살고 못살고, 행복과 불행이 결혼에서 비롯되기 때문이다.

개성(個性)이 다른 두 사람이 만났기 때문에 서로 상대방의 개성을 인정하고, 문제가 있을 때 이해하고 양보하고 또 언짢아도 참아야 한다. 부부는 자기 생각은 감추지 말고 솔직하게 말해야 한다. 부부간에 솔직하지 못하고 말을 얼버무리거나, 말의 앞뒤가 맞지 않으면 부부간의 신뢰가 약화된다.

자기의 생각을 말하더라도 소리를 낮추고 신중하게 말해야 한다. 자기 생각이 옳다는 생각이 들더라도 자기 생각을 단정적으로 말하지 말고, 항상 말끝을 '그렇지 않을까?', '그렇지 싶은데……', '이렇게 하면 어떨까' 등으로 말해서 의견이 접근할 수 있는 여지를 두어야 한다. 의견이 다를 때 단정적으로 강하게 자기 생각을 표현하면 상대 쪽에서 불쾌감을 느끼게 된다. 도움이 필요하거나 무엇을 시킬 때도 명령형으로 하지 말고, "이것 좀 도와 줘요." "그건 이렇게 하면 좋겠네요."라고 표현하여 감정이 상하지 않게, 부드럽게 말해야 한다. "여보, 사랑해"라는 낯간지러운 말보다 상대방을 위하고 사랑하는 마음을 가지고 상대방의 언행을 너그럽게 보고, 화내지 않아야 한다. 부부 화목에 말이 대단히 중요하다. '가는 말이 고와야 오는 말이 곱다.'란 속담이 있다. 남이든 가족이든 작은 일인데 말 때문에 다투는 일이 많다.

사람은 이 세상에 태어나면 싫든 좋든 일해야 된다. 아내와 남편이 합심해서 부지런히 일해야 한다. 세상에서 가장 슬픈 것은 춥고 배고픈 것이다. 부부가 열심히 일해서 나도 먹고 내 자식도 먹이고, 남에게 베풀며 살아야 한다. 성경에 "일하지 않는 자는 먹지 말라."라고 했다. 근면은 미덕(美德)이고, 나태는 악덕(惡德)이다.

결혼으로 말미암아 남자에게는 처가(妻家)가 생기고, 여자에게는 시가(媤家)가 생긴다. 아내의 부모와 처동기(妻同氣), 남편의 부모와 시동기(媤同氣)로 인간관계가 곱으로 불어나고, 부르는 호칭도 복잡해진다. 사람에 따른 호칭어도 바로 알아서 합당하게 불러야 한다. 배우자의 부모와 동기(同氣)는 자기 부모와 동기처럼 생각하고 대우해야 한다.

'아내가 고우면 처갓집 말뚝 보고 절한다'는 속담이 있다. 부부 사이가 좋으면 남편은 처가 가족을 자기 부모형제처럼 대하고 잘 섬긴다.

우리의 전통으로 보면 여자가 결혼을 하면 여자는 시댁(媤宅) 가족의 일원이 되고, 친정(親庭)에 대해서는 출가외인(出嫁外人)이 되는 것이다. 친정 가족은 멀어지고 시댁 가족과 더불어 살게 된다. 시부모를 잘 모시고, 시동기(媤同氣)와 인간관계가 좋아야 한다.

요즈음 세태(世態)를 보면, 남자가 처부모와 처동기(妻同氣)를 대하는 것보다, 여자가 시부모와 시동기를 대하는 데 문제가 있는 경우가 더 많은 것 같다. 새 출발을 하는 신랑, 신부에 대한 사전 가정교육이 필요하다.

3. 단자(單子) 쓰는 법

단자(單子)란 타인의 경조사(慶弔事)에 부조 물목(物目)을 적은 종이를 말한다. 단자에 돈을 싸서 봉투 속에 넣는 것이 예의에 맞다. 경사(慶事)에는 봉투 겉면에는 축의(祝儀)이라고 쓴다. 축(祝)은 축하(祝賀)한다는 말이고 의(儀)는 행사(行事)를 뜻한다.

문상(問喪)에는 '부의(賻儀)'라고 쓴다. 과거에는 초상(初喪) 소상(小喪) 대상(大祥)이 있었으나, 소상 대상은 없어졌으므로 지금은 초상 때 장의(葬儀) 예식장(禮式場)에서 문상하는 것밖에 없다. 문상 때 부조(扶助)는 봉투 겉면에 부의(賻儀)라고 쓴다. 초상(初喪) 때는 부의(賻儀)란 말 대신에 향전(香奠)이라고 쓰면 좋다. 향전(香奠)은 신불(神佛) 앞에 바치는 돈을 뜻한다. 물목을 쓸 때 돈이면 전문(錢文)이라고 쓴다. 錢과 文은 모두 돈이란 뜻이다. 돈이라고 써도 된다. 또는 향촉대(香燭代)라고 써도 된다. 봉투에 부의(賻儀)라고 쓰고, 부조 물목에 향전(香奠)이라고 써도 된다.

단자는 종이에 제목 금품 내용 날짜 부조하는 사람과 주소를 함께 쓴다.

내지(內紙) 없이 봉투 겉면에 경조 내용을 기록해서 접수하면 번거롭지 않아서 부조하는 쪽이나 부조 받는 쪽이나 모두가 편리할 수 있다.

● 부조 봉투 겉면

경사(慶事) 때

축의(祝儀)

문상(問喪) 때

부의(賻儀)

1) 혼례 축의 단자

축 혼 사(祝婚事)

돈오만원(또는 錢文五萬원)

2013년 4월 21일

경기도 고양시 일산구 장항동 17번지

이 상 대 예정(禮呈)

김근수 님 댁 입납

축혼사(祝婚事) 대신에 쓸 수 있는 말. ● 축결혼(祝結婚), ● 축혼인(祝婚姻), ● 축화혼(祝華婚), ● 축만복지원(祝萬福之源) 등이 있다.

돈이란 말 대신에 쓸 수 있는 말은 전문(錢文) 축의금(祝儀金) 전화(錢貨) 등이 있다. 전문(錢文)의 문(文)은 돈이란 뜻이다. 전문(錢文)은 금전(金錢)과 같은 말이다.

예전에 한자를 표기 수단으로 생활할 때는 부좃돈을 쓸 때 '돈 오십원'을 文五拾圓(문오십원), 錢五拾圓(전오십원)으로 썼다.

부조하는 사람 이름 밑에 쓰는 예정(禮呈)은 '예의로 조금 드림'의 뜻이다. 예정(禮呈) 대신에 쓸 수 있는 말은 다음과 같은 말들이 있다.

- 미성(微誠)은 적은 성의란 뜻. ☆微 : 작을(미) · 적을(미). 誠 : 정성(성).
- 한정(汗呈) : 부조 금액이 적어서 부끄러워 몸에 땀이 난다는 뜻이
  다. 예전에는 주로 한정(汗 : 呈)이라고 썼다.

  ☆汗 : 땀(한 :), 呈 : 드릴(정).
- 근정(謹呈) : 삼가 드림. ☆謹 : 삼갈(근).

단자에 돈을 한자(漢字)로 쓰려면 一金이나 金보다 전문(錢文)으로 쓰는
것이 옳다. 돈이라고 쓰기가 박절하면 전문(錢文)이나 전화(錢貨)라고 쓰
면 된다. 한글로 '돈'이라고 표기해도 저속하지 않다. 오히려 권장할
일이다.

일금(一金)은 표현이 딱딱하여, 상거래에서나 쓰는 표기이므로 부조에
는 '一'자를 빼고, '금(金)오만원'으로 쓴다고 하는 사람들이 있다. 일금
(一金)이나 금(金)은 둘 다 잘못된 표기이다.

국어에서 한 글자의 한자(漢字)로는 말이 안 된다. 일음절(一音節) 한자
어는 뜻을 취하여 쓰는 것이 원칙이다. 금(金)이라고 쓰지 않고 '돈'이라
고 써야 한다. 나무란 고유어(固有語)가 있기 때문에 '목, 木'은 말이 안
되고, 돌이란 말이 있기 때문에 '석, 石'이란 일음절어(一音節語)는 있을
수 없는 말이다. '사람이 있다.'를 '人이 있다.'라고 하면 말이 안 된다.

일음절 한자어에 대한 고유어가 없으면 일음절 한자어를 쓴다. 가령
金(금덩어리), 은(銀), 침(針), 산(메, 뫼), 강(가람) 등은 일음절 한자어로 쓸 수
밖에 없다. 고유어가 없기 때문이다. 산(山), 강(江)은 고유어가 있지만
한자어 산(山), 강(江)이 통용되고, '가람, 메 · 뫼'는 고어(古語)가 되었다.

일금(一金)의 '一'은 글자가 아니고, 金(돈) 앞에 있는 여백을 없애기
위하여 그은 직선(작대기)인데, 이것을 '一 : 한 (일)' 자(字)로 알고 있다.

결의문, 맹세문 등에 쓰인 '一'도 문장이 시작된 앞에 있는 여백을
무효화시키는 직선이다.

은행의 수표에는 '금일백만원정'으로, 이미 '一(직선)'이 없어졌다.

『표준국어대사전』에는 '일금(一金) : ((일정한 돈의 액수를 나타내는 수사 앞에
쓰여)) 전부의 돈.'으로 뜻풀이되어 있다. '一'의 연유(緣由)를 모르면서
'전부의 돈'으로 뜻풀이했다. 국어사전에 '一'은 무슨 뜻으로 썼는지
밝혀 놓아야 한다. 돈을 전문(專門)으로 취급하는 은행에서 '一'을 없앴
다. 국어사전은 어느 세월에 뜻풀이가 바르게 될까.

● 봉투에 부조 내용을 적는 경우

부의(賻儀)
향전오만원 (香奠五萬원)
2013년 5월 22일
대구시 달서구 호산로 126 삼성한국형A 108동 902호
이 상 대　한정(汗呈)
김 근 식 님 댁　호상소　입납 金 根 植 님 宅　護喪所　入納

2) 고희(古稀) 축의(祝儀) 단자

축고희연(祝古稀宴)
하의품(賀儀品) 봉밀(蜂蜜) 일승(一升).
2013년 정월 16일
외질(外姪)　이 몽 룡　미성(微誠)
외숙부님께

축고희연(祝古稀宴) 대신에 쓸 수 있는 말은 다음과 같은 것이 있다.

- 축희연(祝稀宴) • 축희수연(祝稀壽宴). • 축익장(祝益壯).

- 수비남산(壽比南山) : 수명이 저 남산과 같이 오래기를!

☆ 희수(稀壽) : 70세. 희수(喜壽) : 77세.←한자(漢字)가 다르다.

하의품(賀儀品) 대신에 쓸 수 있는 말은 축의품(祝儀品), 축하품(祝賀品) 등으로 쓸 수 있다.

☆ 회갑연(回甲宴), 고희연(古稀宴) 등에 자녀, 조카, 생질 등 가까운 아랫사람은 예물을 준비해도 된다. 그러나 타인의 축하품은 접수하지 않는 것이 예의에 맞다. 외질(外姪)은 생질(甥姪)을 문어(文語)로 하는 말이다.

3) 문상(問喪) 부의(賻儀) 단자

부의(賻儀)

전문(錢文)오만(五萬)원

제(際)①

2013년 5월 27일

경주후인(慶州後人) 김 갑 동 근정(謹呈)

정 교수댁 호상소 입납(入納) ②

(정 생원 댁 호상소 입납) ③

부의(賻儀) 대신에 쓸 수 있는 말은 '근조(謹弔)', '근표애도(謹表哀悼)'라고 써도 된다. 향전(香奠)은 신불(神佛) 앞에 바치는 돈이란 뜻이다. 초상(初喪) 때는 전문(錢文)보다 향전(香奠)이 더 적합한 말이다.

전문(錢文) 대신에 쓸 수 있는 말은 향전(香奠), 향촉대(香燭代)가 있다.

①의 제(際)는 '끝'이란 뜻이다. 나열된 물건의 끝에는 제(際)자(字)를 쓰고. 나열된 사람의 끝에는 원(原)자(字)를 쓴다. 쉽게 한글로 '끝'이라고 써도 된다.

②의 정 교수(敎授) 댁(宅)은 현대식 표현이다.

③의 정 생원(生員) 댁(宅)은 전시대에 쓰던 용어이다. 생원(生員)은 선비에 대한 존대어였으나 지금은 존대(尊待)의 의미가 퇴색되었다.

제20장

편지(便紙)

　우리나라는 세계적으로 전화가 발달된 나라다. 집집마다 전화가 있고, 사람마다 휴대전화기를 가지고 다닌다. 그래서 전할 말이 있으면 간단하게 전화로 통화하므로, 직접 써서 보내는 편지를 쓰는 일이 드물게 되었다.

　가족이나 친구에게 써서 보내는 편지는 줄었지만 단체에서 개인에게, 단체에서 다른 단체에게 보내는 공한(公翰)과 개인과 개인 사이에 오가는 청첩(장)이나 연하장도 편지인데, 이런 편지는 현대에 와서 매우 많아졌다.

　인터넷으로 보내는 전자 우편(e-mail)도 편지이다. 펜으로 써서 보내는 편지와 비교가 안 되게 폭증하고 있다. 전자 우편도 편지의 형식을 갖추어야 되는 것은 말할 필요도 없다.

　써서 보내는 편지보다 전화나 전자 우편이 편리하지만, 편지는 전화와 전자우편이 할 수 없는 다른 영역을 가지고 있다.

- 전화보다는 한통의 편지가 더 반갑고 정겹다.
- 편지는 오래 간직할 수 있고 재확인하거나, 다시 읽어 볼 수 있다.
- 부탁이나 사과 등 어려운 말은 편지로 하는 것이 전화보다 효과적이다.
- 편지는 재삼 생각해서 쓰고, 다듬어서 보내기 때문에 실언(失言)이 적고, 서로의 인정(人情)을 가꾸는 데 도움이 된다.

1. 편지봉투 쓰는 법

<table>
<tr><td>

　　　○○○ 올림/상/배상/….

서울특별시 송파구 신천동 11-8

더샵 스타리버 101동 1502호

□□□-□□□

　　　　　　　　　　○○○ 님/좌하/좌전/….

대구광역시 달서구 호산로 126

삼성한국형아파트 108동 1302호

□□□-□□□

</td></tr>
</table>

위 편지봉투 쓰는 방식은 외우(畏友) 김시황(金時晃) 선생(경북대학교 명예교수)의 주장에 따른 것이다. 아주 합리적이다.

(1) 발신인과 수신인의 이름을 먼저 쓰는 것이 옳다. 수신인 및 발신인이 사는 곳을 알려주는 주소는 부수적인 표기이며, 핵심 내용은 수신인 및 발신인이다.(이름이다) 한 동리에 사는 사람에게 편지를 보내도

이름은 있어야 한다. 주소보다 이름이 핵심 사항이므로 이름을 먼저 쓰는 것이 옳다.

(2) 수신인의 성명과 주소를 조금 크게 쓰고, 발신인의 성명과 주소를 조금 작게 쓴다. 남을 높이고 자기를 낮추는 겸양의 뜻이다.-이것이 예(禮)이다.-

2. 편지 쓸 때 유의점

(1) 조부모, 부모, 외조부모, 숙부, 외숙 등 가까운 어른들에게는 성(姓)을 쓰지 않고 자기 이름만 쓴다.

(2) 허교(許交)하는 벗으로서 말을 놓고 지내는 친구에게도 편지에서는 높임말을 쓴다.

(3) 상대방의 지식 정도에 맞게 어휘 선택을 해서 편지를 써야 한다.

(4) 우리의 국자(國字)는 한글이고 제2국자인 한자(漢字)는 문장에 혼용할 수 있으나, 영어 등 외국어를 섞어 쓰면 안 된다.

3. 편지의 형식

사연을 담은 사신(私信)은 물론이고, 공한(公翰)과 청첩(請牒)도 편지다. 편지에는 전통적인 형식이 있다. 전통적으로 써오던 편지의 형식은 다음과 같은 형식을 갖추고 있다

(1) 기필(起筆), (2) 시후(時候), (3) 안부(安否), (4) 사연(辭緣), (5) 결미(結尾)이다. 결미는 끝인사·날짜·서명(署名)이 결미(結尾)가 된다.

【예시】

⁽¹⁾어머님 보옵소서

⁽²⁾날씨가 겨울답지 않게 따뜻하더니, 1월이 되니까 추위가 매섭습니다.

⁽³⁾어머님, 제가 묘사(墓祀) 때 다녀온 이후 별일 없이 잘 계십니까?

여기는 어미와 아이들 모두 잘 있고, 저도 회사에 잘 나가고 있습니다.

⁽⁴⁾그런데 어머님, 상우(相佑)와 상희(相姬)가 시골 할머니한테 가고 싶다고 제 엄마를 졸라서, 1주일 뒤에 학원 공부가 끝나면 아이들을 보내겠습니다. 아이들이 가면 어머님이 좀 귀찮게 되겠습니다. 며칠 데리고 계시면 제가 내려가서 데리고 오겠습니다.

⁽⁵⁾어머님, 날씨가 추운데 기름 아끼지 마시고 방 따뜻하게 하시고, 이웃 어른들 모셔서 대접도 하시고 적적하지 않게 지내시기 바랍니다.

뵈올 때까지 안녕히 계시기 빕니다.

⁽⁶⁾2013년 1월 3일

소자 덕수 올림

(1)은 기필(起筆)이다. 기필(起筆)은 글을 시작한다는 뜻이다.

(2)의 시후(時候)는 당시의 기후(氣候)를 말하는데, 글을 써 나가기 위하여 서두를 푸는 방법이다.

(3)은 안부(安否)를 묻는 것이다. 이어서 자기 안부(安否)도 전한다.

(4)는 사연(辭緣)인데 본문에 해당되는 부분이고, 편지를 쓰는 목적이 여기에 나타난다.

(5)는 결미(結尾)이다. 끝인사는 헤어질 때 작별인사를 하는 것과 같다. 안부가 첫인사고, 작별인사가 끝인사다.

(6)은 편지를 쓴 날짜와 편지 쓴 사람의 이름을 쓴다.

편지를 기(起)·승(承)·전(轉)·결(結)로 나누기도 한다.

- 기(起)………기필(起筆), 시후(時候). (1), (2)
- 승(承)………안부를 묻고 자기안부를 전한다. (3)
- 전(轉)………하던 말을 돌려서 딴 이야기를 한다는 뜻이 전(轉)이다. 본론에 해당되는 부분이다. 편지의 사연이 전(轉)이다. (4)
- 결(結)………끝마무리부분이다. 끝인사. 날짜. 이름. (5)

4. 편지의 첫머리(기두(起頭), 기필(起筆))

기두(起頭)와 기필(起筆)은 같은 뜻이다. 글쓰기를 시작한다는 말이다. 편지의 첫머리는 보내는 사람이 받는 사람에게 쓰는 호칭어(呼稱語)로 시작한다. 옛날 방식으로 편지 첫 머리에 '근계(謹啓)'를 쓰고 시작할 수도 있다. 근계(謹啓)란 '삼가 아룁니다.'의 뜻이다. '근계' 또는 '삼가 아룁니다.'란 표현은 '남에게 쓰는 편지'에서 호칭 없이 첫머리에 쓰는 말이다.

1) 조부모에게 쓰는 편지 기필(起筆)

할아버님 전상서(前上書). 할머님께 올리는 글 등으로 시작한다. 조부주전상서(祖父主前上書), 조모주전상서(祖母主前上書)는 구식표현이다. '주(主)'가 '님'이다. 조부주전상서(祖父主前上書)를 현대식으로 표현하면 '할아버님께 올리는 글'이 된다.

2) 부모님께 쓰는 편지 기필(起筆)

아버님 보옵소서. 어머님 전상서(前上書). 또는 구식으로 표현하면 부주전상서(父主前上書). 모주전상서(母主前上書)이다.

부주전상서(父主前上書)의 현대식 표현은 '아버님께 올리는 글'이다.

3) 아버지 편지에 대한 답장 기필

'부주전상답서(父主前上答書)' 또는 '아버님께 올리는 답서(答書)'로 쓴다.
현대식으로 '아버님께 올리는 답서'라고 서두를 써도 좋다.

4) 자녀나 수하(手下)에게 쓰는 기필

'○○이 보아라', '○○전(前)'이라고 쓴다.
답장일 때는 '○○에게 보내는 답서(答書)'라고 쓰면 된다.

5) 존장(尊長)에게 쓰는 기필(起筆)

호칭만 다를 뿐 부모에게 쓰는 기필과 같다.
'○○○ 선생님께', '○○○ 사장님 보옵소서', '○○○ 선생님 전상서', '○○○ 선생님께 올리는 글' 등으로 시작한다.

6) 친구에게는 쓰는 편지 기필

'○○○ 형에게', '○○○ 인형(仁兄)에게', '○○○아형(雅兄)께', '○○○ 사형(詞兄)에게', '○○○ 벗에게'로 시작한다.

인형(仁兄)은 정이 많고 어진 형이란 뜻이고, 아형(雅兄)은 점잖고 고상한 형이란 뜻이다. 사형(詞兄)은 문필생활을 하는 친구에게 쓰는 말이다.
이런 말 말고도 친구에게 쓰는 말은 더 있다. 동갑에게 쓰는 경형(庚

兄), 또는 연형(年兄), 문학을 하는 친구에게는 사백(詞伯), 그림을 그리는 화가(畵家)에게는 화백(畵伯)이라고 한다. 점잖고 의젓한 벗을 외형(畏兄), 또는 외우(畏友)라고 한다. 나이와 학덕(學德)이 자기보다 높은 벗을 사형(師兄)이라고 한다. 그냥 '김 형에게', '이 형에게'라고 써도 된다. 같이 공부하는 대학생끼리는 '학형(學兄)'이라고 할 수 있다.

답장일 경우는 '○○○ 아형 전 답서(雅兄前 答書)' '○○○ 형 전 답서' '김 형 전 답서'라고 쓰면 된다. 더 높이려면 답서(答書) 대신 '상답서(上答書)'라고 쓰면 된다.

7) 청소년이나 손아랫사람에게

'○○에게', '○○이 보아라', '사랑하는 ○○에게' 등으로 기필(起筆)을 쓴다.

5. 상서어(上書語)와 자칭어(自稱語)

편지 본문을 다 쓰고 나서 편지를 쓴 사람 이름 위에 놓이는 말이 자칭어(自稱語)고, 이름 밑에 붙이는 말이 상서어(上書語)다. 상서어는 봉투의 발신자(發信者) 이름 밑에도 그대로 쓰면 된다.

상서어(上書語)란 편지를 올리는 말, 편지를 보낸다는 말이다. 편지를 쓰고 나서 이름 밑에 쓰는, 편지를 보낸다는 뜻의 용어가 없기 때문에 상서어란 용어를 사용한다. 아랫사람에게 보내는 편지는 '씀, 서(書), 송(送), 송부(送付)' 등은 높임말은 아니지만 편지를 보낸다는 뜻에서 상서어 속에 넣었다.

편지를 받는 사람과 어떤 관계인가를 나타내는 말을 편지 쓴 사람 이름 위에 쓰고, 이름 밑에는 편지를 받는 사람과 어떤 관계인가에 따라 상서어가 다르게 된다. 편지의 상서어(上書語)에는 여러 가지가 있다.

☆ 자칭어(自稱語)는 가족, 친인척, 친구에게 보내는 편지에서 보게 된다.

1) 상서어(上書語)

편지를 다 쓰고 자기(발신자) 이름 밑에 쓰는 상서어는 대체로 자기를 낮춤으로써 간접적으로 수신인을 높이게 되는 말이다.

- 올림＝상(上) : 편지를 다 쓰고 이름 밑에 쓰는 말.
- 상서(上書) : 글을 올림. ☆ 편지는 '올림'이 옳고, '드림'은 잘못이다.
- 씀＝서(書) : 손아래사람에게 쓰는 말(상서어).
- '보냄, 부(付). 송(送). 송부(送付) : 손아래사람에게 쓰는 말(상서어).
- 근상(謹上) : 삼가 올림.
- 배상(拜上) : 절하며 올림.
- 재배(再拜) : 두 번 절하며 올림. ← ＝再拜上(재배상)
- 근배(謹拜) : 삼가 절하며 올림. ← ＝謹拜上(근배상)
- 복백(伏白) : 엎드려 아룀.
- 근백(謹白) : 삼가 아룀.
- 돈수(頓首) : 머리가 땅에 닿도록 절하며 올림. ← ＝頓首上(돈수상)
- 돈수재배(頓首再拜) : 머리가 땅에 닿도록 두 번 절하며 올림.

        ← ＝頓首再拜上(돈수재배상)

- 봉납(奉納)＝배납(拜納) : (물건이나 헌금을) 공손하게 바침.
- 봉정(奉呈) : 공손하게 드림.

- 배정(拜呈) : (돈, 물건) 공손히 드림.
- 배사(拜謝) : 공손한 마음으로 사례함.
- 곡배(哭拜) : 조장(弔狀)을 보낼 때나, 부의(賻儀)할 때 자기 이름 밑에
  쓰는 말로 '곡(哭)하면서 절하며 올림. ← =哭拜上(곡배상)

2) 수신인 이름 밑에 쓰는 존칭어

편지를 받을 사람 이름 밑에 쓰는 존칭어는 매우 다양하다. 복잡하다고 생각지 말자. 말마다 의미의 차이가 조금씩 있으니 수신인에게 알맞은 존칭어를 다양하게 사용해보아야 한다. 수신인에 따라 여러 가지 존칭어를 사용해 봄으로써 자신의 어휘력도 키우고 우리말을 풍부하고 깊이 있게 가꾸는 일이 될 것이다.

- 님 : 남녀노소, 직위고하를 막론하고 누구에게나 쓸 수 있는 존칭어다. '씨(氏)'보다 높이는 말이다. 호칭 쓰기가 어중간하면 '님'을 쓴다.
- 좌하(座下) : '좌석 아래'의 뜻. 수신인에게 편지를 직접 건네지 않고 좌석 아래에 둔다는 말인데, 편지를 정중히 전하는 방법이다.
- 존하(尊下) : '높으신 분 아래(앞)' =귀하(貴下).
- 존좌하(尊座下) : 좌하보다 높이는 극존칭(極尊稱)이다.
- 좌전(座前) : '자리 앞'의 뜻. 간접적으로 편지를 전하는 방법. 정중함.
- 귀하(貴下) : 남녀 불문하고 가장 널리 사용되는 존칭이다. 귀(貴)는 수신인을 높이는 말이고 하(下)는 수신인의 자리 '아래'란 뜻이다. 우리는 전통적으로 좌하(座下), 좌전(座前)으로 썼다.
- 존전(尊前) : '높으신 분 앞'. 김○자○자 아버님 존전(尊前).

☆ '자(字)'자는 이름자(○)보다 작은 글자로 쓴다.

● 슬하(膝下) : '무릎 아래(앞)'의 뜻. 부모, 조부모 존함 밑에 쓰는 말
이다. 김○자○자 할아버님 슬하(膝下).

☆ '슬하'와 '존전'은 생략해도 된다.

● 안하(案下) : '책상 아래'의 뜻. 편지를 책상 아래 둔다는 뜻. =궤하(机下).

● 궤하(机下) : '책상 아래'에 편지를 놓아서 직접 건네지 않는 방법이다.

● 정하(庭下) : 편지를 정원(庭園)에 둔다는 뜻이다.

● 집사(執事), 하집사(下執事) : 곁에서 일보는 사람이 편지를 전하란 뜻이다.

● 귀중(貴中) : 단체에 가는 편지에 쓴다. 우리는 '입납(入納)'으로 써왔다.

● 선생(先生)님 : 저명한 사람, 또는 은사(恩師)에게 쓰는 존칭어이다.

● 여사(女史) : 일반 부인을 높여 이르는 칭호.

● 형(兄) : 친하고 정다운 친구에게 쓴다.=인형(仁兄), 대형(大兄), 아형(雅
兄), 경형(庚兄)=연형(年兄) ☆ 경형(庚兄)=연형(年兄)은 '동갑내기'다.

● 사형(師兄) : 학덕(學德)이 자기보다 높은 친구에게 붙이는 칭호다.

● 외형(畏兄) : 점잖은 친구라고 대접하는 칭호. =외우(畏友).

● 외형(外兄) : 손위처남에 대한 칭호 ☆ 외제(外弟) : 손아래처남.

☆ 고종사촌형, 이종사촌형을 모두 외형(外兄)이라고 한다.

● 씨(氏) : 나이나 지위가 비슷한 사람에게, 또는 아랫사람에게 쓴다.

☆ 씨가 존대의 의미가 퇴색했고, 어른들에게 쓰면 안 된다. '님'이
낫다.

● 화백(畵伯) : 화가에게 붙이는 칭호다.

● 사백(詞伯) : 문학하는 사람에게 붙이는 칭호다.

● 사문(斯文) : 유학자(儒學者)를 높이는 칭호로 쓴다.

● 군(君) : 친한 친구나, 나이 차이가 많은 후배 또는 제자(弟子)에 쓴다.

- 양(孃) : 처녀에 대한 칭호로 동년배 또는 아랫사람에게 쓴다.
- 즉견(卽見) : '곧 읽어 보라'의 뜻. 수하에게 보내는 편지 이름 밑에
  쓴다.
- 즉전(卽展) : ＝즉견(卽見).
- 전(前)＝앞 : 손아래사람에게 보내는 편지에 쓴다.

3) 저서(著書)나 작품을 보낼 때 쓰는 말

- 혜존(惠存) : 자기 저서나 작품을 남에게 보낼 때 받는 사람 이름 밑
  에 쓰며 '잘 간직하여 주십시오.'란 뜻이다. 주로 표지
  안쪽 페이지에 쓴다.
- 혜감(惠鑑) : 저서나 작품을 학문에 조예(造詣)가 있는 사람에게 보낼
  때 받는 사람 이름 밑에 쓴다. '살펴 보아주십시오.' 란
  뜻이다.
☆ 재중(在中) : 봉투에 편지 말고 다른 것을 넣었을 때 봉투 겉면에 쓴
다. 가령 '도장 재중' '입학원서 재중' '사진 재중' '호적등본 재중' 등.

6. 가족에게 쓰는 자칭어(自稱語)

1) 조부모에게 쓰는 자칭어

소손(小孫), 불초손(不肖孫), 불효손(不孝孫) 등이 손자가 자신을 이르는
자칭어(自稱語)다. 이런 자칭어는 겸양어(謙讓語)에 속한다.

2) 부모에게 쓰는 자칭어

소자(小子), 불초자(不肖子), 불효자(不孝子), 불효여식(不孝女息) 등이다. 불초(不肖)는 '닮지 않았다는 뜻'인데, 자식이나 손자가 아버지나 할아버지만큼 훌륭하지 못하다는 겸칭(謙稱)이다.

☆ 자칭어(自稱語)는 모두 겸칭(謙稱)이다. 자식은 겸칭으로 하는 것이 맞고, 현대는 부모는 평칭(平稱)을 써도 될 것이다.

3) 형·누나·오빠에게 쓰는 자칭어

사제(舍弟), 가제(家弟)는 형, 누나, 오빠에게 동생이 자칭하는 말이다.
가매(家妹), 아매(阿妹)는 오빠에게 여동생이 자칭하는 말이다.
쉽게 '동생', '아우'라고 써도 된다.

가제(家弟) 사제(舍弟)는 '동생'이란 뜻이다. 가매(家妹), 아매(阿妹)는 '여동생'이란 뜻이다. 친동생이므로 가(家), 또는 사(舍)를 쓰는 것이다. 아매(阿妹)는 여동생을 친근하게 표현하는 말이다.

남형(男兄)은 오빠이다. 오빠를 뜻하는 한자(漢字)는 '娚 : 오빠(남)' 자가 있다. 맏오빠는 백남(伯娚)이고, 둘째 오빠 이하는 중남(仲娚)이다.

그런데 전통적 문구를 써서 고아(高雅)한 분위기를 만들고, 전통 언어를 되살려 쓰는 것이 무의미한 것은 아니다. 우리말을 윤택하게 만드는 것이다.

4) 동생에게 쓰는 자칭어

사형(舍兄), 가형(家兄), 가백(家伯), 가중(家仲)은 형이 동생에게 자칭하는 말이다.

'사형(舍兄) 서(書), 가형(家兄) 평서(平書), 가백(家伯) 답서(答書)' 등이 상서어(上書語)다. 형의 이름은 안 쓴다.

서(書)는 '씀'이란 뜻이다. '평서(平書)'는 보통 때의 소식, 무사한 소식, 보통 때의 서신이란 뜻의 '평신(平信)'과 같은 말이다. 가백(家伯)은 맏형을 뜻하고, 가중(家仲)은 둘째형 이하 형을 뜻한다.

5) 숙부에게 쓰는 자칭어

'유자(猶子), 종자(從子), 사질(舍姪), 가질(家姪), 조카' 등이 조카 자신을 이르는 말이다.

유자(猶子)는 '마치 자식과 같다'는 뜻이다. 종자(從子)는 조카의 한자어(漢字語)이다.

6) 조카에게 쓰는 자칭어

사숙(舍叔), 가숙(家叔), 숙부(叔父), 백부(伯父), 중부(仲父), 유부(猶父) 등이 숙부가 조카에게 자칭하는 말이다.

'백부(伯父) 서(書), 사숙(舍叔) 서(書), 숙부(叔父) 답서(答書), 사숙(舍叔) 답(答)' 등으로 상서어(上書語)를 쓴다. 집안어른은 수하(手下)에게 자기 이름을 쓰지 않는다.

7. 친인척에게 쓰는 자칭어(自稱語)

1) 외조부모에게 쓰는 자칭어

외손(外孫) ○○ 상서(上書). 외손(外孫) ○○ 상답서(上答書).
외손(外孫) ○○ 올림. 외손 ○○이 올리는 답서(答書). 등으로 쓴다.
☆ 외손 외에 '불초 외손', '불효 외손'이란 표현을 써도 잘못은 아니다.

2) 외숙부모에게 쓰는 자칭어

외질(外姪) ○○상서. 외질(外姪) ○○ 배상. 생질 ○○ 상답서(上答書)
등으로 쓴다.
☆ 외질(外姪), 생질(甥姪), 외생(外甥)은 자매가 낳은 자녀가 자칭하는 말
이다. 외질(外姪), 외생(外甥)은 문어(文語)고 생질(甥姪)은 구어(口語)다.
'불초(不肖) 외질(外姪)'이라고 해도 망발은 아니다. 불초(不肖)는 불초자
(不肖子)의 준말로 아버지를 닮지 않았다. 즉 아버지만 못하다는 겸칭
이지만 '못나고 부족하다'는 뜻으로 두루 쓰이는 말이다. '불초(不肖)
소생(小生)이 한번 해 보겠습니다.'라고 하면 '부족한 제가 한번 해보
겠습니다.'의 뜻이다.

3) 처부모에게 쓰는 자칭어

외생(外甥) 상서(上書). 사위 ○○○ 올림. 외생(外甥) ○○○ 상답서(上答
書) 등으로 쓴다.
☆ 외생(外甥)은 사위가 자칭하는 말이다. 사위는 구어(口語)이고 외생(外
甥)은 문어(文語)이다. '불초(不肖) 외생(外甥)'이라고 해도 가능한 말이다.

외생(外甥)은 생질(甥姪)과 사위가 모두 외생(外甥)이다.

4) 누나에게 쓰는 자칭어

☆ 가족에게 쓰는 자칭어(형, 누나, 오빠)에서 언급하였다.

5) 자형(姉兄)에게 쓰는 자칭어

인제(姻弟) ○○ 상, 부제(婦弟) ○○ 상서(上書), 부제(婦弟) ○○ 답서.
☆ 인제(姻弟)는 혼인으로 맺어진 동생이란 뜻이고, 부제(婦弟)는 자형(姉兄) 당신 부인(婦人)의 동생이란 뜻이다. ○○는 이름이다. 성(姓)은 안 쓴다.

6) 고모에게 쓰는 자칭어

내질(內姪) ○○상서, 가질(家姪)○○ 배상, 조카 ○○ 올림, 내질(內姪) 상답서(上答書) 등으로 쓴다.
☆ 내질(內姪)은 친정 조카가 고모에게 자칭하는 문어(文語)이다. 고모가 친정 조카를 내질(內姪)이리고 지칭(指稱)하기도 한다.

7) 고모부(姑母夫)에게 쓰는 자칭어

인질(姻姪) ○○ 상서, 처질(妻姪) ○○ 상, 부질(婦姪) ○○ 배상.
☆ 인질, 처질, 부질은 처조카가 고모부에게 자칭(自稱)하는 말이다. 부질(婦姪)은 고모부 당신 아내의 조카란 뜻이다.

8) 처질(妻姪)에게 쓰는 자칭어

인숙(姻叔) 서(書), 인숙(姻叔) 답서, 고숙(姑叔) 부(付).

☆ 인숙(姻叔)은 혼인으로 맺어진 숙부란 뜻이다. '부(付)'는 보낸다는
말이다. 송(送), 송부(送付)라고 해도 된다.

9) 이모·이모부에게 쓰는 자칭어

이질(姨姪) ○○ 상서, 이질 ○○ 배상(拜上).

이모부에게는 처이질(妻姨姪)로 쓰는 것이 마땅하지만 가깝게 이질(姨
姪)로 표현해도 된다. 이모부(姨母夫)를 이숙(姨叔)이라고 한다.

☆ '이모아버지'란 무식한 말이다. '이모부'의 '부'는 '父 : 아비(부)'가
아니고 '夫 : 남편(부)'자(字)이다. '고모아버지'란 말도 역시 무식한 말
이다. '고모부(姑母夫)', '이모부(姨母夫)라고 해야 한다. 고모아버지(×),
이모아버지(×)

10) 사돈(査頓)에게 쓰는 자칭어

사제(査弟) 근배(謹拜), 사제(査弟) 상장(上狀), 사제(査弟) 복배(伏拜).

☆ 사제(査弟)는 사돈에 대하여 자신을 낮추는 말이다. 상대방 사돈을
과거에는 사형(査兄)으로 호칭하고 자신을 사제(査弟)라고 자칭했지만
지금은 '사돈'으로 호칭하는 것이 맞다. 지금은 편지를 보내는 사돈
도 사제(査弟)라고 하지 않고 '사돈 상서', '사돈 상장(上狀)' 또는 '대구
사돈 상서' 등으로 쓰는 것이 옳다.

11) 은사(恩師)에게 쓰는 자칭어

문하생(門下生) ○○○ 상서(上書), 문생(門生) ○○○ 배상.
문생(門生) ○○○ 상장(上狀), 제자(弟子) ○○○ 올림.

12) 모시는 어른에게 쓰는 자칭어

소생(小生) ○○○ 올림, 시생(侍生) ○○○ 상서, 소직(小職) ○○○ 상서.
☆ 모시는 어른이란 자기가 근무하는 관청의 기관장이나 회사의 사
장, 회장, 자기가 잘 아는 저명인사(著名人士) 등을 말한다.

13) 친구에게 쓰는 자칭어

제(弟), 우제(愚弟), 경제(庚弟), 갑제(甲弟) 등이 자칭하는 말이다.
제(弟) ○○○ 상, 우제(愚弟) ○○○ 배상, 갑제(甲弟) ○○○ 상답서.
☆ 경제(庚弟), 갑제(甲弟), 연제(年弟)는 '동갑(同甲)내기'란 뜻이다.

8. 수상(手上)이 수하(手下)에게 쓰는 자칭어

1) 조부모가 손재(녀)에게 쓰는 자칭어

조(祖), 조부(祖父), 할아버지, 할아비; 조모(祖母), 할머니, 할미.

2) 부모가 자식에게 쓰는 자칭어

부(父), 아버지, 아비; 모(母), 어머니, 어미.
☆ 할아비, 할미, 아비, 어미는 자기를 낮추는 겸칭(謙稱)인데, 비어(卑

語)의 느낌이 있으므로 현대에는 이런 말은 자기 자손에게는 안 쓰는 것이 좋겠다. 평어(平語)인 '할아버지, 할머니', '아버지, 어머니'라고 써도 무방하다.

3) 형·누나가 아우에게 쓰는 자칭어

형, 사형(舍兄), 가형(家兄); 누나, 사형(舍兄), 가형(家兄).
☆ 형·누나의 이름은 쓰지 않는다. 편지를 썼다는 뜻으로 '형 서(書)'라고 써도 되고, 안부 편지라면 '형 평서(平書)'라고 쓰면 된다.

4) 숙부가 조카에게 쓰는 자칭어

백부(伯父), 중부(仲父), 큰아버지, 큰아비, 숙부(叔父), 작은아버지, 작은아비, 유부(猶父), 사숙(舍叔), 가숙(家叔)이라고 쓴다. 숙부의 이름은 안 쓴다.

5) 기타 친족에게 쓰는 자칭어

친족 사이에 쓰는 지칭어(指稱語)를 자칭어(自稱語)로 쓴다.
가령 종숙질(從叔姪) 사이라면 종숙(從叔)＝당숙(堂叔)을 앞에 쓰면 된다. 종숙은 이름을 안 쓰고, 종질(從姪)은 자기 이름을 쓴다.
☆ 12촌 이상 되는 사람들은 '족(族)'자를 앞에 붙여서 족조(族祖), 족숙(族叔), 족형(族兄), 족제(族弟), 족질(族姪), 족손(族孫) 등을 쓴다.

9. 피봉(皮封)에 쓰는 존칭어

편지 봉투에 쓰는 호칭어는 수신인과 발신인의 상호 관계에서 결정되는 것은 일반 호칭어의 경우와 같다.

편지 수신인에게 붙이는 호칭어를 살펴보고자 한다. 여기서는 지금 사용되거나 사용할 수 있는 호칭어와 일부는 과거에 쓰던 호칭어에 대하여도 대충 살펴보았다. 과거에 쓰던 호칭어를 지금 사용해도 잘못된 것은 아니다. 고아(高雅)한 옛 분위기를 살리며 우리말을 풍요롭게 하다.

(1) 가족에게 보내는 편지는 집에서 부르는 호칭을 그대로 쓴다.

부모, 조부모는 함자(銜字)를 쓰지 않고 '○○○ 본제(本第) 입납(入納)', 또는 '○○○ 본가(本家) 입납'으로 발신인 본인 이름을 쓴다.

부득이 어른들의 함자를 써야 할 때는 「金學字成字」 아버님 존전(尊前) 또는 슬하(膝下)라고 쓴다. 그냥 '金學字成字 아버님'으로 쓰고, 존전(尊前) 또는 슬하(膝下)란 말은 쓰지 않아도 된다.

부조(父祖)의 이름—아버지, 할아버지의 이름—을 마구 부르지 않고 피하는 것을 가휘(家諱) 또는 사휘(私諱)라고 한다.

(2) 현직에 있는 사람은 직위(職位)를 쓴다. 퇴직자에게도 전직(前職)을 쓸 수 있다. 기관장이나 국회의원 등의 직위는 퇴직해도 쓸 수 있지만, 낮은 직위인 주임, 대리, 계장, 과장 등은 퇴직하면 쓰지 않는 것이 좋다.

(3) 은사(恩師)에게는 함장(函丈), 장석(丈席), 선생님이라고 쓴다. 현대에는 '선생님'으로 쓰는 것이 가장 적합하다.

(4) 문필(文筆) 생활을 하거나 사회 활동이 있는 지성인(知性人)은 '선

생’ 또는 ‘선생님’으로 호칭한다.

(5) 유학자(儒學者)에게는 사문(斯文), 화가(畵家)는 화백(畵伯), 문필가는 사백(詞伯)으로 호칭해도 된다.

(6) 사장, 회장은 그대로 호칭하면 된다. 경우에 따라 ‘님’자를 덧붙인다.

(7) 친구에게는 형(兄), 외형(외형), 아형(雅兄), 인형(仁兄), 대형(大兄), 사형(詞兄), 사형(師兄), 경형(庚兄), 연형(年兄) 등을 상대에 맞게 쓴다.

- 외형(畏兄) : 학식, 덕망, 지위가 자기보다 높은 친구를 부르는 존칭.
- 아형(雅兄) : 벗을 경애하는 존칭.
- 인형(仁兄) : 친구를 높여 부르는 존칭.
- 대형(大兄) : 친구에 대한 존칭.
- 사형(詞兄) : 벗으로 사귀는 문인, 학자끼리 서로 높여 부르는 말.
- 사형(師兄) : 나이나 학덕(學德)이 높아 배울 만한 친구에 대한 존칭.
- 경형(庚兄) : 동갑내기에게 쓰는 호칭이다. 연형(年兄)이라고도 한다.

☆ 사용된 한자의 뜻풀이를 하면 이렇다.

畏(외) : 두려워하다. 雅(아) : 고상하다. 점잖다. 아담하다. 仁(인) : 어질고 자상하다. 大(대) : 크다. 대범하다. 詞(사) : 글. 문장. 師(사) : 스승. 가르치다. 모범되다. 庚(경) : 나이. =연(年).

(8) 마땅한 호칭어가 없으면 ‘님’자를 붙인다. 이 ‘님’은 남녀노소, 지위가 높고 낮음에 관계없이 붙일 수 있는 만병통치약과 같은 호칭어이다. 씨(氏)나 귀하(貴下)보다 좋은 호칭어다.

(9) ‘선생님’ 등의 호칭어 뒤에 덧붙이는 좌하, 귀하는 안 붙여도 된다.

(10) 수하(手下)나 제자(弟子)면 군(君) 또는 직위를 쓴다. 아이들이면 '앞', '에게', '즉견(卽見)', '봉장(奉狀)' 등을 쓴다.

☆ 즉견(卽見)은 곧장 편지를 펴 보라는 뜻이고, 봉장(奉狀)은 편지를 정중히 받아 보라는 뜻이다.

(11) 어른이나 존경하는 분에게 귀하(貴下)를 쓰면 좋지 않다. '씨(氏)'도 마찬가지다. 귀하나 씨는 존대의 의미가 퇴색되었다. '님'만 못하다.

(12) 교수(敎授)는 현직에 있을 때 '교수(님)'로 통용되고 있는 호칭이다. 옳은 호칭은 아니다. 퇴계(退溪)도 율곡(栗谷)도 선생이고, 중니(仲尼)는 위대한 선생이니까 최우대의 존칭어 子(자)를 붙여 '공자(孔子)'라고 한다. 子(자)를 굳이 번역한다면 역시 '선생'이다. 퇴직한 이에게 '교수(님)'이란 호칭은 옳지 않고, '선생(님)'이 바른 호칭이고, 존대하는 호칭이다.

(13) 수신인 이름 밑에 붙이는 집사(執事), 하집사(下執事) 또는 시하인(侍下人), 하인(下人)은 편지를 받아서 수신인에게 전달하는 사람이다. 이런 말은 본인이 직접 편지를 받지 않고 옆에서 모시는 사람을 통해서 편지를 받아 보도록 하는 문구(文句)이다. 이렇게 간접적으로 편지를 받게 하는 것은 과거에는 매우 정중한 예법이다.

(14) 이름 밑에 귀헌(貴軒), 귀제(貴第), 문하(門下), 정하(庭下) 등 거주하는 장소를 쓰는 것도 수신인에게 편지를 직접 전하지 않고 간접적으로 전한다는 뜻이다. 이런 말도 정중하게 편지를 전달하는 의미로 쓰는 문구이다.

(15) 귀하(貴下) 대신에 좌하(座下) 좌전(座前)이 좋고, 귀중(貴中) 대신에 우리가 전통적으로 써오던 '입납(入納)'으로 쓰는 것이 좋다.

문상(問喪)

문상(問喪)할 때는 문상하는 말을 하지만, 말을 많이 하지 않아야 하고, 웃는 일도 없어야 한다. 상주(上主)도 역시 말이 적고 웃지 않아야 한다.

1. 부모상(父母喪)

'얼마나 슬프십니까?', '많이 슬프시겠습니다.' 등 요즈음 쓰는 말로 문상(問喪)한다. 상주는 조문(弔問)하는 말에 답하지 않아도 된다. '와 주셔서 고맙습니다.'로 응대(應待)하면 된다.

전통 조문어(弔問語)로 '얼마나 망극(罔極)하십니까?'라고 하면, '망극(罔極)할 뿐입니다.'라고 응하면 될 것이다. 부상(父喪) 때는 지난 시대에 쓰던 말로 '천붕지통(天崩之痛)이 크시겠습니다.'라고 조문해도 될 것이다. 응대하는 말을 안 해도 되고, '슬픔이 큽니다.'라고 응대해도 된다.

☆ 천붕지통(天崩之痛) : 하늘이 무너지는 아픔. 아버지의 죽음에 대한 슬픔.

2. 남편상(男便喪)

‘애통(哀痛)이 얼마나 크십니까?’, ‘외롭고 슬프시겠습니다.’라고 하면 ‘제가 복이 없어 그렇습니다.’ 또는 ‘제가 건강관리를 잘못해서 그런 것 같습니다.’라고 응대하면 될 것이다. 전통적 조문어(弔問語)로 ‘붕성지통(崩城之痛)이 얼마나 크십니까?’ 라고 하면, ‘슬퍼도 어쩝니까. 아이들 믿고 살아야지요.’라고 응대하면 될 것이다.
　☆ 붕성지통(崩城之痛) : 남편이 죽은 슬픔. 지켜 주던 성이 무너지는 아픔.

3. 처상(妻喪)

‘슬프고 외로우시겠습니다.’, ‘얼마나 슬프고 상심(傷心)되십니까?’라고 하면, ‘앞이 캄캄합니다.’ 과거 전통적 조문어로 ‘고분지통(叩盆之痛)이 얼마나 크십니까?’라고 하면, ‘제가 박복(薄福)해서 그렇습니다.’라고 하면 된다.
　☆ 고분지통(叩盆之痛) : 아내가 죽은 슬픔. 옛날 장자(莊子)의 아내가 죽었을 때 장자(莊子)가 두 다리를 뻗고 물동이를 두들기며 슬퍼했다는 고사에서 유래한 말이다.

4. 자녀상(子女喪)

　‘불의(不意)의 변고(變故)에 얼마나 상심(傷心)되십니까?’라고 하면 ‘인사 받기도 부끄럽습니다.’ ‘상심(傷心)이 크시겠습니다.’라고 하면 ‘제 명(命)인데 어쩝니까.’ ‘제가 자식 복이 없어서 그렇습니다.’라고 응대(應對)한다.
　전통적인 조문어로 ‘참척(慘慽)의 슬픔이 얼마나 크십니까?’ ‘참상(慘喪)이라, 상심(傷心)이 크시겠습니다.’라고 하면 ‘제가 복이 없어 그렇습니다.’라고 응대하면 될 것이다.
　☆ 慘 : 참혹할(참), 慽 : 슬플(척)
　慘慽(참척) : 손자나 자식이 조부모나 부모보다 먼저 죽는 슬픔.
　참상(慘喪) : 젊은이가 죽는 상사(喪事). ↔ 호상(好喪).
　손자나 자식이 조부모나 부모보다 먼저 죽는 일.

5. 조부모상(祖父母喪)

　“조부(조모)님을 여읜 슬픔이 크시겠습니다.” “조부(조모)님 상을 당하여 슬프시겠습니다.”라고 하면 “슬플 뿐입니다.” “와주셔서 감사합니다.”라고 하면 될 것이다. “조부님 연세가 90이면 호상(好喪)입니다.”

6. 부고(訃告)

1) 부고(訃告)의 뜻

부고(訃告)는 사람이 죽었다는 사실을 알리는 통지문이다. 부고(訃告)와 같은 뜻으로 쓰인 말들은 부음(訃音), 부신(訃信), 통부(通訃), 부보(訃報), 부문(訃聞)이 있다.

2) 부고 양식(樣式)과 내용(內容)

전통적인 부고 양식은 제목, 누구, 무엇 때문에, 언제, 어디서, 죽었다는 것을 호상(護喪)이 알리는 것으로 되어 있다. 물론 한문으로 썼다.

옛날 부고는 지금처럼 가족 상황(狀況)이나 발인일시(發靷日時), 장지(葬地)는 기록하지 않았다.

(1) 제목 : 부고(訃告)

한 종이에 썼지만 접으면 딴 봉투에 쓴 것처럼 되도록 한다. 장(狀)자(字)를 붙여서 부고장(訃告狀)이라고 쓰면 안 된다. 국어사전에는 부고장(訃告狀)이란 말이 있지만 잘못된 말이다. 언제 누가 장(狀)자를 덧붙였는지 모르지만 본래부터 그냥 '부고(訃告)', '부음(訃音)'이라고 했다. 편지는 왜 '편지장'이라고 하지 않는가?

(2) 누가 : 죽은 당사자(當事者)인데, 호상(護喪)을 기준으로 하여, 호상의 집안 동생, 호상의 집안 조카, 호상의 집안 손자 ○○의 아버지, 어머니, 할아버지, 할머니, 처(妻) 등으로 나타낸다. 본관(本貫)을 나타냈고, 관함(官衙)이 있었으면 관함도 나타낸다. 예시(例示)해 보겠다.

족조 ○○씨 대인　　→ 族祖 ○○氏 大人
족숙 ○○씨 대부인 → 族叔 ○○氏 大夫人
족제 ○○ 대부인　 → 族弟 ○○ 大夫人

족질 ○○ 왕대인　　→ 族姪　○○　王大人

족손 ○○ 왕대부인　→ 族孫　○○　王大夫人

족종 ○○ 왕대인　　→ 族從　○○　王大人

족제 ○○ 합부인　　→ 族弟　○○　閤夫人

☆ 족종(族從) 또는 족말(族末)은 원근족(遠近族)을 막론하고 연고(年高), 항고(行高) 자(者)가 자칭(自稱)하는 말이다. 그러니까 호상(護喪)이 상주(喪主)보다 나이와 항렬이 높을 때 쓰는 말이다.

(3) 호상이 망자(亡者)-죽은 이-를 지칭하는 말

○(누구의) 조부(祖父) → (누구의) 王大人(왕대인)

○(누구의) 조모(祖母) → (누구의) 王大夫人(왕대부인)

○(누구의) 부친(父親) → (누구의) 大人(대인)

○(누구의) 모친(母親) → (누구의) 大夫人(대부인)

○(누구의) 아내(妻)　 → (누구의) 閤夫人(합부인) 또는 令夫人(영부인)

○(누구의) 남편(男便) → (누구의) 夫君(부군)

☆ 자식이 없으면 부인(夫人)의 이름으로 부고를 작성한다.

○(누구의) 맏며느리 → (누구의) 長子婦(장자부)

☆ 장자부(長子婦)가 죽으면 장자손(長子孫)이 있어도 시부(媤父) 이름으로 부고를 작성한다. 그렇지만 장자손(長子孫)의 이름으로 해도 된다. 지차(之次) 집은 말할 것도 없이 망자(亡者)의 아들 이름으로 부고를 작성한다.

7. 부고 작성의 유의점(留意點)

1) 玆以訃告(자이부고)와 玆以告訃(자이고부)

○玆以訃告(자이부고) : 이에 부(訃)로써 고함(알림).
　玆(자) : 이에, 以訃告(이부고) : 부(訃)를 알림(告).
○玆以告訃(자이고부) : 이에 부(訃)를 고함(알림).

☆ 玆以告訃(자이고부)는 근래에 와서 쓰는 사람들이 있다. 가례(家禮)에
는 '부고어친척료우(訃告於親戚僚友) : 친척과 동료(벗)에게 부고(訃告)한
다.'로 되어 있다. 우리가 전통적으로 써 온 부고는 '자이부고(玆以訃
告)'로 써 왔다. '자이부고(玆以訃告)'와 '자이고부(玆以告訃)'의 차이점을
문법적으로 정확히 아는 사람이 없다. 우리글 같으면 조사(助詞) 하나
도 의미 차이를 느낄 수 있지만, 중국 고문(古文)의 문법이나 어감까지
파악해낼 사람이 없다.
문헌(朱子 家禮)에 있는 대로, 또 우리가 써 온 대로 '자이부고(玆以訃告)'
가 옳다고 보아야 한다.

2) 한문(漢文) 부고

과거(過去)에는 부고(訃告)를 한문(漢文)으로 썼으나 지금은 국한(國漢) 혼
용체(混用體)로 써도 된다. 한글은 제1국자(國字)이고, 한자는 제2국자(國
字)이다.

3) 부고는 호상(護喪)이 작성한다.

부고는 호상(護喪)이 작성한다. '호상 ○○○ 상(올림)'으로 발송한다.

가족장(家族葬)의 호상(護喪)은 복인(服人)이 아닌 일가(一家) 사람이 되는
데, 근래에는 타성(他姓)이 호상(護喪)을 맡는 경우도 있다. 대체로 타성
이 호상이 되면 기관장(機關葬), 사회장(社會葬), 유림장(儒林葬) 등으로 장례
에 참여하는 인사(人士)의 범위가 넓어진다.

4) 사자(嗣子)

사자(嗣子)는 '대를 이을 아들'이란 뜻으로 장자(長子)나 양자(養子)를 의
미한다. 모든 아들을 자(子)라고 표시하는 것이 현대에 맞다. 특별히 양
자임을 나타내려고 할 때는 사자(嗣子)라고 해야 할 것이다. 嗣 : 이을
(사).

5) 주손(胄孫)

주손(胄孫)은 맏손자란 뜻이다. 장손(長孫)이나 종손(宗孫)보다 더 직접
적으로 대를 잇는 맏손자란 뜻을 나타낸다. 胄 : 맏아들(주).

6) 미망인(未亡人)

미망인(未亡人)이란 말은 '남편을 따라서 죽지 않고 아직 살아 있는
사람이란 뜻'으로 망자(亡者)의 부인(夫人)이 자칭(自稱)하는 자괴어(自愧語)
라고 할 수 있는 겸양어(謙讓語)이다. 부고는 호상이 작성하는데, 호상(護
喪)의 처지에서 망인(亡人)의 부인을 미망인(未亡人)라고 하면 큰 망발이
다. 호상의 처지에서 망인의 아내를 나타내는 말은 부인(夫人), 영부인(令
夫人), 합부인(閤夫人)이 있다. 愧 : 부끄러울(괴).

7) 재(子)와 손(孫)의 위계

자(子)와 손(孫)은 위계(位階)가 다르므로 족보(族譜)처럼 손(孫)을 한 칸
낮추어 쓰는 것이 예의에 맞는 표기이나, 자(子), 손(孫) 등의 글자가 이
미 위계를 나타내고 있으므로, 가지런하게 써도 잘못이라고 말할 수
없다.

8) 가족을 소개하는 차례

부고에서 가족을 표기하는 차례는 복차(服次)-복을 입는 순서-에 따라
쓴다. 아들, 며느리, 딸, 손자, 손부의 순서이고, 사위는 끝에 쓴다. 만
약 망자의 부인(夫人)을 부고에 나타낼 때는 부인을 맨 앞에 쓴다. 부인
이 먼저 죽고 남편이 살아 있으면 남편을 '부군(夫君) : ○○○'으로 나
타낸다.

9) 부고 작성 날짜는 죽은 날짜로 작성한다

10) 망자(亡者)의 직함(職銜)은 써도 되고, 직함을 안 쓸 수 있다

11) 발인 일시, 장지(葬地)

발인 일시, 장지(葬地)는 호상을 적은 뒤에 끝 쪽에 적는 것이 부고의
체재(體裁)가 깔끔하고 날짜를 기억하기도 좋다. 옛날에는 유월장(踰月葬)
등 장일(葬日)이 많이 떨어져 있어서 부고를 보낸 뒤에, 양례(襄禮), 장지
(葬地)를 적은 계기고(啓期告)를 새로 알렸다. 이 전통의 의미를 살려 호
상(護喪)을 적은 뒤, 부고 끝 쪽에 발인 일시, 장지(葬地)를 적는 것이 옳
다고 보는 것이다.

12) 상가(喪家) 연락처 전화는 호상(護喪) 다음에 써 놓으면 된다

13) 가로쓰기 부고

부고(訃告)는 가로쓰기를 한다. 과거 한문(漢文)은 세로쓰기를 했지만, 지금은 모든 글은 가로쓰기를 한다.

14) 전인부고(專人訃告)

전인부고(專人訃告)란 과거 우편제도가 발달하지 못했을 때, 사람이 부고를 가지고 가서 전달하는 부고를 전인부고(專人訃告)라고 한다. 요즈음은 우편 부고, 신문광고 부고가 있다. 신문에 광고하면 개별부고는 생략한다.

15) 부의, 화환을 접수하지 않으면 부고 끄트머리에 밝힌다.

☆ 부의와 화환은 정중히 사양합니다.

8. 현대 한문 부고 실제(實際)

【예시 1】부상(父喪) 부고

訃 告 부고

族姪 圭煥 大人 處士 金公(宗植) 以老患 今 九月十日 午前九時 別世於東山
족질 규환 대인 처사 김공(종식) 이노환 금 구월십일 오전구시 별세어동산
醫療院 茲以訃告
의료원 자이부고

합부인(閤夫人) 姜信玉(강신옥)

子(자)	圭煥(규환)
	成煥(성환)
子婦(자부)	申貴玉(신귀옥)
	鄭美里(정미리)
女(여)	玉煥(옥환)
孫(손)	相烈(상렬)
	承烈(승렬)
壻(서)	閔忠植(민충식)

2013년 9월 10일

護喪(호상)　　　金 相 九(김상구)　上(상)

연락처 : (053)588-2501.

殯所(빈소) : 동산의료원 장의예식장 301호

發靷(발인) : 2013년 9월 12일 오전 8시 동산의료원

葬地(장지) : 경북 문경시 산북면 서중리 안산 선영하(先塋下)

下棺(하관) : 2013년 9월 12일 13시

賻儀(부의)와 花環(화환)은 접수하지 않습니다.

☆ 안산(案山)은 전산(前山)이다. 전산(前山)이라고 해도 된다.

선영하(先塋下)란 조상의 무덤 아래란 뜻. 즉 조상 발치란 뜻이다.

【예시 2】모상(母喪) 부고

訃 告 부 고

族弟慶秀大夫人靑松沈氏(水玉)以老患今月十六日午前九時別世於三星醫療院

족제경수대부인청송심씨(수옥)이노환금월십육일오전구시별세어삼성의료원

玆以訃告

자이부고

【예시 3】 조부상(祖父喪) 부고

訃 告(부 고)

族孫永植王大人處士坡平尹公以宿患今月十三日十時殞命玆以專人訃告
족손영식왕대인처사파평윤공이숙환금월십삼일십시운명자이전인부고

承重孫(승중손) 永 植(영식)

子(자)　泰 雲(태운)

泰 模(태모)

☆ 승중손(承重孫)은 장자(승중손의 아버지)가 먼저 죽어서 장손이 주상(主喪)이 되는 것을 말한다. 승중손을 먼저 쓰고, 차자(次子)는 다음 줄에 한 칸 높여서 쓴다. 차자(次子 : 숙부)는 위계가 승중손보다 높기 때문이다.

【예시 4】 조모상(祖母喪) 부고

訃 告(부 고)

族兄相鎬氏王大夫人孺人安東金氏以宿患今月五日午後三時於啓明大學醫療院殞
족형상호씨왕대부인유인안동김씨이숙환금월오일오후삼시어계명대학의료원운
命玆以訃告
명자이부고

【예시 5】 처상(妻喪) 부고

訃 告(부 고)

族兄敏浩氏令夫人孺人淸州鄭氏以宿患今月八日十一時於慶北大學病院殞命玆
족형민호씨영부인유인청주정씨이숙환금월팔일십일시어경북대학병원운명자
以訃告
이부고

☆ 처상(妻喪)부고는 장자(長子)가 있어도 망자(亡者)의 남편이 주상(主喪)이
된다. 영부인이란 호칭 대신에 주로 합부인(閤夫人)이란 호칭을 써왔다.

【예시 6】 부상(夫喪) 부고

訃 告(부 고)

族叔母李貞美氏夫君處士鄭公(相浩)以宿患今月十五日九時別世於三星醫療院
족숙모이정미씨부군처사정공(상호)이숙환금월십오일구시별세어삼성의료원
玆以訃告
자이부고

☆ 자식이 없으면 아내의 이름으로 부고를 작성한다.

【예시 7】 장자(長子)의 부고

訃 告(부 고)

族弟永守長子秀士正大五月得病今月十二日十一時寃逝玆以訃告
족제영수장자수사정대오월득병금월십이일십일시원서자이부고

☆ 장자(長子)가 죽으면 장손(長孫)이 있어도 아버지(父)가 주상(主喪)이고,
차자(次子)부터는 망자(亡者)의 장자(長者)가 주상(主喪)이 된다.

【예시 8】 장자부(長子婦) 부고

訃 告(부 고)

族弟容圭長子婦孺人慶州李氏以交通事故今月十七不幸寃逝玆以訃告
족제용규장자부유인경주이씨이교통사고금월십칠불행원서자이부고

☆ 장자부(長子婦) 상(喪)의 부고는 장자손(長子孫)이 있어도 시아버지(舅)의 이름으로 부고를 작성한다. 시부(媤父)가 주상(主喪)이 된다. 지금은 장자손(長子孫)이 성장했으면 장자손 이름으로 부고를 작성해도 될 것이다.

부고를 신문에 광고로 내면 개별 부고는 생략한다. 지금은 집집마다, 사람마다 거의 휴대전화기를 가지고 있어서 전화로 부음(訃音)을 알리므로 개별 부고는 없어진 셈이다. 한글부고는 한문부고를 참조하면 어려울 것이 없다. 한글 부고는 형식은 한문 부고와 같다. 한글 부고라고 한글전용으로 쓰라는 말이 아니고 국한(國漢) 혼용으로 써도 한글 부고로 보아야 한다. 물론 가로쓰기를 한다.

9. 현대 한글 부고

부고는 호상(護喪)이 작성하고 호상의 이름으로 발송한다. 작성 날짜는 죽은 날로 작성한다.

‘누구의 ○○’라고 쓰는 자리에 상주의 아버지면 ‘부친’, ‘아버님’, ‘대인(大人)’으로 쓰고, 어머니면 ‘모친’, ‘어머님’, ‘대부인(大夫人)’으로 쓴다.

할아버지면 ‘조부(祖父)’, ‘할아버님’, ‘왕대인(王大人)’이라고 하고, 할머니면 ‘조모’, ‘할머님’, ‘왕대부인(王大夫人)’이라고 한다.

남편이면 ‘부군(夫君)’이라고 하고, 처(妻)라면 ‘부인(夫人)’ 또는 ‘영부인(令夫人)’, ‘합부인(閤夫人)’이라고 한다.

【한글 부고 : 예시 1】

부 고

족형 ○○님의 부친 ○○ [본관]○ [성]공 ○○ [망인의 이름]께서 병환으로 ○○○○년 ○월 ○일 ○시 ○○○○병원에서 별세하였기에 삼가 알려 드립니다.

합부인	○○○
맏아들	○○
맏며느리	○○○
아들	○○
며느리	○○○
딸	○○
사위	○○○
손자	○○
손부	○○○
외손자	○○○
증손	○○

빈소	○○○○병원 장례식장 ○○호
발인	○○○○년 ○월 ○일 ○○○○병원장례식장 ○○호
영결식	○○○○년 ○월 ○일 ○시
영결식 장소	○○○○시 ○구 ○○동 ○○회관 2층 강당
장지	○○○도 ○○군 ○○면 ○○리 앞산 선영하

○○○○년 ○월 ○일

호상 ○○○ 상/올림

연락처(전화) ○○○-○○○○

【현대 부고 : 예시 2】

　다음 부고는 유림(儒林)단체인 담수회(淡水會) 회장 류시관(柳時灌) 님이 별세하였음을 알리는 부고이다. 국한 혼용으로 쓴 부고이다. 한자가 섞여 있어도 문장 구조가 한문(漢文)이 아니므로 한글 부고로 보아야 한다.
　한글은 우리의 제1 국자(國子)이고 한자는 제2 국자(國字)이다. 한문 문장으로 표현한 부고를 '한문 부고'라고 하고, 국한 혼용으로 쓴 부고는 한문 부고가 아니고 '한글부고'로 보아야 한다.

訃 告 부고

族姪 完夏 大人 河庭 豊山 柳公(時灌)께서 2012년 3월 13일 오후 3시 30분
족질 완하 대인 하정 풍산 류공(시관)
宿患으로 파티마병원에서 別世하였음을 삼가 알려드립니다.
숙환　　　　　　　　별세

令夫人	姜 晩 嬋	영부인	강 만 선
長 子	完夏	장 자	완 하
長子婦	金 秀 瑛	장자부	김 수 영
子	炫宅	자	현 택
子 婦	金 賢 淑	자부	김 현 숙
女	善夏	여	선 하
女 壻	金 慶 源	여서	김 경 원
女	盈美	여	영 미
孫 子	姸 秀. 在 漢. 承 娥. 志 首.		
外 孫	金 相 允. 金 男 美. 琴 智 惠. 琴 智 元.		

빈　　　소　　　(대구)파티마병원 장례식장 501호
발　　　인　　　2012년 3월 17일 오전 8시
영 결 식　　　2012년 3월 17일 오전 9시
영결식장　　　대구시 중구 장관동 39-1 담수회관

장   지   경북 의성군 신평면 청운리(구름방) 선영하
2012년 3월 13일
護喪　柳　時　碩　上
호상　류 시 석　상
연락처 940-7494, 353-1678

10. 위장(慰狀)과 조전(弔電)

친인척이나 친구, 지인(知人)이 상고(喪故)가 있다는 부음(訃音)을 받고도 문상(問喪)을 할 수 없을 때는 상사(喪事)를 당한 상주에게 조의(弔意)를 글로 쓴 편지가 위장(慰狀)이고, 전보(電報)로 조의(弔意)를 표하는 것이 조전(弔電)이다.

옛날 문상하는 예의(禮儀)를 중시하던 때는 부고(訃告＝訃音부음)를 받고도 문상을 하지 않으면 조면(阻面)하는 경우도 있었다.

지금은 개별적으로 부고를 하는 경우는 없어졌고, 신문에 광고로 알리는 부고가 있지만, 대체로 사람들은 전화로써 부음을 알린다.

위장(慰狀)과 조전(弔電)에 특별한 형식이 있는 것은 아니다. 쉬운 말로 조의(弔意)를 표시하면 된다. 보통 삼일장을 하므로 위장(慰狀)보다 조전(弔電)이 좋을 것이다. 다음 글은 위장(慰狀) 또는 조전(弔電)의 보기다.

1) 위장(慰狀)・조전(弔電)

춘부장께서 [자당께서]돌아가셨다니 얼마나 망극하십니까?
　부득이 가서 조문(弔問)하지 못하고 몇 마디 글월로 삼가 조의(弔意)를 표하오니 관용(寬容)하시기 바랍니다.

2013년 4월 25일
○ ○ ○ 재배(再拜)/ 곡배(哭拜)

○ ○ ○ 님　좌전(座前)/님 좌하(座下)

11. 문상(問喪)에 대한 감사편지 1

삼가 인사드립니다.
　지난 ○월 ○일 저희 엄친의 장례 때 따뜻한 위로와 도움의 덕분으로 장례를 무사히 잘 치르게 되어서 감사의 말씀드립니다.
　일일이 찾아뵙고 인사를 드리는 것이 마땅한 도리이오나 아직 경황이 없어 촌저(寸楮)에 몇 말씀 적어서 인사드림을 너그러운 마음으로 헤아려 주시면 감사하겠습니다.
　고당의 행운과 강녕(康寧)을 기원합니다.

2013년 5월 10일
고자(孤子) 김성두 배상/ 삼가 올림

　장례를 마치고 나서 문상(問喪)을 온 사람이나 조의(弔意)를 표한 사람들에게 감사하다는 인사를 표현하는 것은 상주나 부인(夫人)이 해야 할 마땅한 도리(道理)이다.

12. 문상(問喪)에 대한 감사편지 2

인사 말씀

 이번 저희 선친 (고 김갑동 회장) 상사 때 공사다망하심에도 정중한 조의를 베풀어 주심에 대하여 깊이 감사합니다.

 직접 찾아뵙고 인사드리는 것이 마땅한 도리이오나 아직 황망중이라 우선 지면을 빌어서나마, 머리 숙여 감사 인사드립니다.

2013년 10월 11일
맏아들 김 성 두 재배상
미망인 성 기 숙 합장

☆ 여기서는 성기숙 자신이 미망인(未亡人)이라고 했으므로 무방하다.

지방(紙榜)

1. 지방의 의미와 규격

지방(紙榜)은 조상의 제사를 모실 때, 조상의 영혼이 의지할 곳을 만들기 위하기 종이에 써서 임시로 만든 신주이다. 제사상 뒤편에 붙인다. 지방의 크기는 길이 22cm 폭6cm 정도로 한다. 꼭 이 규격대로 해야 하는 것은 아니다. 균형이 맞도록 적절하게 만들어 쓰면 된다. 지방을 쓸 때는 목욕재계(沐浴齋戒)하고 의관(衣冠)을 정제(整齊)하고 꿇어앉아서 작성한다.

사당에 신주를 모시는 집에서는 따로 지방을 쓰지 않고 신주(神主)를 모셔내어다가 제사상 뒤의 교의(交椅)에 놓고 제사를 지낸다.

조상이 관직에 계셨으면 관직을 쓰고, 관직이 없으면 '처사(處士) 또는 학생(學生)'이라고 쓴다. 처사(處士)는 관직을 가질 만한 능력이 있으면서 관직에 안 나갔음을 뜻한다. 남편이 관직이 있으면 부인에게도 남편의 관직에 상응하는 봉호(封號)가 있게 된다. 남편이 관직이 없으면 부인은 '유인(孺人)'이라고 쓴다.

죽은 장자(長子)에게 자식이 있어도 아버지가 제주(祭主)가 된다. 남편의 지방을 쓸 때에는 아내가 제주(祭主)가 된다.

아내의 지방을 쓸 때에는 남편이 제주(祭主)가 된다.

유인(孺人)은 남편의 품계(品階)가 구품(九品 : 正九品, 從九品)일 때 부인에게 주어지는 봉호(封號)이다. 남편이 관직이 없어서 '처사(處士) 또는 학생(學生)'이면 부인에게 유인(孺人)이란 봉호는 맞지 않다. 그래도 모두 유인(孺人)으로 쓰고 있다.

조상의 제사를 모시는데 관작(官爵)을 써 붙인다는 것도 이상하다. 제주(祭主)의 아버지가 군수(郡守)를 지냈다면 '군수부군(郡守府君)'으로 쓰게 된다. 아버지 제사에 왜 군수(郡守)가 나타나야 하는가? 신(神)이 되어 계시는 아버지를 모실 곳인 '신위(神位)'를 표시하는 것이므로 '아버님 신위'라고 쓰는 것이 적절하다. '부군(府君)'이란 말의 뜻을 알고, 왜 그 말을 써야 하는가를 정확하게 아는 사람도 없다. 공적인 행사나 비문(碑文) 같은 데는 지나온 이력(관직)을 쓰는 것은 당연하다.

조상이나 망자(亡者)의 사진이 있으면, 사진을 지방 대신에 써도 된다.

한글로 지방을 써도 무방하다. 한글로 쓰는 것이 오히려 바람직하다.

2. 한글 지방 쓰는 법

'아버님 신위', '어머님 신위', '할아버님 신위', '할머님 신위', '증조부님 신위', '증조모님 신위'라고 지방을 한글로 써도 못난 자손이 되는 것은 아니다. 오히려 한글 지방을 권장하고 싶다. 한문(한자)이 어려워서 못 쓰기 때문에 한글 지방을 권장하는 것은 아니다. 한국인의 제일 문자는 한글이고, 제이 문자(文字)가 한자(漢字)이기 때문이다.

아내의 지방은 '아내 강영심 씨 신위', 남편의 지방은 '남편 정동호 씨 신위'라고 쓰면 될 것이다.

성인(成人)이 되기 전에 죽은 아들 지방은 '아들 상호의 영위(靈位)'라고 쓰면 될 것이다. 며느리의 경우 '며느리 아주 신씨 영위(靈位)'라고 쓴다.

3. 한문 지방(紙榜)

우리나라 사람들이 전통적으로 쓰고 있는 지방(紙榜)을 예시해 보겠다.

1. 부모	2. 조부모	3. 조부모 전후취	4. 아내	5. 남편

1. 부모

- 顯考 學生(處士)府君 神位
- 顯妣 孺人 安東金氏 神位

2. 조부모

- 顯祖考 學生(處士)府君 神位
- 顯祖妣 孺人 密陽朴氏 神位

3. 조부모 전후취

- 顯祖考 學生(處士)府君 神位
- 顯祖妣 孺人 達成徐氏 神位
- 顯祖妣 孺人 全州李氏 神位

4. 아내

- 故(亡)室 孺人 金海金氏 神位

5. 남편

- 顯辟 學生(處士)府君 神位

6. 자식 내외

亡婦 居昌愼氏 之靈

亡子 秀才(士) 相德之靈

7. 백중숙부모

顯伯(仲叔)父 處士(學生) 府君 神位

顯伯(仲叔)母 孺人 咸陽朴氏 神位

8. 형 내외

顯兄 處士(學生) 府君 神位

顯兄嫂 孺人 全州李氏 神位

9. 제 내외

顯弟 處士(學生) 府君 神位

顯弟嫂 孺人 達成徐氏 神位

4. 조선(朝鮮)의 품계·관직명 및 부인(夫人) 봉작(封爵)

1) 동반(東班)-문반(文班)

【품계(品階)】	【관직명(官職名)】	【부인(夫人)봉작(封爵)】
正一品(上) : 대광보국숭록대부	大匡輔國崇祿大夫	정경부인(貞敬夫人)

	(下) : 보국숭록대부	輔國崇祿大夫	정경부인(貞敬夫人)
從一品(上) :	숭록대부	崇祿大夫	정경부인(貞敬夫人)
	(下) : 숭정대부	崇政大夫	정경부인(貞敬夫人)
正二品(上) :	정헌대부	正憲大夫	정부인(貞夫人)
	(下) : 자헌대부	資憲大夫	정부인(貞夫人)
從二品(上) :	가정대부	嘉靖大夫	정부인(貞夫人)
	(下) : 가선대부	嘉善大夫	정부인(貞夫人)
正三品(上) :	통정대부	通政大夫	숙부인(淑夫人)
	(下) : 통훈대부	通訓大夫	숙부인(淑夫人)
從三品(上) :	중직대부	中直大夫	숙인(淑人)
	(下) : 중훈대부	中訓大夫	숙인(淑人)
正四品(上) :	봉정대부	奉正大夫	영인(令人)
	(下) : 봉렬대부	奉列大夫	영인(令人)
從四品(上) :	조산대부	朝散大夫	영인(令人)
	(下) : 조봉대부	朝奉大夫	영인(令人)
正五品(上) :	통덕랑	通德郎	공인(恭人)
	(下) : 통선랑	通善郎	공인(恭人)
從五品(上) :	봉직랑	奉直郎	공인(恭人)
	(下) : 봉훈랑	奉訓郎	공인(恭人)
正六品(上) :	승의랑	承議郎	선인(宣人)
	(下) : 승훈랑	承訓郎	선인(宣人)
從六品(上) :	선교랑	宣教郎	선인(宣人)
	(下) : 선무랑	宣務郎	선인(宣人)
正七品 :	무공랑	務功郎	안인(安人)
從七品 :	계공랑	啓功郎	안인(安人)
正八品 :	통사랑	通仕郎	단인(端人)
從八品 :	승사랑	承仕郎	단인(端人)
正九品 :	종사랑	從仕郎	유인(孺人)
從九品 :	장사랑	將仕郎	유인(孺人)

2) 서반(西班)-무반(武班)

【품계(品階)】	【관직명(官職名)】	【부인(夫人)봉작(封爵)】
正一品(上) : 대광보국숭록대부	大匡輔國崇祿大夫	정경부인(貞敬夫人)
(下) : 보국숭록대부	輔國崇祿大夫	정경부인(貞敬夫人)
從一品(上) : 숭록대부	崇祿大夫	정경부인(貞敬夫人)
(下) : 숭정대부	崇政大夫	정경부인(貞敬夫人)
正二品(上) : 정헌대부	政憲大夫	정부인(貞夫人)
(下) : 자헌대부	資憲大夫	정부인(貞夫人)
從二品(上) : 가정대부	嘉靖大夫	정부인(貞夫人)
(下) : 가선대부	嘉善大夫	정부인(貞夫人)
正三品(上) : 절충장군	折衝將軍	숙부인(淑夫人)
(下) : 어모장군	禦侮將軍	숙부인(淑夫人)
從三品(上) : 건공장군	建功將軍	숙인(淑人)
(下) : 보공장군	保功將軍	숙인(淑人)
正四品(上) : 진위장군	振威將軍	영인(令人)
(下) : 소위장군	昭威將軍	영인(令人)
從四品(上) : 정략장군	定略將軍	영인(令人)
(下) : 선략장군	宣略將軍	영인(令人)
正五品(上) : 과의교위	果毅校尉	공인(恭人)
(下) : 충의교위	忠毅校尉	공인(恭人)
從五品(上) : 현신교위	顯信校尉	공인(恭人)
(下) : 창신교위	彰信校尉	공인(恭人)
正六品(上) : 돈용교위	敦勇校尉	선인(宣人)
(下) : 진용교위	進勇校尉	선인(宣人)
從六品(上) : 여절교위	勵節校尉	선인(宣人)
(下) : 병절교위	秉節校尉	선인(宣人)
正七品 : 적순부위	迪順副尉	안인(安人)
從七品 : 분순부위	奮順副尉	안인(安人)
正八品 : 승의부위	承義副尉	단인(端人)

從八品 :	수의부위	修義副尉	단인(端人)
正九品 :	효력부위	效力副尉	유인(孺人)
從九品 :	전력부위	展力副尉	유인(孺人)

친인척 호칭어 · 지칭어 정리

• 기호

: (장음 표시), =(같은 말), ×(틀린 말), ↔ (상대어), ☆ (참고 말)

가모(家母) : 남에게 자기 어머니를 이르는 말. =자친(慈親). 노모(老母).

가부(家父) : 남에게 자기 아버지를 이르는 말. =엄친(嚴親). 가친(家親).

가아(家兒) : 남에게 자기 아들을 낮추어 이르는 말. =가돈(家豚). 돈아(豚兒).

      ☆ 가돈(家豚). 돈아(豚兒)는 현대는 부적합한 말. 豚 : 돼지(돈).

가형(家兄) : ①자기 형을 남에게 이르는 말. ②아우에게 형이 자칭하는 말.

      =사형(舍兄).

가휘(家諱) : 부조(父祖)의 이름을 마구 부르지 않는 것. =사휘(私諱).

곁사돈 : 사돈의 형제. 또는 종형제. ↔ 친사돈(親査頓). 당사돈(當査頓).

계 : 씨(季氏) : 남의 아우를 높여 이르는 말. =제씨(弟氏).

고모(姑母) : 아버지의 자매.(아버지의 누나 또는 여동생).

고모부(姑母夫) : 고모의 남편. =새아저씨(새아재 : 경상도 말).

고부(姑婦) : 시어머니와 며느리. ↔ 구부(舅婦).

구부(舅婦) : 시아버지와 며느리. ☆ 국어사전에 꼭 등재되어야 할 말.

구고(舅姑) : 시아버지와 시어머니. ＝고구(姑舅).

고손(高孫) : 손자의 손자. ＝고손자. ☆ 실제생활에는 현손(玄孫)이라고 함.

고조(高祖) : 할아버지의 할아버지. ＝고조부(高祖父).

고조모(高祖母) : 할아버지의 할머니.

고종사촌(姑從四寸) : 고모의 자녀. ＝외종(外從), 표종(表從). ×내종(內從).

귀문(貴門) : 남의 문중을 높여 이르는 말. ↔ 비문(鄙門).

내구(內舅) : 외숙부(外叔父). ☆ 문어(文語).

내권(內眷) : 자기 아내를 겸손하게 이르는 말. ＝산처(山妻). 형처(荊妻).

내자(內子) : 남에게 자기 아내를 일컫는 말.

노사장(老査丈) : 사돈의 할아버지, 할머니를 일컫는 말.

당숙(堂叔) : 오촌아저씨(오촌 아재) ＝종숙(從叔).

당숙모(堂叔母) : 오촌 숙모 ＝종숙모(從叔母).

대모(大母) : 유복친(有服親) 이외의 집안 할머니에 대한 호칭.

대고모(大姑母) : 할아버지의 자매. ＝왕고모(王姑母). 존고모(尊姑母).

대부(大父) : 유복친(有服親) 이외의 집안 할아버지에 대한 호칭.

대인(大人) : 남의 아버지를 높여 이르는 말.

대부인(大夫人) : 남의 어머니를 높여서 이르는 말.

댁(宅) : ①남의 집이나 가정을 높여 이르는 말. ②택호 밑에 붙여서 그 집 부
　　　인을 가리키는 말. ③남편의 직함 밑에 붙여서 그 아내를 가리키는 말.

도련님 : 형수가 미혼의 시동생을 호칭하는 말. ←도령님.

동서(同壻) : 여형제의 남편끼리 지칭하는 말. ☆ 호칭어로도 사용한다.

동시(同媤) : 형제의 아내끼리 지칭하는 말. ☆ 맏동시. 둘째동시.
　　　　　　막내동시. 종동시(사촌동시). 호칭이 아니고 지칭어다.

며느님 : 남의 며느리를 높여서 일컫는 말. ＝자부(子婦).

매부(妹夫) : 누이동생의 남편 ☆ 매제(妹弟), 계매(季妹)라고도 한다.

매씨(妹氏) : 남의 누이동생을 높여 이르는 말.

모녀(母女) : 어머니와 딸. =어이딸.

모당(母堂) : 남의 어머니를 높여 이르는 말. =자당(慈堂).

모자(母子) : 어머니와 아들. =어이아들.

미망인(未亡人) : '아직 죽지 못한 사람'의 뜻이다. 남편이 죽은 아내가 자칭하
는 자괴어(自愧語) 내지 겸양어(謙讓語)다.
☆ '남이 쓸 수 없는 말'이다.

밭-노친(老親) : 딸이 친정아버지를 일컫는 말. =밭어버이. ↔ 안-노친.

밭시어른 : 남에게 시아버지를 일컫는 말. ↔ 안시어른.
☆ 아버지는 자기 아버지고, 아버님은 시아버지다.

백모(伯母) : 아버지 형제 중 맏형의 아내. =맏어머니. ☆ 세모(世母).

백부(伯父) : 아버지 형제 중 맏형. =큰아버지, 맏아버지. ☆ 세부(世父).

백씨(白氏) : 남의 형을 높여서 이르는 말.

중씨(仲氏) : 남의 맏형 다음의 모든 형을 높이는 말.

부군(夫君) : 남의 남편을 높여 이르는 말.

부인(夫人) : 남의 아내를 높여 이르는 말. ☆ 합부인(閤夫人). 영부인(令夫人).

빙모(聘母) : 장모(丈母)의 높임말. ☆ 원래는 남의 장모를 이르는 말이었음.

빙장(聘丈) : 장인(丈人)의 높임말. ☆ 원래는 남의 장인을 이르는 말이었음.

사가(査家) : 자녀의 혼인으로 맺어진 집안.

사돈(査頓) : 자녀의 혼인으로 맺어진 두 집안의 부모끼리 호칭어, 지칭어.
☆ 만주어 sadun에서 온 말.

사돈댁(査頓宅) : ①사돈집을 높여 이르는 말.=사가댁 ②안사돈(×높임말).

사랑(舍廊) : 남편을 남에게 지칭하는 말. ☆ 남편은 사랑에서 거처하기 때문.

사부인(査夫人) : 안사돈을 지칭하는 말. ☆ '사돈어른'으로 호칭해야 함.

사장(査丈)어른 : 사돈의 부모를 호칭하거나 지칭하는 말.

사하생(査下生) : 사돈의 자녀나 며느리에 대한 호칭어, 지칭어.

사형(査兄) : ①편지에서 사돈을 사형이라 하고 자기를 사제(査弟)라 하였음.
②사돈집에서 위계가 자기와 같은 남녀를 호칭, 지칭하는 말.

사형(舍兄) : ①자기 형에 대한 겸양어 ②아우에게 형이 자칭(自稱)하는 말.

삼종형제(三從兄弟) : 팔촌 형제. ☆ 사종형제(四從兄弟)는 열촌(十寸) 형제.

삼종자매(三從姉妹) : 팔촌 누나와 누이동생.

삼종숙(三從叔) : 구촌 아저씨. ☆ 사종숙은 열 한촌(十一寸)아저씨.

새댁 : ①젊은 여자를 높여 부르는 말. ②윗동시가 아랫동시를 부르는 말.
　　　　③손위 시누가 동생의 아내를 부르는 말.

새아주버님 : 시누의 남편을 호칭하거나 지칭하는 말.

새아저씨 : ①고모부나 형부를 호칭하거나 지칭하는 말.

새형님 : 누나의 남편에 대한 호칭어, 지칭어. =자형(姉兄).

생질(甥姪) : 누이의 아들. 또는 누이의 자녀.

생질녀(甥姪女) : 누이의 딸.

생질부(甥姪婦) : 생질의 아내. 누이의 며느리.

생질서(甥姪壻) : 생질녀의 남편. 누이의 사위.

서군(壻君) : 남의 사위를 높여 이르는 말. =서랑(壻郎).

○서방 : ①처가에서 장가온 남자의 성(姓)에 붙여 쓰는 말. ☆ 김서방.
　　　　②친정 사람에게 자기 남편을 말할 때도 ○서방이라고 한다.

선고(先考) : 돌아가신 자기 아버지. =선친(先親).

선고장(先考丈) : 돌아가신 남의 아버지를 이르는 말. =선대인(先大人).

선대부인(先大夫人) : 돌아가신 남의 어머니를 이르는 말.

선대인(先大人) : 돌아가신 남의 아버지를 이르는 말. =선고장(先考丈).

선비(先妣) : 돌아가신 자기 어머니.

선친(先親) : 돌아가신 자기 아버지. =선고(先考).

성함(姓銜) : 남의 성명을 높여서 이르는 말. =존함(尊銜). 함자(銜字).

세부(世父) : 아버지의 맏형. =백부(伯父).

세모(世母) : 큰어머니. =백모(伯母).

손녀(孫女) : 아들의 딸. ×손주딸.

손부(孫婦) : 손자의 아내. ×손주며느리.

손서(孫壻) : 손녀의 남편. ×손주사위.

손자(孫子) : 아들의 아들. ×손주.

수숙(嫂叔) : 시숙(媤叔)과 제수(弟嫂), 형수와 시동생. ☆ 수숙간(嫂叔間).

숙질(叔姪) : 숙부와 조카.

시가(媤家) : 시집을 가리키는 말. ☆ 시댁(媤宅)

시누이 : 남편의 누이. ☆ 시누(준말).

시댁(媤宅) : 남의 시가(媤家)를 높여서 이르는 말.

시(媤) : 시집의 칭호 앞에 붙이는 접두사. ☆ 媤 : 시집(시)←한국 한자.

시외가(媤外家) : 남편의 외가.

○실(室)이 : ①시집간 딸에게 남편의 성을 붙여 부르거나 가리키는 말.

　　　　　②손아래 시누에게 남편 성을 붙여 부르는 말. ☆ 윤실이.

　　　　　'○서방 댁'이라고 하는 지방도 있다. 윤실(尹室)+이(조성모음).

아우 : 남에게 자기 동생을 일컫는 말.

아주머니 : ①어버이와 같은 항렬의 여자. ↔ 아저씨. ☆ 아지매(경상 방언).

　　　　　②형수의 호칭과 지칭.

　　　　　③친인척이 아닌 일반 여자들에게 쓰는 형식적인 존대 호칭어.

아주버님 : 남편과 같은 항렬의 남자를 높여 부르는 말. ☆ 아지벰(아주버님).

　　　　　☆ 시누이 남편은 '새아주버님'이라고 한다.

안-노친(老親) : 친정어머니를 가리키는 말. ☆ '안어버이'라고도 한다.

안어버이 : 여자가 시가(媤家)에서 친정어머니를 이르는 말. ↔ 밭어버이.

　　　　　☆ 어머니라고 하면 자기 어머니고, 어머님이라고 하면 시어머니이다.

안시어른 : 남에게 자기 시어머니를 일컫는 말.

안사람 : 자기 아내를 남에게 이르는 말.

안식구 : =안사람. ☆ 안사람, 안식구를 요즈음은 '집사람'이라고 한다.

안어른 : 자기 어머니를 일컫는 말.

어르신 : 나이 많은 사람이나 친구의 아버지에 대한 호칭어, 지칭어.

~어른 : 존대어를 만들기 위한 접미사 ☆ 금촌 어른(택호). 장인어른.

영부인(令夫人) : 남의 아내를 높여서 부인(夫人)이라고 하는데 접두사 영(令)을
　　　　　덧붙여서 더 높이는 말. ☆ 영(令)은 '착하다, 아름답다의 뜻. 지체
　　　　　높은 사람이 아니어도 그의 아내를 '영부인'이라고 할 수 있다.

영애(令愛) : 남의 딸을 높여서 이르는 말.

오라범댁 : 오빠의 아내를 뜻하는 말. =오라버니댁.

올케 : 오빠나 남동생의 아내를 뜻하는 말.

　　　☆ 경상도에서는 올케란 말을 천한 말로 여기며 쓰지 못하게 한다.

옹서(翁壻) : 장인과 사위. ☆ 옹서간(翁壻間). 壻=婿 : 사위(서).

완장(阮丈) : 남의 숙부를 높여 이르는 말. ↔ 함씨(咸氏) : 남의 조카 높임말.

왕고모(王姑母) : 할아버지의 자매. =대고모(大姑母). 존고모(尊姑母).

왕존장(王尊丈) : 할아버지와 연세가 비슷한 어른을 높여 이르는 말.

외고(外姑) : 장모(丈母). =빙모(聘母). ☆ 외고(外姑)는 문어(文語).

외구(外舅) : 장인(丈人). 빙장(聘丈). ☆ 외구(外舅)는 문어(文語).

외사촌(外四寸) : 외숙의 자녀.=내종(內從).×외종(外從). ☆ 내종·외종은 문어.

외생(外甥) : 편지에서 장인에 대하여 사위가 자칭하는 말.

외손녀(外孫女) : 딸의 딸.

외손부(外孫婦) : 외손자의 아내. 딸의 며느리.

외손서(外孫壻) : 외손녀의 남편. 딸의 사위.

외손자(外孫子) : 딸의 아들. ×외손주.

외숙(外叔) : 어머니의 남자형제.

　　　☆ 외아저씨. 외아재(경상도)로 호칭한다. ×외삼촌 : 통용되고 있음.

외숙모(外叔母) : 외숙의 아내. ☆ 외아주머니.

외외가(外外家) : 어머니의 외가.

외조모(外祖母) : 외할머니.

외조부(外祖父) : 외할아버지.

외종(外從) : 고종사촌. ↔ 내종(內從). ×외사촌. ☆ 내종(內從) : 외사촌.

　　　☆ 외종, 내종을 거꾸로 잘못 알고 망발하는 지식인들이 많다.

이모(姨母) : 어머니의 여형제. ☆ 언니와 여동생은 자매간이 아니고 형제간.

이모부(姨母夫) : 이모의 남편. ×이모아버지(북한말). ×이모부(姨母父).

이종(姨從) : 이모의 자녀. =이종사촌.

이숙(姨叔) : 이모부(姨母夫). 이모아저씨.

이질(姨姪) : 여형제가 그들의 자녀를 서로 이르는 말.

이질녀(姨姪女) : 여형제가 그들의 딸을 서로 이르는 말.

이질부(姨姪婦) : 이질의 아내.

이질서(姨姪婿) : 이질녀의 남편.

자녀(子女) : 아들과 딸.

자당(慈堂) : 상대방 어머니를 높여 이르는 말. =훤당(萱堂). 북당(北堂).

영당(令堂) : 남의 어머니를 높여 이르는 말. =자당. 훤당. 북당.

자부(子婦) : 남의 며느리를 높여 이르는 말. ☆ 자기 며느리를 자부(子婦)라고
　　　　　　 하지 않는다. 자기 며느리는 '며느리', '며늘아이'라고 함.

자제(子弟) : 남의 아들을 존대하여 일컫는 말. =영식(令息).

자씨(姉氏) : 남의 누님을 공경하여 일컫는 말.
　　　　　　 ☆ 자기 누님도 자씨(姉氏)라고 한다.

자친(慈親) : 자기 어머니를 남에게 일컫는 말. ↔ 엄친(嚴親).

자형(姉兄) : 누나의 남편. =새형(님). 매형. ☆ 매형(妹兄)은 부적합한 말.

작은아씨 : 손아래 시누를 공손하게 부르는 말. =작은아가씨. 작은액씨.

장모(丈母) : 아내의 어머니. =빙모(聘母).

장인(丈人) : 아내의 아버지. =빙부(聘父).

장조부(丈祖父) : 아내의 할아버지. =처조부(妻祖父).

장조모(丈祖母) : 아내의 할머니. =처조모(妻祖母).

장조카 : 맏형의 맏아들. =장질(長姪).

장질부(長姪婦) : 맏형의 맏며느리.

재종(再從)형제자매 : 육촌형제자매.

재종숙(再從叔) : 칠촌아저씨. =재당숙(再堂叔) ↔ 재종숙모(再從叔母).

재종조부(再從祖父) : 할아버지의 종형제(사촌형제).

재종조모(再從祖母) : 재종조부의 아내.

재종질(再從姪) : 육촌형제의 자녀. =재당질(再堂姪)과 재당질녀(再堂姪女).

제부(弟夫) : 여자가 여동생의 남편을 이르는 말. =계부(季夫).

조손(祖孫) : 할아버지와 손자. ☆ 조손간(祖孫間).

존고모(尊姑母) : 할아버지의 자매. =대고모(大姑母). 왕고모(王姑母).

존고종(尊姑從) : 존고모의 자녀. 아버지의 고종. =존고종숙(尊姑從叔).

존이모(尊姨母) : 할머니의 여형제. 아버지의 이모.

존함(尊銜, 尊啣) : 남의 이름을 높여 일컫는 말. ☆ 啣은 銜(명함 함)의 속자.

종고모(從姑母) : 아버지의 사촌 누나나 여동생.

종고종(從姑從) : 종고모(從姑母)의 자녀.

종반간(從班間) : 사촌사이. =사촌간(四寸間).

종손자(從孫子) : 형제의 손자. ☆ 종손녀(從孫女) : 형제(兄弟)의 손녀.

종숙(從叔) : 오촌아저씨. =당숙(堂叔).

종숙모(從叔母) : 오촌숙모 =당숙모(堂叔母). ↔ 당숙부(堂叔父).

종숙부(從叔父) : 오촌숙부. =당숙부(堂叔父) : 당숙을 높여 이르는 말.

종씨(從氏) : 남의 사촌 형제를 높여 이르는 말.

종외손(從外孫) : 형이나 동생의 외손. ↔ 외-종조부(外-從祖父).

종이모(從姨母) : 어머니의 사촌언니나 동생. ☆ 종이모부 : 종이모의 남편.

종이종(從姨從) : 종이모의 자녀. ☆ 촌수는 나와 육촌간임.

종이질(從姨姪) : 사촌언니나 동생의 자녀.

종조모(從祖母) : 할아버지의 형이나 동생의 아내. ☆ 종조할머니.

종조부(從祖父) : 할아버지의 형이나 동생. ☆ 종조할아버지.

종질(從姪) : ①사촌형제의 자녀. ②사촌형제의 아들.

종질녀(從姪女) : 사촌형제의 딸. ☆ 종질서(從姪壻) : 종질녀의 남편.

종형(從兄) : 사촌형. ☆ 종제(從弟) : 사촌동생.

진외가(陳外家) : 아버지의 외가. 할머니의 친정.

질녀(姪女) : 형이나 동생의 딸. ×조카딸.

질부(姪婦) : 조카의 아내. 형제의 며느리. ×조카며느리.

질서(姪婿) : 질녀의 남편. 형제의 사위. ×조카사위.

질항(姪行) : 조카 항렬(行列). ☆ 숙항(叔行) : 아버지 항렬.

집사람 : 자기 아내를 남에게 이르는 말. =안사람. 안식구.

처가(妻家) : 아내의 친정.

처고모(妻姑母) : 아내의 고모. ☆ 처고종(妻姑從) : 아내의 고종(사촌).

처남(妻男) : 아내의 남자형제. =처남(妻娚) ☆ 娚 : 오빠(남).

처남댁(妻男宅) : 처남의 아내. ☆ 부를 때도 '처남(의) 댁'이라고 한다.

처백모(妻伯母) : 아내의 백모. ☆ 처백부(妻伯父) : 아내의 백부.

처수(妻嫂) : 처남의 아내를 경남지방에서 하는 말. ☆ '처남의 댁'이 바른말.

처숙모(妻叔母) : 아내의 작은어머니. 아내의 숙모.

처숙부(妻叔父) : 아내의 작은아버지. ×처삼촌(妻三寸)은 옳지 않은 말.

처제(妻弟) : 아내의 여동생을 이르는 말. ☆ 호칭어, 지칭어로 다 쓴다.

처조모(妻祖母) : 아내의 조모. =장조모(丈祖母).

처조부(妻祖父) : 아내의 조부. =장조부(丈祖父). 장조(丈祖).

처조카 : 처남의 아들. =처질(妻姪).

처종남(妻從娚) : 아내의 사촌 오빠나 동생. ×종처남(從妻娚). ×사촌처남.

처질부(妻姪婦) : 처조카의 아내.

처질서(妻姪婿) : 처질녀의 남편, 처남의 사위.

처질녀(妻姪女) : 아내의 질녀, 처남의 딸.

처형(妻兄) : 아내의 언니. ☆ 호칭어, 지칭어 모두 처형(妻兄)이다.

춘부장(春府丈) : 생존한 남의 아버지를 높여 이르는 말. =춘부장(椿府丈).

춘장(椿丈) : 춘부장과 같은 말. =춘당(椿堂).

큰댁(-宅) : 큰집의 높임말. =맏집의 높임 말.

큰아버지 : 아버지의 맏형 또는 아버지의 모든 형. ☆ 사는 곳이나 ~째 큰아
　　　　　버지라고 지칭한다. '대구 큰아버지. 둘째 큰아버지 등.

표종(表從) : 고종사촌. =외종(外從). ×외사촌(外四寸).

함씨(咸氏) : 남의 조카 존칭. ↔ 완장(阮丈) : 남의 숙부의 높임말.

함자(銜字) : 남의 이름을 높여 이르는 말. =존함(尊銜, 尊啣). =명함(名銜).

　　　　☆ 啣은 銜의 속자(俗字)이다. 銜 : 이름(함).

합부인(閤夫人) : 남의 아내를 높여 이르는 말. ☆ 閤 : 안방(합).

현손(玄孫) : 손자의 손자. =고손(高孫). ☆ 고손(高孫)은 높은 손자란 뜻이므로

　　　　고(高) 자를 피하여 현손(玄孫)이라고 한다.

형(兄) : 나이가 비슷하거나 조금 적은 사람의 성(姓)에 붙여 부르는 말.

　　　　☆ 나이가 많이 높은 사람에게 ○형(兄)이라고 부르면 실례다.

형부(兄夫) : 언니의 남편을 호칭하거나 지칭하는 말.

형수(兄嫂) : 형의 아내란 뜻. ☆ 아주머니, 형수님.

휘자(諱字) : 돌아가신 분의 이름을 높여 이르는 말. ☆ 휘(諱)라고도 한다.

기제사(忌祭祀) 지내는 법

1. 행사(行祀)에 앞서 일러두기

1) 여자도 참사(參祀)하고, 절은 남자와 같은 방식으로 하고 횟수도 남자와 같도록 했다. 전통적으로 여자는 남자의 2배수로 절을 했다. 옛것이 다 옳은 것은 아니다. 무엇이나 무비판적으로 맹신하는 것은 좋지 않다.

근본적으로 남녀는 평등하다. 남자를 양(陽), 여자를 음(陰)으로 보는 것은 옳다. 숫자로 보면 1은 양의 수이고, 2는 음의 수이므로 양인 남자는 1이고, 음인 여자는 2라고 한다. 그래서 여자는 남자의 2배로 절해야 한다고 한다. 당위성이 없다. 여자는 음이므로 음수인 2이며, 남자는 양이므로 양수인 1이라고 한다면, 여자 일배(一拜)는 남자 이배(二拜)의 효과가 있지 않는가? 남자가 여자의 배수(倍數)로 절해야 마땅하다.

2) 지방과 축은 한문과 한글로 작성해 놓았다. 한글 지방과 축을 권장한다.

3) 부분적으로 다른 사람들과 제사지내는 절차가 다른 점도 있을 것이다. 제사를 세세한 절차를 철저히 지켜야 하는, 불변의 규정이 있는 것은 아니다. 자기 가정에서 지금까지 해온 대로 하면 된다. 제사 절차가 까다롭고 집안에 따라 차이가 있기 때문에 가가례(家家禮)란 말이 있게 된 것이다. 제사는 절차보다 추모하는 정신이 더 중요하다.

4) 조상의 기일(忌日)을 잊지 않고 행사(行祀 : 제사지내는 일)하는 것은 자손의 도리일 뿐, 조상이 기일(忌日)을 알고 찾아오셔서 흠향(歆饗 : 신이 음식을 잡숫는 것.)하시는 것은 아니다. 그러나 제여재(祭如在)라고 했다. 제사는 조상이 와 계시는 것 같이 생각하고 정성으로 제사를 지내야 한다. 조상이 오시지 않고 음식을 잡숫지도 않지만 제례는 하나의 문화이다.

5) 제주가 제사를 지내는 데 도와주는 사람을 집사(執事)라고 한다. 아들, 조카, 형제 등 젊은이들이 제주를 도우면 된다. 딸이 집사를 해도 된다.

6) 기제(忌祭)

기제(忌祭)란 조상이 돌아가신 날인 기일(忌日)에 지내는 제사(祭祀)이다. 과거에는 수많은 제사가 있었지만, 오늘날은 기제(忌祭)만 명맥을 이어오고 있다. 기제사가 제사를 대표하는 대명사가 되었다, 제사 곧 기제

사이다.

7) 기제(忌祭) 지내는 시간

① 돌아가신 날의 첫새벽에 지낸다. 가령 1월 10일에 돌아가셨다면 1월 10일 새벽 0시에서 새벽 1시 사이에 지낸다. 이 시간이 돌아가신 날의 첫새벽이 되는 시간이다.

② 교통과 이튿날 출근 관계로 초저녁에 지내려면 10일 초저녁 적당한 시간에 지내면 된다. 계절에 따라 차이는 있겠지만 해가 진 뒤(7시~9시)에 지내면 될 것이다. 이렇게 지내면 18시간 정도 늦게 제사를 지내는 셈이다. 제사를 지내고 저녁 식사를 하면 될 것이다.

③ 9일 제사 준비를 해 두었다가 10일 첫새벽에 지내면 된다. 10일에 준비해서 자정(子正)에 지내면, 하루 늦게 11일에 지내는 제사가 된다. 9일 초저녁에 지내면 하루 일찍 지내는 것이다. 기제사는 조상이 돌아가신 날을 기억(추모)하는 행사이므로 돌아가신 날 제사를 지내려면 돌아가신 날 밤 11시 이전에 지내야 한다. 11시 30분부터 01시 30분까지가 자시(子時)인데, 이 시간은 이미 다음 날이다. 9일은 제사가 드는 날 즉 입제일(入祭日)이고, 10일은 제삿날이며 11일은 제사가 나는 날 즉 파제일(罷祭日)이다.

8) 배우자 합사(合祀)

아버지 제사에 어머니를 함께 모시고, 어머니 제사에 아버지를 함께 모셔서 제사를 지내는 것이 합사(合祀)이다. 합사는 인정(人情)에서 나왔다. 대부분 가정에서 합사하고 있다. 돌아가신 조상 한 분만 제사지내는 집도 있다.

근래는 아버지 제사에 어머니를 모셔서 합사하고, 어머니 제사를 생략하는 집들도 있다. 그것이 옳을까? 지금은 사대봉사(四代奉祀)도 안 하고 부모, 조부모 이대봉사(二代奉祀)하는 집들도 있는데, 부모를 합사하고 어머니 기일제(忌日祭)를 안 지내면 되겠는가? 조상이 돌아가신 날 추모해야 하므로 생략할 수 없다. 어머니 제사를 생략하면 어머니 돌아가신 날은 잊어버리게 된다. 어머니 제사를 생략하지 말고 그날 아버지도 함께 모셔야 한다.

☆ 1969년에 정부에서 가정의례준칙을 제정하면서 부모, 조부모까지 이대봉사(二代奉祀)를 권장했지만 그렇게 시행하는 집은 별로 없는 것 같다.

9) 제사 지내는 장소

안방 또는 대청에서 지낸다. 아파트에서는 거실(居室)에서 지낸다. 제사상 놓이는 자리가 북쪽이다. 북쪽이 아니어도 제사상 놓이는 쪽을 북쪽으로 보는 것이다. 북쪽이 높은 곳이다.

10) 부녀자 참사(參祀)

모든 제사에 여자도 참사(參祀)한다. 주부가 아헌(亞獻)을 한다. 첫째 잔은 주인이 올리고, 두 번째 술잔은 주부가 올린다. 대부분의 가정에서 주부가 참사(參祀)를 하지 않았던 것은 주부가 부엌에서 제수 준비에 바빴기 때문이다. 요즈음은 부엌 구조가 편리하고, 아파트는 부엌과 제사 장소가 가깝기 때문에 주부가 제수를 챙기면서 참사할 수 있다. 바쁠 것이 없으니 천천히 진행하면 된다. 주부가 참사하지 못하면 차자나 다른 사람이 아헌을 한다. 종헌은 친척이나 지차(之次) 또는 사위

등 적합한 사람이 올린다.

　11) 지방(紙榜)을 써서 붙인다.

　지방은 임시로 신이 머무는 곳이다. 임시로 제작한 신주(神主)이다.
제사가 끝나면(사신(辭神)하면 : 신과 작별하면) 조상이 지방에서 떠났으므로
축과 함께 지방을 불사른다.

　아버지 지방을 서쪽(향하여 왼쪽), 어머니지방을 동쪽(향하여 오른
쪽)에 붙인다. 지방의 너비 6cm, 길이는 22cm로 한다고 한다. 꼭 이
치수대로 해야 되는 것은 아니다. 좁고, 짧게 균형이 맞도록 만든다.
한지에 검정색으로 쓴다. 붓글씨로 쓸 수 있으면 붓글씨가 더욱 좋다.
너비 6cm, 길이 22cm는 주척(周尺)이다. 지금도 주나라 잣대가 필요한
때인가?

　지방의 규격이 절대적인 것은 아니다. 균형이 맞게 좀 작게 만들어
도 된다. 천원지방(天圓地方 : 하늘은 둥글고, 땅은 네모남)의 뜻으로 지방의
위쪽을 둥글게 만들어야 하는데, 쉽게 위쪽 두 모서리만 가위로 약간
잘라서 만든다. 지방의 위쪽을 둥글게 만들지 않는 집도 많다. 정말 하
늘은 둥글고 땅이 네모났는가? 하늘이 둥글지 않고, 땅은 네모나지 않
지만 예전에 하던 대로 하는 것이다.

　너비 10cm, 높이 30cm 정도의 깨끗한 각목을 찻상 위에 세우고 지
방을 붙인다. 요즈음은 지방 넣는 집(혼독)이 시중에 나오니 이것을 사
서 이용해도 될 것이다.

12) 제사상 차리기 : 진설(陳設)

<table>
<tr><td><1열></td><td colspan="7">메(밥) 술잔 갱(국) 시접 메 술잔 갱</td></tr>
<tr><td><2열></td><td colspan="7">(국수) 육전 육적 어적 소전 조청(꿀) 떡</td></tr>
<tr><td><3열></td><td colspan="7">탕 (육탕 소탕 어탕)</td></tr>
<tr><td><4열></td><td colspan="7">포 고사리 시금치 간장 도라지 침체 식혜</td></tr>
<tr><td><5열></td><td colspan="7">대추 밤 곶감 배 (과일) 강정 다식(과자)</td></tr>
</table>

축판 향로 향합

(모사기) (퇴주기)

① <1열>에 갱(국)술잔 메(밥)로 우갱좌반으로 진설하는 집도 있다. 음계(저승)는 우리가 사는 이승과 반대이기 때문에 밥그릇(메)과 국그릇(갱)의 위치가 바뀐다는 것이다. 저승에서 식사하는 것을 본 사람도 없다. 살아 있는 사람처럼 우갱좌반(국이 오른쪽, 밥이 왼쪽)으로 차리는 것이 조상을 대하는 예의에 맞다. 이런 문제가 예법을 공연히 까다롭게 만든다.

② <5열>에 놓인 고일과 과자는 후식(디저트)이다. 홍동백서(紅東白西), 조율이시(棗栗梨柿)를 외워서 그대로 안 차려도 된다. 홍동백서(紅東白西)는 붉은 괴일은 동쪽에 놓고, 흰색 과일은 서쪽에 놓는다는 말이다. 조율이시(棗栗梨柿)는 대추, 밤, 배, 감(곶감)의 순서로 진열한다는 뜻이다. 옛날에는 가정에 조율이시(棗栗梨柿)밖에 없었다. 지금은 다른 과일과 과자를 놓아도 된다. 그러나 음식, 과일 등을 너무 많이 차릴 필요는 없다.

2. 기제사(忌祭祀) 지내는 순서

1) 강신재배(降神再拜) :

분향(焚香)과 뇌주(酹酒)를 합하여 강신(降神) 이라 한다.

☆ 焚 : 사를(분), 香 : 향기(향), 酹 : 부을(뇌), 酒 : 술(주), 降 : 내릴(강),
神 : 귀신(신)

(1) 분향(焚香)

주인이 향로에 향을 3번 집어넣어서 연기가 나게 한다. 하늘에 계시는 조상의 신이 연기를 타고 오시라는 상징이다. 이때 향을 집은 손을 향로 위에 빙빙 돌리지 않고 향을 바로 넣는다.

(2) 뇌주(酹酒)

뇌주(酹酒)는 지하에 계실지 모르는 조상을 모시는 절차이다. 주인이 받은 술잔을 모사(茅沙) 그릇에 3번 나누어 지운다. 주인은 한발 물러나서 두 번 절한다. 이것이 강신재배(降神再拜)이다.

☆ 분향(焚香) 재배, 뇌주(酹酒) 재배로 각각 재배를 하는 집도 있다.

☆ 모사(茅沙)는 모래를 담은 그릇에 띠(풀)를 묶어서 꽂는다. 모사는 땅(무덤)을 뜻한다. 모사 대신에 그릇에 곡식을 담아서 쓰거나, 빈 그릇에 술을 지워도 된다.

2) 참신(參神)

주인, 주부 이하 참사가 조상을 뵙는 절차이다. 재배한다.(2번 절한다.)

여자는 4배하는 것으로 되어 있으나, 남녀평등하게 여자도 2번 절한
다. 여자도 남자와 같은 형식의 절을 한다. 그래야 함께 참사할 수 있다.

3) 진찬(進饌)

☆ 進 : 드릴(진), 饌 : 반찬(찬)
따뜻한 음식을 올린다. 메(밥), 갱(국), 면(국수), 탕 등이다.

4) 초헌(初獻)

☆ 初 : 처음(초), 獻 : 드릴(헌)
주인이 첫 번째 술잔을 올린다. 고위(考位-아버지)와 비위(妣位-어머니)
에 직접 술잔을 올린다. 집사가 대신 술잔을 올려도 된다.

5) 계반개(啓飯蓋)

☆ 啓 : 열(계), 飯 : 밥 (반), 蓋 : 덮개(개), 덮을 (개)
메(밥)나 덮개가 있는 음식의 덮개(뚜껑)를 벗긴다.

6) 독축(讀祝)

☆ 讀 : 읽을(독), 祝 : 빌(축), 글(축) : 신에게 고하는 글
축(祝)은 신에게 고하는 글이다. 주인 이하 모두가 끓어앉고, 축관(祝
官)이 축을 읽는다. 주인은 독축 후 조금 뒤에 일어나서 두 번 절한다.
축관이 없으면 주인이 읽어도 된다.(정 어려우면 독축은 생략해도
된다.)

7) 퇴주(退酒)

고위와 비위에 놓인 술잔을 집사가 내려와서 주인에게 주면, 주인은 퇴주그릇에 술을 비우고, 잔대(술잔과 받침대)를 집사가 있던 자리에 갖다놓는다.

8) 아헌(亞獻)

☆ 亞 : 버금(아) 두 번째(아)

주부가 두 번째 술잔을 올리는 절차이다. 부득이해서 주부가 아헌을 못할 때는 주인 다음 차례에 있는 사람이 한다. 주부도 4번 절하지 않고 2번 절한다. 2번 절하는 것이 현실에 맞고 합리적이다.

9) 퇴주(退酒)

☆ 退 : 물러날(퇴), 물릴(퇴)

아 : 헌이 올린 술잔을 집사가 가져와서 주인이 퇴주그릇에 붓고 빈 잔을 있던 자리에 가져다 놓는다.

10) 종헌(終獻)

☆ 終 : 마칠(종), 獻 : 바칠(헌)

참사자(參祀者) 중에 어른이나 손님, 먼 데서 온 사람, 지차가 3번째 술잔을 올린다. 술이 덜 찬 술잔을 양위 앞에 올린다. 술이 잔에 덜 차야 다음에 첨작할 수 있다. 종헌은 읍하고 2번 절한다.

양위의 술잔을 조금씩 3번 모사에 따르고(좨주하고) 술잔이 덜 차게 해서 올리는 집도 있다. 아예 잔이 덜 차게 술을 부어서 올리는 것이 편하다.

11) 유식(侑食)

☆ 侑 : 도울(유), 권할(유)

유식(侑食)은 조상이 식사하시는 것을 돕는다는 뜻이다.

12) 첨작(添酌)

☆ 添 : 더할(첨), 酌 : 술 따를(작)

양위에 놓인 술잔에 술을 더 부어서 채우는 것이다. 종헌 때 좨주(祭酒, 술잔을 기울여 약간 지우는 것)하여 덜 찬 술잔을 주전자 또는 술잔으로 부어 채운다. 처음부터 덜 찬 술잔을 올리는 집이 많다.

13) 삽시(插匙) 정저(正箸)

☆ 插 : 꽂을(삽), 匙 : 숟가락(시), 箸 : 젓가락(저)

삽시(插匙)는 숟가락을 꽂는다는 말이다. 숟가락 앞면이 동쪽으로 가도록 밥그릇에 꽂는다. 정저(正箸)는 젓가락을 바로 놓는다는 말이다. 수저를 담은 접시에서 젓가락을 집어서 다시 가지런하게 놓는다. 젓가락으로 음식을 잡숫는다는 뜻이다. 주인과 주부는 재배한다. 함께 재배해도 될 것이다.

14) 합문(闔門)

☆ 闔 : 문 닫을(합), 門 : 문(문)

합문(闔門)은 조상이 편하게 음식을 잡수시도록 문을 닫고 모두 밖으로 나가는 것이다. 그 자리에 보복하여(엎드려) 기다려도 된다. 기다리는 시간은 구식간(九食間)인데, 밥 아홉 숟가락 잡숫는 시간이다. 약 7분~8분간인데, 형식이니까 시간을 줄여도 될 것이다. 축관(또는 주인)이 세 번 '으흠 으흠 으흠'하여 인기척을 내고 방문을 연다.

합문(闔門)은 문제점이 있다. 아파트 거실이나 대청에는 문이 없다. 병풍으로 둘러쳐서 조상과 제사상을 가리기도 하는데, 어설픈 짓이다.

밖으로 나가지 않고 그 자리에서 부복하여(엎드려) 기다려도 된다. 이럴 때는 1~2분 정도 가다리면 된다. 이때도 축관이나 주인이 '으흠' 소리를 한번 내면 모두 일어난다. 아파트 같으면 거실에 문이 없으므로 다른 방에서 기다려도 된다. 다른 방에 있어도 웃거나 잡담을 하지 않고 정숙한 자세로 기다린다. 으흠 소리를 듣고 밖으로 나온다.

15) 진다(進茶)

☆ 進 : 올릴 (진), 나아갈 (진), 茶 : 차 (다)

진다(進茶)는 차를 올린다는 말이다. 우리나라는 식후에 숭늉을 마시므로 숭늉을 올린다. 숭늉도 갑자기 구하기 어려우므로 갱(국) 그릇을 물리고, 그 자리에 냉수 그릇을 올리고, 냉수에 메를 3번 조금씩 떠서 물에 푼다. 이것이 숭늉이다.

우리도 지금은 차를 많이 마시므로 녹차를 올려도 될 것 같다.

16) 국궁(鞠躬)

☆ 鞠 : 굽힐 (국), 躬 : 몸 (궁)

차를 드실 동안 공수(拱手)를 하고 몸을 30도 정도 굽혀서 조금 기다린다.

30초나 1분 정도 기다린다. 역시 축관이나 주인이 '으흠' 소리를 내면 모두 몸을 일으킨다.

17) 낙시저(落匙箸) 합반개(闔飯蓋)

☆ 飯 : 밥 (반), 蓋 : 덮개 (개)

낙시저(落匙箸)는 숟가락과 젓가락을 내려놓는다는 말이다. 합반개(闔飯蓋)는 메의 뚜껑을 다시 덮는다는 뜻이다.

18) 사신(辭神)

☆ 辭 : 말 (사), 하직할 (사)

사신(辭神)은 신을 하직한다는 뜻이다. 조상 신(神)을 보내는 일이다. 주인 이하 모든 참사자(參祀者)가 두 번 절하며 조상과 작별한다.

19) 분축(焚祝)

☆ 焚 : 불사를 (분)

분축(焚祝)은 축문(祝文)과 지방(紙榜)을 태워서 향로에 담는다. 또는 냉수 그릇을 받쳐놓고 축문과 지방을 젓가락으로 집어서 불태우고 재가 담긴 물은 사람들이 짓밟지 않는 깨끗한 땅에 쏟아 붓는다. 아파트 같으면 싱크대에 부어도 될 것이다.

20) 철찬(撤饌)

☆ 撤 : 거둘 (철), 饌 : 반찬 (찬)

제상 위의 제수(음식)를 내려놓는다. 철상(撤床)이라고도 한다. 철상은 상을 거둔다는 뜻이다.

21) 음복(飮福)

☆ 飮 : 마실 (음), 福 : 복 (복)

참사한 사람들이 술과 음식을 나누어 먹는 일이 음복이다. 음식을 나누어 먹으며 조상을 회상하고 기리며, 가족이 화목을 돈독히 하는 시간이다.

3. 기제사(忌祭祀) 축(祝) 【한글 축, 한문 축】

축(祝)은 신에게 고(告)하는 글이다.

우리는 역사 기록을 비롯하여 모든 기록을 서기(西紀)로 쓰고 있다. 부모님 돌아가신 날도 서기를 사용하는 것이 좋다. 기일(忌日)은 부모님 이 돌아가신 날을 기억하고 추모하는 날인데, 꼭 음력을 사용하고 복 잡하게 간지(干支)를 쓸 이유가 없다. 양력은 4년에 한 번씩 2월에 하루 가 더 있을 뿐이므로 기일(忌日)이 일정하다. 우리가 세계화 시대에 맞 게 양력을 쓰고 있고, 앞으로도 양력 사용은 변함이 없을 것이다.

축문도 한문으로 쓰는 시대는 지나갔다. 한문을 제대로 가르치고 배 우지도 않으므로 한문으로 쓴 축문의 뜻을 이해하고 바로 느끼는 사람 이 드물다. 우리의 제1의 국자(國字)는 한글이고, 제2의 국자가 한자이 다. 제1의 국자인 한글로 축문을 쓰는 것은 지극히 당연하다.

한글 축도 '유세차'로 시작해야 한다. 유(維)는 말을 시작하는 발어사

(發語辭)로 세차(歲次)와 어울려 과거 한문 축의 분위기를 살린다.

지방(紙榜)도 한글로 '할아버님 신위', '할머님 신위', '아버님 신위', '어머님 신위'로 간단하게 써야 한다. 길게 아버지 관직을 쓰는 것은 옳지 않다. 아버지, 할아버지에게 제사를 지내는 것이지 시장, 군수, 교육장에게 제사지내는 것이 아니다. 행장(行狀)이나 비문(碑文), 족보(族譜)에는 관직을 쓰고, 사회적 행사에는 관직을 밝혀 써야 하는 것은 물론이다.

과거를 고수하는 것이 전통을 이어가는 것이 아니다. 조상 제사 때 읽는 축(祝)을 현대화하여 이어가는 것이 전통을 이어가는 것이다. 옛날처럼 한문으로 축을 쓰고, 한문으로 지방을 쓰는 것이 전통을 이어가는 것이 아니다. 과거의 좋은 의식(儀式)과 정신을 이어가되, 이 시대에 맞는 의식(儀式)으로 변화시켜야 한다. 인순고식적(因循姑息的)으로 과거대로 하는 것이 전통을 계승하는 것이 아니다. 시대에 맞는 의식(儀式)으로 변화시키는 것이 진정으로 전통을 이어가는 것이다.

봉사(奉祀) 대상도 조부모까지 2대로 하는 것이 좋을 것 같다. 슬하에서 사랑을 받았고 얼굴을 아는 조상까지 제사지내는 것이 좋겠다.

가정마다 고조부까지 사대봉사(四代奉祀)하는 것은 지나치지 않는가?

제사보다 조상 생전의 시봉(侍奉)이 더 중요함을 우리는 명심해야 한다.

시봉(侍奉)은 생전에 어른들을 잘 모시는 것을 뜻한다. 조부모(祖父母) 사후에 제사 잘 지내는 것보다 시봉(侍奉)이 진정으로 효도하는 것이다.

한글 축의 다음에 한문 축을 첨부해 두었으니 참고하기 바란다. 한문 축(祝)도 문맥(文脈)에 맞게 쓰면 된다. 顯(현)자를 한 글자 높여 쓰고,

尙饗(상향)의 饗(향)도 한 글자 높여 쓰는 것을 지양(止揚)하고, 한 글자를 높이지 않았다. 한 글자를 높여 쓰는 것은 문장 작성을 까다롭게 할 뿐 별 의미가 없다.

유세차 서기 ○○○○년 ○월 ○일은 양력으로 지내는 기제사 축이고, 유세차 태세(太歲-甲子) ○년 ○월 ○일은 음력으로 지내는 기제사 축이다.

띄어쓰기 단위로 띄어서 읽되 호흡을 느리게 천천히 읽는다.

1) 부단설기제축(父單設忌祭祝)

양력으로 지내는 아버지 기제(忌祭) 축(祝)이다. 기제(忌祭)는 그날 돌아가신 분 한분만 제사지내는 집도 있다.

유세차 서기 2010년 3월 8일 효자 경호는
삼가 아버님께 아뢰나이다.
해가 바뀌어 아버님 돌아가신 날이 돌아왔나이다.
지난날을 돌이켜 생각하니 아버님의 은혜 하늘같이 높고 넓어 끝 간 데를 모르겠나이다.
삼가 술과 음식을 정성으로 올리오니 흠향하시옵소서.

【한문】 부단설기제축(父單設忌祭祝)

維歲次西紀二千十年三月八日 孝子 京鎬
유세차서기이천십년삼월팔일 효자 경호
敢昭告于
감소고우
顯考學生府君 歲序遷易 諱日復臨 追遠感時 昊天罔極

현고학생부군 세서천역 휘일부림 추원감시 호천망극
謹以 淸酌庶羞 恭伸奠獻 尙饗
근이 청작서수 공신전헌 상향

2) 모단설기제축(母單設忌祭祝)

유세차 서기 2010년 5월 5일 효자 경호는
삼가 어머님께 아뢰나이다.
해가 바뀌어 어머님 돌아가신 날이 돌아왔나이다.
지난날을 돌이켜 생각하니 어머님의 은혜 하늘같이 높고 넓어 끝 간 데를
모르겠나이다.
삼가 술과 음식을 정성으로 올리오니 흠향하시옵소서.

【한문】 모단설기제축(母單設忌祭祝)

維歲次西紀二千十年 五月 五日 孝子 京鎬
유세차서기이천십년 오월 오일 효자 경호
敢昭告于
감소고우
顯妣孺人安東金氏 歲序遷易 諱日復臨 追遠感時 昊天罔極
현비유인 안동권씨세서천역 휘일부림 추원감시 호천망극
謹以 淸酌庶羞 尙饗
근이 청작서수 상향

3) 부모합설기제축(父母合設忌祭祝)

경인(庚寅)은 음력 태세(太歲)이니, 음력 기일(忌日)로 지내는 제사이다.
구월(九月)과 초팔일(初八日)의 간지(干支)는 쓰지 않았다. 어머니 돌아가신
날 기제(忌祭) 축(祝)이다. 아버지 기일 축은 '어머님 돌아가신 날'을 '아
버님 돌아가신 날'로 바꾸면 된다. 오늘 기제는 어머님 돌아가신 날 기

제사이다.

　유세차 서기 2010년 경인(庚寅) 구월 초팔일 효자 경호는
삼가 어머님, 아버님께 아뢰나이다.
해가 바뀌어 어머님 돌아가신 날이 돌아왔나이다.
지난날을 돌이켜 생각하니 어머님, 아버님 은혜 하늘같이 높고 넓어 끝
간 데를 모르겠나이다.
　삼가 술과 음식을 정성으로 올리오니 흠향하시옵소서.

【한문】부모합설기제축(父母合設忌祭祝)

　어머니 돌아가신 날(음력)의 기제축이다.
維歲次 西紀二千十年 庚寅 九月 初八日　孝子 京鎬
유세차 서기이천십년 경인 구월 초팔일　효자 경호
敢昭告于
감소고우
顯妣孺人安東權氏　顯考學生府君
현비유인안동권씨　현고학생부군
歲序遷易 顯妣孺人安東權氏　諱日復臨 追遠感時 昊天罔極
세서천역 현비유인안동권씨　휘일부림 추원감시 호천망극
謹以 淸酌庶羞 恭伸奠獻 尙饗
근이 청작서수 공신전헌 상향

4) 조부단설기제축(祖父單設忌祭祝)

양력 기제 축이다.

　유세차 서기 2010년 7월 8일 효손 재욱은
삼가 할아버님께 아뢰나이다.
해가 바뀌어 할아버님 돌아가신 날이 돌아왔나이다.

지난날을 돌이켜 생각하니 할아버님 그리움이 간절하나이다.
삼가 술과 음식을 정성으로 올리오니 흠향하시옵소서.

【한문】 조부단설기제축(祖父單設忌祭祝)

양력 기제 축이다.

維歲次 西紀二千十年 七月 八日 孝孫 在旭
유세차 서기이천십년 칠월 팔일 효손 재욱
敢昭告于
감소고우
顯祖考處士府君 歲序遷易 顯祖考處士府君 諱日復臨 追遠感時
현조고처사부군 세서천역 현조고처사부군 휘일부림 추원감시
不勝永慕 謹以 淸酌庶羞 恭伸奠獻 尙饗
불승영모 근이 청작서수 공신전헌 상향

5) 조부모합설기제축(祖父母合設忌祭祝)

할머니 돌아가신 날의 음력 기제축이다. 할아버지 기제 축은
'할머님 돌아가신 날'을 '할아버님 돌아가신 날'로 바꾸면 된다.
세차는 서기고 태세(太歲)는 음력이다. 오월과 초삼일의 간지는 생략했
다.

유세차 서기2010년 경인 5월 23일 효손 재욱은
할머님, 할아버님께 삼가 아뢰나이다.
해가 바뀌어 할머님 돌아가신 날이 돌아왔나이다.
지난날을 돌이켜 생각하니 할머님, 할아버님 그리움이
간절하나이다.
삼가 술과 음식을 정성으로 올리오니 흠향하시옵소서.

【한문】 조부모합설기제축(祖父母合設忌祭祝)

세차(歲次)는 서기고, 경인(庚寅)은 음력이다.

할머니 기제사 축이다.

維歲次 西紀二千十年 庚寅 五月 二十三日 孝孫 在旭
유세차 서기이천십년 경인 오월 이십삼일 효손 재욱
敢昭告于
감소고우
顯祖妣眞城李氏 顯祖考學生府君
현조비진성이씨 현조고학생부군
歲序遷易 顯祖妣眞城李氏 諱日復臨 追遠感時 不勝永慕
세서천역 현조비진성이씨 휘일부림 추원감시 불승영모
謹以 淸酌庶羞 恭伸奠獻 尙饗
근이 청작서수 공신전헌 상향

6) 남편기제축(男便忌祭祝)

서기만 양력이고, 음력 기제사 축이다.

유세차 서기2010년 경인 6월 초6일 주부 성주 도원희는
삼가 남편 안동 권 씨께 아뢰나이다.
해가 바뀌어 당신 돌아가신 날이 돌아왔나이다.
지난날을 돌이켜 생각하니 슬픔을 이기지 못하겠나이다.
삼가 술과 음식을 정성으로 올리오니 흠향하옵소서.

【한문】 남편기제축(男便忌祭祝)

서기만 양력이고, 음력 기제 축이다.

維歲次 西紀二千十年 庚寅 六月 初六日 主婦 星州 都媛姬
유세차 서기이천십년 경인 유월 초육일 주부 성주 도원희
敢昭告于
감소고우
顯辟學生府君 歲序遷易 諱日復臨 追遠感時 不勝感愴
현벽학생부군 세서천역 휘일부림 추원감시 불승감창
謹以 淸酌庶羞 恭伸奠獻 尙饗
근이 청작서수 공신전헌 상향

7) 처기제축(妻忌祭祝)

양력 기제 축이다.

유세차 서기2010년 5월 8일 남편 광산 김덕수는
삼가 아내 김해 김 씨께 아뢰나이다.
해가 바뀌어 당신 돌아가신 날이 돌아왔나이다.
지난날을 돌이켜 생각하니 슬픔을 이기지 못하겠나이다.
이에 술과 음식을 정성으로 올리오니 흠향하옵소서.

【한문】 처기제축(妻忌祭祝)

양력 기제 축이다.

維歲次 西紀二千十年 五月 八日 夫 光山 金德洙
유세차 서기이천십년 오월 팔일 부 광산 김덕수
昭告于
소고우
故室孺人 達城徐氏 歲序遷易 亡日復至 追遠感時 不勝感愴
고실유인 달성서씨 세서천역 망일부지 추원감시 불승감창
玆以 淸酌庶羞 伸此奠儀 尙饗

자이 청작서수 신차전의 상향

8) 친정모친단설기제축(親庭母親單設忌祭祝)

친정 모친 양력 기제사 축이다.

유세차 서기 2040년 10월 2일 여식 경주 김실 숙희는
삼가 어머님께 아뢰나이다.
해가 바뀌어 어머님 돌아가신 날이 돌아왔나이다.
지난날을 돌이켜 생각하니 어머님 은혜 하늘같이 높고 넓어
끝 간 데를 모르겠나이다.
삼가 술과 음식을 정성으로 올리오니 흠향하시옵소서.

【한문】 친정모친단설기제축(親庭母親單設忌祭祝)

維歲次 西紀二千四十年 十月 二日 女息 慶州 金室 淑姬
유세차 서기이천사십년 시월 이일 여식 경주 김실 숙희
敢昭告于
감소고우
顯妣孺人靑松沈氏 歲序遷易 諱日復臨 追遠感時 昊天罔極
현비유인청송심씨 세서천역 휘일부림 추원감시 호천망극
謹以 淸酌庶羞 恭伸奠獻 尙饗
근이 청작서수 공신전헌 상향

9) 친정부모합설기제축(親庭父母合設忌祭祝)

친정 부모 합설 양력 기제사 축이다. 부친 기제축이다.

유세차 서기2040년 三月 二十五日 여식 경주 김실 숙희는
삼가 아버님, 어머님께 아뢰나이다.

해가 바뀌어 아버님 돌아가신 날이 돌아왔나이다.
지난날을 돌이켜 생각하니 아버님, 어머님 은혜
하늘같이 높고 넓어 끝 간 데를 모르겠나이다.
삼가 술과 음식을 정성으로 올리오니 흠향하시옵소서.

【한문】 친정부모합설기제축(親庭父母合設忌祭祝)

친정 아버지 기일에 부모 합설 양력 기제사 축이다.

維歲次 西紀二千四十年 三月 二十五日 女息 慶州 金室 淑姬
유세차 서기 이천십년 삼월 이십오일 여식 경주 김실 숙희
敢昭告于
감소고우
顯考學生府君 顯妣孺人靑松沈氏
현고학생부군 현비유인청송심씨
歲序遷易 顯考處士府君 諱日復臨 追遠感時 昊天罔極
세서천역 현고처사부군 휘일부림 추원감시 호천망극
謹以 淸酌庶羞 恭伸奠獻 尙饗
근이 청작서수 공신전헌 상향

10) 외조부모합설기제축(外祖父母合設忌祭祝)

외조부 기일에 외조부모 합설 양력 기제사 축이다.

유세차 서기 2040년 3월 25일 외손 안동 권순화는
삼가 외할아버님, 외할머님께 아뢰나이다.
해가 바뀌어 외할아버님 돌아가신 날이 돌아왔나이다.
지난날을 돌이켜 생각하니 외할아버님, 외할머님 그리움이
간절하나이다.
삼가 술과 음식을 정성으로 올리오니 흠향하시옵소서.

【한문】 외조부모합설기제축(外祖父母合設忌祭祝)

維歲次 西紀二千四十年 三月 二十五日 外孫 安東 權順和
유세차 서기이천사십년 삼월 이십오일 외손 안동 권순화
敢昭告于
감소고우
顯外祖考處士府君 顯外祖妣孺人靑松沈氏
현외조고처사부군 현외조비유인청송심씨
歲序遷易 顯外祖考處士府君 諱日復臨 追遠感時 不勝永慕
세서천역 현외조고처사부군 휘일부림 추원감시 불승영모
謹以 淸酌庶羞 恭伸奠獻 尙饗
근이 청작서수 공신전헌 상향

11) 빙모단설기제축(聘母單設忌祭祝)

양력 기제사 축이다.

☆ 딸과 외손이 없는 경우에 사위가 제주가 된다.

유세차 서기2010년 10월 12일 사위 ○○(본관) ○○○(성명)은
삼가 빙모님께 아뢰나이다.
해가 바뀌어 빙모님 돌아가신 날이 돌아왔나이다.
지난날을 돌이켜 생각하니 슬픔을 이기지 못하겠나이다.
삼가 술과 음식을 정성으로 올리오니 흠향하시옵소서.

【한문】 빙모단설기제축(聘母單設忌祭祝)

維歲次 西紀二千四十年 十月二日 外甥 ○○(本貫)○○○(姓名)
유세차 서기이천십년 시월 이일 외생 ○○(본관)○○○(성명)
敢昭告于
감소고우
顯外姑靑松沈氏 歲序遷易 諱日復臨 追遠感時 不勝感愴

현외고청송심씨 세서천역 휘일부림 추원감시 불승감창
謹以 淸酌庶羞 恭伸奠獻 尙饗
근이 청작서수 공신전헌 상향

12) 빙부·빙모합설기제축(聘父, 聘母合設忌祭祝)

빙부 기일에 빙부, 빙모 합설 양력 기제 축이다.

유세차 서기 2040년 10월 2일 사위 ○○(본관)○○○(성명)은
삼가 빙부님, 빙모님께 아뢰나이다.
해가 바뀌어 빙부님 돌아가신 날이 돌아왔나이다.
지난날을 돌이켜 생각하니 슬픔을 이기지 못하겠나이다.
삼가 술과 음식을 정성으로 올리오니 흠향하시옵소서.

【한문】 빙부, 빙모합설기제축(聘父, 聘母合設忌祭祝)

維歲次 西紀二千十年 十月 二日 外甥 ○○(本貫)○○○(姓名)
유세차 서기이천십년 시월 이일 외생 ○○(본관)○○○(성명)
敢昭告于
감소고우
顯外舅處士府君 顯外姑孺人靑松沈氏
현외구처사부군 현외고유인청송심씨
歲序遷易 顯外舅處士府君 諱日復臨 追遠感時 不勝感愴
세서천역 현외구처사부군 휘일부림 추원감시 불승감창
謹以 淸酌庶羞 恭伸奠獻 尙饗
근이 청작서수 공신전헌 상향

설·추석 차례(茶禮) 지내는 법

1. 제사에 앞서 일러두기

1) 기제(忌祭) 지내는 법과 함께 차례(설·추석)의 절차와 방법을 잘 모르는 사람들을 위하여 정리한다.

불천위(不遷位)를 모시고, 사당(祠堂)이 있는 분들은 제례(祭禮)에 대하여 잘 알고 있을 것이고, 차례지내는 법도 이 글과 차이가 있을 수 있다.

2) 여자들(며느리·딸)도 참사(參祀)하는 것이 옳다. 기제에서 말했지만 여자들이 하는 절의 횟수와 절하는 방법은 남자들과 같이 한다.

전통적으로 여자의 절은 남자가 하는 절의 배수(倍數 : 2배)로 하고 절하는 방법도 다르다. 그렇게 하면 남녀가 함께 제사를 지낼 수가 없다.

여자는 남자 절의 배수로 하는 것은 음양(陰陽)의 ·이치 때문이라고 하는데 당위성이 없다. 어떤 예(禮)도 만고불변의 진리에서 행해지는 것은 아니고 시대에 따라 변할 수 있다. 예(禮)의 절차나 예복(禮服) 등은 전통을 무시할 수 없지만, 꼭 옛날대로 고수(固守)해야 되는 것은 아니다. 형식도 중요하지만 그보다 추모하는 정신이 더 중요하다.

3) 남자는 양(陽)이고 수로는 1. 여자는 음(陰)이며 수로는 2. 그래서 여자는 남자 절의 2배수로 한다는 논리다. 남녀평등의 정신에 어긋난다. 여자가 음수로 2고, 남자는 양수로 1이라면 여자 1배는 남자 2배의 효과가 있다. 오히려 남자가 여자 절의 배수로 절해야 하지 않을까? 남녀가 절하는 수는 동일하게 하는 것이 옳을 것이다.

4) 차례(茶禮)는 설, 추석(한식, 단오, 동지) 때 조상에게 올리는 낮(아침) 제사이다. 오늘날은 설과 추석만 명절로 쇠며 차례를 지낸다. 한식 단오 동지 차례는 없어졌다. 차(茶)를 올린다는 데서 차례(茶禮)라고 하게 되었다.

5) 제사 대상은 기제사를 지내는 모든 조상을 함께 모시고 차례를 지낸다.

주식(主食)은 메(밥)와 갱(국) 대신에 시식(時食 : 그 계절에 먹는 음식)을 올리는데, 설에는 떡국, 추석에는 송편을 올린다. 설·추석 차례에 메(밥)와 갱(국)으로 제사를 지내는 집도 있다.

6) 헌작(獻爵 : 술잔을 올림)은 단헌(單獻 : 한 잔의 술만 올림)이고, 독축(讀祝 : 축을 읽는 것)이 없다. 첨작(添酌 : 덜 찬 술잔을 채우는 일)도 없다. 차례(茶禮)는 기제사지내는 조상을 다 모시므로 조상마다 삼헌(三獻)을 하면 번거롭고 시간도 많이 걸릴 것이다. 축문(祝文)도 조상마다 내용이 다르므로 독축을 생략할 수밖에 없다. 여기서 제사의 절차와 방법이 조상 중심이 아니고, 봉사자(奉祀者, 제사지내는 사람) 위주로 됨을 알 수 있다.

7) 돌아가신 조상은 제사의 절차와 방법과 음식을 어떻게 차려도 알지 못하고, 원망하시지도 않는다. 절차나 형식은 산 사람들의 생각에서 나온 것이다. 제사의 절차나 형식에 절대 원칙이란 있을 수 없고,

이어져 오는 전통을 존중하며 참작할 뿐이다. 기제사나 차례는 조상을 추모하는 제례 행사는 전해 내려오는 우리 전통문화로 이해해야 한다.

8) 계절이 바뀌고 명절을 맞이하여 돌아가신 조상을 생각하는 마음은 아름다운 마음이다. 조상을 추모하는 아름다운 마음을 제사란 형식을 통하여 표현하는 것은 미풍양속이다.

2. 차례(茶禮) 지내는 순서

1) 제사상 배치

윗대 조상의 상을 서쪽에 놓고 차례대로 내외분마다 한 상씩 차린다. 옛날 예서(禮書)에는 내외분도 각각 딴 상을 차린다고 했다. 그렇게 하면 증조까지 제사를 지낸다고 해도 6개의 상이 필요하다. 그래서 내외분은 한 상에 차린다. 큰 제사상에 음식을 차리고 메와 갱만 내외분 단위로 각상을 차리는 집도 있다. 제례 원리에 맞게 지내야 하지만, 제사 지내는 사람의 편의에 따른다는 것을 이해해야 한다.

2) 진설(陳設)

☆陳 : 늘어놓을 (진), 設 : 진열할 (설)

장만한 음식을 집사가 제상 위에 차린다. 상마다 떡국(설) 술잔 시접 (匙楪 : 수저를 놓는 접시)을 놓는다. 올리는 여러 가지 음식을 놓는 자리도 철칙이 있는 것은 아니다. 그러나 되는대로 두서없이 차려도 안 되니 진 : 설하는 도표를 그려서 복사해 두고 제사 때 참고하면 좋을 것이다.

3) 제지방(題紙榜)

☆ 題 : 붙일 (제), 제목 (제)

지방(紙榜)은 임시로 만든 신주이다. 분향과 뇌주로 모신 신이 깃들이는 곳이다. 제(題)는 붙인다는 뜻이다. 지방은 한글로 써도 된다.

☆ 한글 지방은 끝부분에 예시해 놓았다.

4) 강신재배(降神再拜)

☆ 降 : 내릴 (강), 再 : 두 (재), 拜 : 절 (배)

조상의 혼백을 모시는 절차이다. 분향(焚香)과 뇌주(酹酒)를 합하여 강신(降神)이라고 한다.

(1) 분향(焚香)

제주가 향을 세 번 집어서 향로에 넣어 피운다. 향을 집어서 향로 위를 빙빙 돌리지 않고 바로 향로에 넣는다. 향이 타는 연기를 따라 신(조상)이 오신다는 상징이다.

(2) 뇌주(酹酒)

집사가 따라 주는 술잔을 제주가 세 번에 나누어 모사(茅沙, 모래를 그릇에 담고 띠를 묶어 꽂은 그릇)에 붓는다. 땅에 있는 조상의 넋을 모시는 절차이다. 모사는 땅(무덤)을 상징한다. 도회서 모사 만들기도 쉽지 않으니 모사가 없으면 그냥 빈 그릇(퇴주 그릇)을 이용해도 된다. 어떤 집에서는 그릇에 곡식을 담아서 모사를 대신하여 사용하기도 한다.

☆ 뇌주재배, 분향재배로 각각 재배하는 집도 있고, 분향과 뇌주한

후에 1회만 재배하는 집도 있다. 여기서는 '분향, 뇌주 후 1회 재배'를 택했다.

5) 참신(參神)

☆ 參 : 참여할 (참), 갖은 석 (삼)

참신은 조상을 뵙고 인사드리는 일이다. 제주(祭主) 이하 참사자(參祀者)들이 함께 재배(再拜)한다.

6) 헌작(獻爵)

☆ 獻 : 드릴 (헌), 爵 : 술잔 (작)

헌작은 술잔을 올린 다는 말이다. 제주가 제상 앞에 꿇어앉으면 우집사는 잔에 술을 따르고, 좌집사는 술잔을 받아 서쪽부터 차례대로 올린다. 술잔을 올린 뒤 제주는 재배한다.

어떤 집에서는 내외분 단위로 차린 상에 미리 놓아둔 술잔에 제주(祭主)가 주전자로 술을 가득가득 따른 뒤 재배한다. 가문마다 조금씩 다른 차이 때문에 가가례(家家禮)란 말이 나온다. 일제(日帝)가 한국인을 분열시키기 위하여 가가례(家家禮)란 말을 만들어냈다는 주장도 있다. 제사 지내는 방법이나 진설 방법이 전국적으로 일치하기는 어렵다. 자기의 제사 방법만 옳고, 남이 제사하는 방법은 틀렸다고 한다면 독선이다. 제사 지내는 방법에 절대적 원칙이 있을 수 없다. 그래서 가가례(家家禮)란 말이 있게 된 것이다. 충심(衷心)으로 조상을 추모하는 마음이 중요하다.

차례는 여러 조상을 모시므로 기제(忌祭)처럼 삼헌(三獻)을 할 수 없고,

축문도 조상마다 각각 다르기 때문에 축(祝)을 읽을 수 없어서 생략할 수밖에 없다. 그래서 차례는 단헌무축(單獻無祝)이다. 단헌무축(單獻無祝)이란 술은 한 잔만 올리고, 축문 읽는 절차가 없다는 뜻이다.

7) 삽시정저(插匙正箸)

☆ 插 : 꽂을 (삽), 匙 : 숟가락 (시), 箸 : 젓가락 (저)

삽시(插匙)는 숟가락을 (메에) 꽂는다는 말이고, 정저(正箸)는 젓가락을 집어서 바르게 놓는다는 말이다. 즉 음식을 드시기 시작한다는 의미다. 설에는 떡국에 숟가락을 걸치기도 한다. 추석 때 송편에는 젓가락을 걸치면 될 것이다. 시접(匙楪 : 수저 놓는 접시)에 있는 젓가락을 집었다가 다시 가지런히 놓으면 정저(正箸)이다. 시접이 없이 그냥 상에 두어도 된다. 내외분 단위로 차린 상에는 저(箸)를 함께 두고 한꺼번에 젓가락 두 벌을 집어서 바로 놓으면 된다. 추석에는 젓가락을 송편에 걸치지 않고 정저(正箸)만 해도 된다.

삽시정저하고 참사자 모두가 엎드려(부복하여) 1∼2분 기다린다.

☆ 기제(忌祭)처럼 합문(闔門), 계문(啓門)은 없지만, 조상이 음식을 드실 동안 잠시 엎드려 기다린다. 헌작 후 곧 시저(匙箸)를 내리고 사신 재배를 하면 조상이 흠향할 시간이 없기 때문이다.

국이 없는 추석 차례에는 젓가락만 놓는다는 사람들도 있고, 수저를 다 놓아야 된다고 주장하는 사람들도 있다. 탕, 식혜 등이 있으니 수저를 모두 놓아도 잘못된 것은 아니다.

8) 하시저(下匙箸)

하시저는 수저를 내려놓다는 말이다. 식사가 끝났음 뜻한다. 하(下)는 아래로 내린다는 뜻이다.

9) 사신(辭神)

☆ 辭 : 하직할 (사), 말 (사)

사신은 조상과 작별한다는 말이다. 제주 이하 참사자(參祀者)가 함께 재배(再拜)한다.

10) 분지방(焚紙榜)

☆ 焚 : 불사를 (분)

조상의 신이 떠난 지방(紙榜)을 불사른다. 냉수 그릇을 받치고 지방을 젓가락으로 집어서 사른다(태운다). 불사른 냉수 그릇은 깨끗한 땅에 붓는다. 아파트 같으면 주방 싱크대에 부어도 될 것이다.

11) 철상(撤床)

☆ 撤 : 거둘 (철), 床 : 상 (상)

철상(撤床)은 진설해 놓은 음식을 거두고 제사상을 치운다는 뜻이다. 차려 놓은 음식을 실제로 거두어 치우는 것은 아니고 음복하기 위하여 음식을 내려놓는다.

12) 음복(飮福)

☆ 飮 : 마실 (음)

음복(飮福)은 복을 마신다는 뜻이다. 제사에 참가한 사람들이 차린 음식과 술을 나누어 먹는 것이 음복이다.

<참고 1> 차례 진설도는 기제 진설도를 참고하면 될 것이다.

고위 비위

(지방)

<1열>…갱(국) 술잔 메(밥) 시접 갱(국) 술잔 메(밥)

<2열>…(국수) 육전 육적 어적 소전 조청(꿀) 떡

<3열>… 탕 (육탕 소탕 어탕)

<4열>… 포 고사리 시금치 간장 도라지 침체 식혜

<5열>…대추 밤 곶감 배 (과일) 강정 다식(과자)

축판 향로 향합

(모사기) (퇴주기)

기제사 진설도에서 설에는 1열에 메와 갱이 없고 메 놓는 자리에 떡국을 놓는다. 추석에는 1열에 송편과 술잔과 시저(匙箸)를 놓는다.

<1열>에 우반좌갱(右飯左羹)으로 차리는 집이 많으나, 우갱좌반(右羹左飯)으로 차리는 집도 있다. 저승에서 오신 조상이기 때문에 식사법도 이 세상과 다르기 때문에 우반좌갱(右飯左羹)으로 한다고 한다. 인정(人情)

으로 보면 산 사람처럼 우갱좌반(右羹左飯)으로 차리는 것이 좋다. 조상
이 저승에서 우반좌갱으로 식사하시는 것을 보지 않았으니 우반좌갱(右
飯左羹)이든 우갱좌반(右羹左飯)이든 왈가왈부할 문제가 아니다.

　지방의 모양은 천원지방(天圓地方)의 모양을 본떠서 위는 둥글게 만든
다. 둥글게 만드는 게 어려우므로 위쪽 두 모서리만 가위로 자른다. 윗
부분을 가위로 자르지 않고 모가 나게 해도 문제가 되는 것은 아니다.

참고문헌

표준국어대사전   국립국어원
중문대사전(中文大辭典)   중국문화 대학 인행
17세기 국어사전   한국정신문화연구원
속담사전   이기문 편저, 일조각
한한대사전(漢韓大辭典)   단국대학교 동양학연구소
한문대강(漢文大綱)   권중구 저, 통문관
예기(禮記)   권오돈 역해, 홍신문화사
표준 언어 예절   국립국어원
바른말 고운말   KBS아나운서실
한국가정의례   이무영 편저, 한국예절교육연구회
차례와 제사   이영춘 저, 대원사
한국예절문장   김시황 저, 학민문화사
국어 친족어의 연구   김규선 저, 경북대 대학원 박사학위 논문
가례편람   박도규 편저, 대보사
선현들의 자(字)와 호(號)   신용호·강헌규 공저, 전통문화연구회
국어존대법론   이규창 저, 집문당
우리말본   최현배 지음, 정음사
한국가정언어   려증동 저, 시사문화사
국역 사례편람   이수영, 이화문화출판사
주자가례   주희 저, 임민택 번역, 예문서원
지칭(指稱)과 호칭(呼稱)   안동향교부설 사회교육원
도덕전서   이병호 저, 도덕성회복운동본부
한국고유한자연구   김종훈 저, 집문당
내훈(內訓)   소혜왕후 한씨, 이민수 역해
국어어문규정집   문교부 고시, 대한교과서주식회사
언어예절과 인간관계   전영우 저, 역락(亦樂)
한국어의 표준발음   이현복 저, 교육과학사

●●● ㅊ